조선시대어
형태 사전

조선시대어 형태 사전

초판 1쇄 인쇄 2017년 10월 1일
초판 1쇄 발행 2017년 10월 5일

지은이 이상억, 서승완
펴낸이 성낙인
펴낸곳 서울대학교출판문화원

출판등록 제15-3호

주소 08826 서울 관악구 관악로 1
대표전화 02-880-5252 | 팩스 02-888-4148
전략기획팀(출판상담 및 홍보) 02-880-5217
출판관리팀(주문상담) 02-889-4424, 02-880-7995
이메일 snubook@snu.ac.kr
홈페이지 www.snupress.com

ISBN 978-89-521-1856-1 91710

조선시대어 형태 사전

이상억
서승완

서울대학교출판문화원

A Dictionary of Korean Morphs

from 1446 to 1900

Sang Oak Lee & Seung Wan Seo

Seoul National University Press

머리말

본 사전은 15-19세기의 조선시대어에서 한 단어가 역사적으로 어떤 형태로 표기되었는가를 코퍼스 검색을 통해 제시한다. 윌리엄 왕(William S-Y. Wang)의 어휘확산 이론(뒤 참조)에 의하면, 음변화는 순간적으로 일어나지만 그러한 변화가 전체 어휘에 확산되는 과정은 매우 점진적이다. 한 언어에 음변화가 일어날 때, 해당 언어의 모든 화자가 그 변화를 받아들인다거나 한 화자가 사용하는 모든 단어가 그 변화가 적용된 형태를 띠는 것이 아니며, 개별 방언, 개별 화자, 개별 단어에 따라 적용되는 양상이나 속도가 다르다는 것이다. 따라서 언어사에는 다양한 표기형태가 출현하며, 동시대에 공존하기 마련이다. 그동안 국어사 연구에서 어떤 형태가 일시에 다른 형태로 바뀐 듯이 또는 이전의 형태로 다시 돌아간 일은 없는 듯이 단정했던 예들을 반성 · 재고하는 의미에서도 이 자료들을 면밀히 들여다볼 필요가 있을 것이다.

15-19세기에 걸친 한글 표기 자료는 아마 전 세계적으로 드물게, 더없이 우수한 음성문자에 의해 다양한 형태로 표기된 자료로서의 가치를 지닌다. 이 바탕에다 현대적 전산 기술 발전으로 대자료(big corpus) 구축과 검색이 비로소 가능해진 현시점의 소산이 바로 이 사전이다. 유창돈(1964)의 『이조어사전』이 수작업 시대에 정성 어린 수고로 만들어졌지만

오류를 섞어 넣을 수밖에 없었던 데 비해, 이 사전은 비교적 신뢰할 만한 수준의 전산기술을 이용하여 다양하지만 통제할 수 있는 양, 의도적으로 선택하지 않은 주어진 최대 자료를 대상으로 다년간 노력을 기울여 만든 결과물이다.

조사대상 항목은 부사만 다룬 초기 작업에서는 157개 항목에 그쳤으나, 체언들은 기존 고어사전류에 등재되어 있는 약 13,000개가 집계되었다. 이들은 1446년 『훈민정음해례』부터 1900년 『신약전셔』에 이르는 400여 권의 문헌에서 추려진 것인데 변화형이 관련되는 것끼리 귀납적 검색으로 모아 체언 411개(cf. 용언 346개, 수식언 157개, 총 914개)의 항목으로 묶었다. 해당 형태의 자형 및 의미상 관련형을 코퍼스 자료에서 넓게 살펴 모두 추려 냈기에 꽤 다양하게 잡혔다. 이때 용례가 여럿이더라도 출현문헌이 하나여서 변화형을 보이지 않는 체언형은 제외하였다. 각 항에 절대빈도와 상대빈도(%)를 병기하여 국어음운사 연구에서 구체적 계수를 가지고 세부적으로 작업할 수 있게 하였다. 다음 단계로 용언 조사에서는 고어사전류에 등재되어 있는 약 7,500개의 용언이 집계되었고, 어절별로 분류된 약 120만 어절 분량의 문헌이 전산화되어 더 모아 쓸 수 있게 되었다. 살펴볼 자료가 앞서보다 매우 방대해서 표제항의 검색 방법을 연역적으로 한 개씩 해당 형태만을 검색해 관련 형태 덩이를 구성해 냈기에 체언에 비해 덜 다양하게 잡혔고 표제어도 꼭 빈도수가 많은 것으로 잡은 것은 아니다. 이 과정에서 UNICONC라는 새 검색 프로그램을 동원하였는데 그 상세한 배경은 『조선시대 한국어 용언의 음변화 연구』(2008) 제2절 앞부분에 기술하였다. 워낙 다양한 용례의 검토, 동음이의어 파악과 오자 입력 파악 등에 많은 시간이 소요되었다.

또한 자료 해석상 주의할 점들이 있다. 15-19세기 한글문헌은 상당히 많으나 당대 언어현실의 모든 것을 보여 준다고 하기에는 턱없이 부족하다. 따라서, 자료의 부족에서 오는 한계를 우선 지적하지 않을 수 없다. 본 사전에 나타난 표기형이 반영하는 형태 이외의 형태는 존재하지 않았다고 이해해서는 안 된다. 작업 인원과 시간이 충분하더라도 극복할 수 없는 한계는 있다.

본 사전은 자료를 다룰 때 모든 자료를 망라한 후, 오직 시기에 따라 구분하였다. 따라서 각 시기별로 지역, 신분, 성별 등 다양한 방언 요소들, 그 밖에 일반화할 수 없는 개별 자료의 특성(이전 시기에 간행되었던 것을 후대에 재간행)들이 뭉뚱그려져 있다. 성질이 균일하지 않은 자료들이 섞여 있음을 양지하기 바란다.

15세기에 A라는 표기형이 쓰이다가 17세기에 a라는 표기형이 쓰이는 것은 한 언어체계 내에서 연속적으로 발생한 변화(예를 들어 'ㅸ'이 소실되어 '더뵈'가 '더워'가 됨)일 수도 있고, 다른 이유에서 발생한 두 형태 중 하나가 살아남은 것(예를 들어 '도최'와 '돗긔')일 수도 있다.

본 사전의 자료 처리 방식은 어휘확산이라는 관점에서 여러 형태가 공존하는 모습을 잘 보여준다. 국어에는 역사적으로 여러 가지 음변화나 형태변화가 나타났는데, 이러한 변화는 대개 특정 방언에서 시작되어 다른 방언으로 전파되며, 한 방언에서도 특정 단어에서 시작되어 같은 환경을 제공하는 다른 단어로 적용 영역을 넓혀가기 마련이다. 같은 시기에 여러 표기형이 공존하는 것은 바로 이러한 이유 때문이다. 따라서 본 사전을 이용하는 연구자는 한 표제어만이 아니라 유사한 성격을 가진 다른 표제어의 양상을 종합적으로 고려하여 자료를 해석하여 줄 것을 당부한다.

문헌의 질적 차이와 더불어 지적해야 할 것은 문헌의 양적 차이이다. 각 세기별로 현전하는 문헌의 양이 같지 않기 때문에 특정 세기의 문헌 수가 다른 세기에 비해 많을 수 있다. 또한 문헌의 종류와 주제에 따라 단어 선택이 달라질 수도 있다. 따라서 단순히 세기별 차이에 근거해서 시기에 따라 특정 표기형의 사용이 늘거나 줄었다거나, 표제어 전체 빈도의 다소에 근거해서 국어에서 특정 단어가 다른 단어에 비해 많이 쓰였다고 해석해서는 안 된다.

이 사전의 단초가 된 작업은 1998년 교육부 및 한국학술진흥재단의 외국 석학과의 공동연구과제(연구책임자: 이상억, 연구원: 김경아)를 수탁받아 '부사' 중심으로 수행한 조사 작업이었고, 다음은 2002년 서울대학교 한국학 장기기초연구비(연구책임자: 이상억, 연구원: 황선엽, 이병기, 이안구)로 '체언' 부분을 연구한 것으로 이를 출판한 책이 문화관광부 우수도서로 선정되기도 하였다. 이어서 2007년 서울대학교 인문학연구원 한국어연구소 연구사업(연구책임자: 이상억, 연구원: 황선엽, 서승완, 김세환)으로 '용언' 부분을 착수하여 두 번째 단행본을 발간하였다. 그 뒤 수년간 서승완(총괄), 김주상, 최보람, 서반석, 김민지 연구원들이 재차 검색 정리 작업에 종사하였다. 특히 서울대학교출판문화원의 여러 분들이 없었다면 이 사전이 현재 모습으로 세상에 태어나지 못했을 것이다. 이 방대한 작업 과정에 헌신한 모든 분들께 감사를 드린다.

참고로 어휘확산 이론에 관한 몇 논문과 그동안 이 사전의 각 단계적 연구 작업을 발간 보고했던 논문과 책들을 아래에 열거한다. 이들은 이 사전에서처럼 어항의 나열에만 그친 것들이 아니라 더 나아가 그 자료들의 해석에서 파생된 여러 연구결과들을 담고 있어 좋은 참고 자료가 될 것이다.

William S-Y. Wang의 어휘확산 이론 (발췌)

1969 "Competing Changes as a Cause of Residue", *Language* 45(1): 9-25.

1977 *The Lexicon in Phonological Change*, The Hague: Mouton. (편저)

1993 "Bidirectional Diffusion in Sound Change", in Charles Jones (Ed.), *Historical Linguistics: Problems and Perspectives*, New York: Longman, 345-400. (Chinfa Lien과 공저)

이상억의 관련 연구 논문

수식언(주로 부사)

1999a "한국어 및 한자음의 어휘확산적 변화 연구", 『인문과학논총』 41: 59-109.

1999b "A Study of Lexical Diffusion in Korean", 『어학연구』 35(2): 231-289.

2001 "한국어의 어휘확산적 변화 연구", 이상억 저, 『계량국어학 연구』, 서울: 서울대학교출판부, 365-498.

2003 "The Lexical Diffusion of Sound Change in Korean and Sino-Korean", in Sang-Oak Lee, Hyung-Soo Kim, and Ik-sang Eom (Eds.), *Journal of Chinese Linguistics - Monograph* No. 20 (Project on Linguistic Analysis - University of California at Berkeley).

체언

2004a "Lexical Diffusion of Korean Nominals since the 15th Century", *Inquiries into Korean Linguistics I*, Seoul: Taehaksa, 11-25.

2004b "'체언'의 변화 연구", 『계량언어학 3』, 서울: 박이정, 121-295.

2007 『한국어 체언의 음변화 연구』, 서울: 서울대학교출판부.

용언

2008 『조선시대 한국어 용언의 음변화 연구』, 서울대학교 인문학연구원 한국어연구소 총서 2, 서울: 박이정.

2017년 9월 20일

이상억

차례

일러두기

본 사전은 15세기부터 19세기까지 조선시대 한국어에 나타난 음변화 및 형태변화의 결과를 개별적인 단어들이 어떻게 반영하고 있는가를 추적한 세밀한 연구 자료를 모은 것이다.

1. 표제어의 선정

역사적으로 둘 이상의 표기형이 발견되는 단어들을 표제어로 삼았다. 따라서 이 사전에 수록된 표제어는 단일 형태일 경우는 자주 쓰이는 단어라도 다 제외하고 반드시 복수의 표기형을 가진 단어만을 보이게 된다.

2. 표제어의 배열

표제어는 품사들을 체언(1-154쪽), 용언(155-292쪽), 수식언(293-370쪽)으로 나누어 수록하였다. 각 부류별로 나뉜 표제어를 현대어형의 가나다순으로 배열하여 제시하였다. 대개 빈도수가 많은 형태를 표제어로 하여 일련번호를 붙여 놓는 원칙으로 하였다.

3. 표제어와 표기형

『이조어사전』에 수록된 형태를 중심으로 코퍼스 검색 대상을 선정하되,

『이조어사전』에 등장하지 않은 형태라도 음변화의 경향에 비추어 나타날 것으로 예측되는 것은 코퍼스 검색의 대상으로 확장해 살폈다. 최종적으로는, 코퍼스 검색 결과 그 출현이 확인된 형태를 사전에 등재 표기형으로서 수록하였다.

4. 제시 방법

표제어에는 각 품사별로 일련번호를 부여하고, 일련번호 뒤에 표제어를 제시하였다. 표기형은 두 개의 표로 제시하였다. 첫 번째 사각형 표는 15세기부터 19세기까지 각 세기별로 어떤 표기형의 출현 빈도 숫자와 괄호 속에 최초, 최후 출현 문헌을 보여준다. 두 번째는 줄로 표시된 표로서 표기형의 전 세기에 걸친 출현 절대빈도(예 #1000), 표제어 내에서의 점유백분율, 즉 상대빈도(%), 최초-최후 출현 연도를 보여준다. 사각형 표는 세기별로 상세한 내용을, 줄 표는 시종의 시각적 표시를 위주로 하였다. 표기형은 선대의 형태를 윗줄에 제시하고 후대의 형태를 아랫줄에 제시하였다. 아래에 예를 보인다.

001* 가(邊)

	15세기	16세기	17세기	18세기	19세기
ᄀᆞᇫ	550(용)	25(蒙송광사)	–	–	–
ᄀᆞᆺ	170(석)	27	20	6(蒙類解)	–
ᄀᆞ	2(杜초)	39	425	44	16(사민)

#1324	15C	16C	17C	18C	19C
ᄀᆞᇫ(575) 43.4%	1447 ········ 1577				
ᄀᆞᆺ(223) 16.8%	1447 ······································ 1790				
ᄀᆞ(526) 39.7%	1481 ·· 1889				

선대형과 후대형의 판단 기준은 최초 출현 연도를 우선으로 하고 그 다음에 최후 출현 연도를 고려하였다. 정확한 연대가 밝혀진 문헌을 최초 출현 연도로 표기하되, 최초 혹은 최후 시기에 정확한 연도가 밝혀지지 않은 문헌에만 나타나는 표기형은 해당 시기의 표기형들 가운데 가장 아래에 배치하였다. 최초 출현 연도와 최후 출현 연도가 모두 같은 경우에는 음변화의 경향에 비추어 선후대를 판단하였다. 아래에 예를 보인다.

*최초 출현 연도가 같지만 최후 출현 연도가 다른 경우: 잢간/잠ᄭᅡᆫ

#1089	15C	16C	17C	18C	19C
잢간(501) 46.0%	1447 ···········		1632		
잠ᄭᅡᆫ(247) 22.7%	1447 ···········	···········	···········	···········	1900

*정확한 연대가 알려진 것과 그렇지 않은 것: 자셔히/자셰히

	15C	16C	17C	18C	19C
자셔히(146) 16.7%		1581 ···········	···········	···········	1898
자셰히(46) 5.3%		15xx ···········	···········	···········	1898

*음변화의 경향을 고려한 것: ᄒᆞᆫᄀᆞᆯᄉᆞ티/ᄒᆞᆫᄀᆞᄅᆞ티

	15C	16C	17C	18C	19C
ᄒᆞᆫᄀᆞᆯᄉᆞ티(1) 0.5%			1617		
ᄒᆞᆫᄀᆞᄅᆞ티(1) 0.5%			1617		

5. 표기형 선별

표기형을 코퍼스에서 검색한 후 우연히 포함된 동음이의어를 제외한 결과에서 표기형들을 선별하여 그 빈도를 네모 안에 기록하였다. 부사는 형태 변화가 없으므로 본 사전에 제시된 형태가 곧 문헌에 표기된 형태이다. 하지만 명사나 용언은 조사, 어미가 결합하는 경우 실제 문헌의 표기 형태와는 달라질 수 있다. 위 4의 예로 든 '가'의 표기형 "ᄀᆞᇫ"은 실제 문헌에 "ᄀᆞᇫ"으로 나타난 것, "ᄀᆞᅀᆞᆯ"과 같이 조사와 연철된 것 등을 모두 포함하

고 있다. 또한 "ᄀᆞ"도 "ᄀᆞᆯ"과 같이 조사와 함께 쓰인 것을 포함하고 있다.

합성어는 선대의 표기형이 그대로 남는 소위 언어의 화석형태를 갖고 있을 가능성이 있기 때문에 원칙적으로 배제하였다. 단, 어떤 표기형의 최초 출현시기보다 합성어가 앞서는 경우에는 합성어가 출현한 시기에 주석을 달아 설명하였다. 아래에 예를 보인다.

037*　거울(鏡)

	15세기	16세기	17세기	18세기	19세기
거우루	186(석)	11	17	2(송천)	–
거울	1(杜초)	5	5	29	58(독립)
거우로	2(杜초)	12	4	–	3(太平)
거으로	–	1(類合)	–	–	–
거올	–	–	1(譯)[8]	4(方言)	–

#341	15C	16C	17C	18C	19C
거우루(216) 63.3%	1447 ······			1730	
거울(98) 28.7%	1481 ······				1896
거우로(21) 6.2%	1481 ······				18xx
거으로(1) 0.3%		1576			
거올(5) 1.5%			1690 ······	1778	

8) '거올'이 최초로 출현하는 것은 합성어 '거올집'이다. 합성어의 일부로 등장하는 어형은 본래 조사 대상에서 제외하지만 이 경우에는 이전 문헌에 '거올'이 등장하지 않고 바로 '거올집'이 등장한다. '거올'이 없는 상태에서 '거올집'이 나타날 수 없으므로 여기에서는 '거올집'을 최초 출현으로 본다.

『이조어사전』에 실려 있는 형태 가운데 코퍼스 검색에서 발견되지 않은 표기형이 간간이 있다. 본 사전은 대자료에 기반한 계량적 연구를

바탕으로 제작되었으므로 코퍼스 검색에서 발견되지 않은 것은 본문에 싣지 않고, 주석을 달아 설명하였다.

157* 다시마(海帶)

	15세기	16세기	17세기	18세기	19세기
다ᄉᆞ마	3(救간)	1	3	4	2(淸老)
다스마	–	–	–	1(老重)	2(한불)
다사마	–	–	–	–	1(의종)[33]

#17	15C	16C	17C	18C	19C
다ᄉᆞ마(13) 76.5%	1489 ………				18xx
다스마(3) 17.6%				1795 ………	1880
다사마(1) 5.9%					1868

33) 19세기 初(1800–1834)『柳氏物名考』에 "海帶 生石上 柔韌而長 다사마 〈柳物 三草〉"로 나타나나, 디지털화된 텍스트에 『柳氏物名考』가 포함되지 않아 검색에 반영되지 못하였다.

또한 『이조어사전』에 명기된 출전이 본 사전 제작에 사용된 코퍼스 목록에 들어있음에도 검색되지 않은 경우가 있었다. 이는 『이조어사전』의 오류로 판단하여, 역시 주석을 달아 설명하였다.

147* 노을(霞)

	15세기	16세기	17세기	18세기	19세기
ᄂᆞ올	2(석, 月)	–	–	–	–
노을	–	1(字會)	–	–	2(예성로스)
노올	–	1(類合)	3	6(蒙類解)	–

#15	15C	16C	17C	18C	19C
ᄂᆞ올(2) 13.3%	1447−1459				
노을(3) 20.0%		1527 ······			1887
노ᄋᆞᆯ(10)[30] 66.7%		1576 ······		1790	

30) 『이조어사전』에 '노ᄋᆞᆯ'을 표제항으로 등재하고 1576년 『新增類合』의 예문(노ᄋᆞᆯ 하 霞 〈類合 上4〉)을 들었으나, 『新增類合』의 원문에는 '노올'로 표기되어 있다.

038* 먼저

	15세기	16세기	17세기	18세기	19세기
ᄆᆞᆫ졔[9]	4(석)	2	4(杜重)	–	–
ᄆᆞᆫ져	601(석)	254	353	466	852(신약)
ᄆᆞᆫ제	2(능, 개법)	–	–	–	–
ᄆᆞᆫ저	11(牧)	3	7	2	8(신약)
ᄆᆞᆫ뎌	–	–	4(救荒윤)	32(유제도)	–
ᄆᆞᆫ쳐	–	–	1(馬언)	–	–
ᄆᆞᆫ뎨	–	–	–	1(천의)	–
먼져	–	–	–	2(종덕)	46(매일)
ᄆᆞᆫ쥐	–	–	–	1(無寃)	–
먼저	–	–	–	–	30(텬로, 매일)

#2686	15C	16C	17C	18C	19C
ᄆᆞᆫ졔(10) 0.4%	1447 ······		1632		
ᄆᆞᆫ져(2526) 94.0%	1447 ······				1900
ᄆᆞᆫ제(2) 0.1%	1461−1500				
ᄆᆞᆫ저(31) 1.2%	1467 ······				1900
ᄆᆞᆫ뎌(36) 1.3%			1660 ······	1794	
ᄆᆞᆫ쳐(1) 0.0%			16xx		
ᄆᆞᆫ뎨(1) 0.0%				1756	

먼져(48) 1.8% 1758 1898

몬쥐(1) 0.0% 1792

먼저(30) 1.1% 1894–1898

9) '몬졧'은 모두 명사 앞에서 관형어로 쓰이므로, '몬졧'은 명사 '몬제'에 관형격조사 '-ㅅ'이 통합한 것이다. 『이조어사전』에는 '몬졧'이 부사로 기술되어 있으나 여기서는 명사로 보아 제외하였다.

6. 찾아보기

이용의 편의를 위해 본문 뒤에 찾아보기를 넣었다. 찾아보기에는 표제어와 표기형을 망라하여, 품사 구분 없이 가나다순으로 배열하고 본문의 쪽수를 기재하였다. 현대어 형태만 알고 있거나 과거의 특정 표기만 알고 있는 경우, 찾아보기를 이용하면 본문의 위치를 쉽게 찾을 수 있다.

7. 본 사전 제작에 쓰인 코퍼스 목록과 약호는 다음과 같다. 약호는 『이조어사전』에 표기된 것들은 그대로 쓰되, 새로 추가된 것들은 뒤에 따로 많이 붙였다. 연대는 새로 정리하되, 각주에는 『이조어사전』에 표기된 연대를 보였다.

- **15세기**

1446 훈민정음해례: 訓解

1447 석보상절: 석

1447 용비어천가: 용[1)]

1447 월인천강지곡: 曲[2)]

1459 훈민정음언해: 訓諺[3)]

1459 월인석보: 月

1461 능엄경언해: 능[4)]

1) 1445년 지어 1447년 간행.

2) 1447년 지어 1449년 간행.

3) 원래 『훈민정음언해』의 간행연대는 1450–59년 사이라 추정하는데, 여기서는 합본된 『월인석보』의 간행연대 1459년으로 표기하여 실제 출현을 표시하였다.

4) 1462.

1463 법화경언해: 法화
1464 금강경언해: 金강
1464 상원사중창권선문: 上院牒
1464 선종영가집언해: 永嘉
1464 아미타경언해: 阿彌
1465 원각경언해: 圓
1466 구급방언해: 救方
1467 목우자수심결: 牧[5)]
1467 몽산화상법어약록: 蒙[6)]
1475 내훈: 內
1481 두시언해: 杜초
1482 금강경삼가해: 金삼[7)]
1482 남명집언해: 南明
1485 관음경언해: 觀音
1489 구급간이방: 救간
1496 육조법보단경언해: 六祖[8)]
1496 진언권공: 勸供

• 16세기

1514 속삼강행실도: 속三
1518 번역소학: 번小[9)]
1518 이륜행실도_옥산: 二倫[10)]
1518 정속언해: 正俗
1527 훈몽자회: 字會
1541 우마양저염역병치료방: 牛方[11)]
1542 분문온역이해방: 分온
1554 구황촬요: 救荒
1563 부모은중경: 恩重[12)]
1569 선가귀감언해: 龜[13)]
1569 칠대만법: 七大
1576 백련초해: 百聯[14)]
1576 신증유합: 類合
1577 계초심학인문: 誡初
1583 천자문_석봉: 石千
1587 소학언해: 小언[15)]

• 17세기

1608 언해두창집요: 痘要
1608 언해태산집요: 胎諺
1612 연병지남: 練兵
1613 동의보감: 東醫
1617 동국신속삼강행실도: 신속
1632 가례언해: 家언
1632 두시언해_중간: 杜重
1635 화포식언해: 火砲
1653 벽온신방: 辟新
1657 어록해_초간: 語錄초[16)]
1658 경민편언해: 警民[17)]

---

5) 1466.
6) 연대 미상.
7) 1482.
8) 연대 미상.
9) 1517.
10) 『이조어사전』에는 소장처가 나오지 않았으나, 다른 판본이 조사대상에 포함되지 않았으므로 『이조어사전』의 약호를 따랐다.
11) 1543.
12) 『恩重經』. 1553년(명종 8) 초간되었고, 본 연구에 쓰인 것은 1563년(명종 18) 간행본이다.
13) 1579.
14) 연대 미상.
15) 1586.
16) 『이조어사전』에는 『語錄』에 초간, 개간이 모두 포함되었다.

1669 어록해_개간: 語錄개[18]
1670 노걸대언해: 老
1676 첩해신어: 新語
1677 박통사언해중간: 朴重
1690 역어유해: 譯
1698 자초방언해: 煮硝[19]
16xx 계축일기: 癸丑
16xx 두창경험방: 痘經
16xx 마경초집언해: 馬언

• 18세기

1703 삼역총해: 三譯
1736 여사서언해: 女四
1745 어제상훈언해: 常언
1748 동문유해: 同文
1765 박통사신석언해: 朴新
1772 십구사략언해: 十九
1775 역어유해보: 譯補
1777 명의록언해: 名義
1777 소아론: 小兒[20]
1777 팔세아: 八兒[21]
1778 방언유석: 方言[22]
1781 왜어유해: 倭[23]
1783 자휼전칙: 字恤
1787 병학지남: 兵指
1788 가체신금사목: 加髢
1790 첩해몽어: 捷蒙
1790 몽어노걸대: 蒙老[24]
1790 몽어유해보편: 蒙類解
1790 무예도보통지언해: 武藝
1790 인어대방: 隣語[25]
1792 증수무원록언해: 無寃
1797 오륜행실도: 五倫
1799 제중신편: 濟衆

• 19세기

1876 가곡원류: 歌曲
1896 독립신문: 독립
18xx 청어노걸대: 淸老[26]
18xx 태평광기언해: 太平
18xx 한중록: 閑中

---

17) 1656.
18) 『이조어사전』에는 『語錄』에 초간, 개간이 모두 포함되었다.
19) 파일명은 신전자초방이지만, 『이조어사전』에 의하면 1698년(숙종 24)에 『자초방언해』가 간행되었다가 1796년(정조 20)에 다시 간행된 것이 『신전자초방언해』이다. 『신전자초방언해』가 본 연구에 쓰이지 않았으므로 약어는 煮硝로 썼다.
20) 『이조어사전』에 연대가 명시되지 않았다.
21) 1703.
22) 파일명은 방언유석이나 『이조어사전』에는 책명이 『方言集釋』이다.
23) 연대 미상.
24) 『이조어사전』에 1741년 초간본과 1790년 개수본이 설명되어 있는데, 본 연구에는 개수본만 쓰였다.
25) 연대 미상.
26) 『이조어사전』에 1703년, 1765년 간행본이 있는데 『이조어사전』에서는 1765년 간행본을 인용하였다고 설명하였다. 淸老 약호가 다른 곳에 쓰이지 않았으므로 여기에 부여하였다.

『이조어사전』에 없는 문헌 약호 정리

• 15세기

1464 반야심경언해: 반야

1481 삼강행실도 런던: 三강런던[27)]

1500 법화경언해 개간본: 개법

• 16세기

1517 몽산법어_고운사: 蒙고운사

1517 번역노걸대: 번老

1517 번역박통사: 번朴

1525 간이벽온방: 간벽

1525 몽산법어_심원사: 蒙심원사

1535 몽산법어_빙발암: 蒙빙발암

1560 관성자재구수육자선정: 육자

1567 몽산화상육도보설언해: 몽육

156x 여씨향약언해 화산: 呂約화산

1574 여씨향약언해_일석: 呂約일석

1575 천자문 광주: 광천

1576 안락국태자전: 안락태자

1577 몽산법어 송광사: 蒙송광사

1579 경민편 중간: 경민중

1581 속삼강행실도 중간: 속三중

1588 주역언해: 주역

1590 논어언해: 논어

1590 대학언해: 대학

1590 맹자언해: 맹자

1590 중용언해: 중용

1590 효경언해: 효경

27) 『이조어사전』에 『삼강행실도』가 이 판본이나, 연대 미상의 동경본과 구분하기 위해 『이조어사전』에 없는 목록에 넣었다.

1593 선조국문교서: 선조

159x 무예제보: 무예제보

15xx 법집별행록절요언해: 법집

15xx 삼강행실도 동경: 三강동경

15xx 순천김씨언간: 순천

15xx 장수멸죄호제동자다라니경: 장수경

• 17세기

1613 시경언해: 시경

1635 신전자취염소방언해: 자취

1637 권념요록: 권념

163x 병자일기: 병자

163x 산성일기: 산성

1658 여훈언해: 여훈

1660 신간구황촬요 윤석창: 救荒윤

1661 천자문 칠장사: 칠천

1664 유합 칠장사: 유합칠

1686 신간구황촬요 가람: 救荒가

16xx 계녀서: 계녀서

16xx 언해납약증치방: 납약

16xx 서궁일기: 서궁

16xx 서전언해: 서전

16xx 현풍곽씨언간: 곽씨

1700 유합 영장사: 유합영

1700 천자문 영장사: 영천

• 18세기

1721 오륜전비언해: 오륜전비

1730 천자문 송광사: 송천

1737 어제내훈언해: 어내

1746 어제자성편: 어자

1748 개수첩해신어: 개첩[28)]
1749 논어율곡언해: 논율
1749 대학율곡언해: 대율
1749 맹자율곡언해: 맹율
1749 중용율곡언해: 중율
1752 주해천자문: 주천
1752 지장경언해: 지장
1756 어제훈서언해: 어훈
1756 천의소감언해: 천의
1757 계주윤음: 계주[29)]
1758 종덕신편언해: 종덕
1760 화엄경보현행원품언해: 행원
1761 어제경세문답언해: 경문
1762 어제경민음: 경민음
1763 어제경세문답속록언해: 경문속
1764 어제조훈언해: 조훈
1765 어제백행원[30)] : 백행
1776 염불보권문 해인사: 普勸해
1776 효유윤음: 효유[31)]
1778 속명의록: 속명[32)]
1781 어제제주대정정의등읍부로인민서: 제주대
1782 유경기대소민인등윤음: 유경기
1782 유중외대소신서윤음: 유중외
1783 유경기민인윤음: 유경기민
1783 유경기홍충도감사수령등윤음: 경기홍충
1783 유경상도관찰사급진읍수령윤음: 유경상
1783 유경상도도사겸독운어사김재인서: 김재인
1783 어제유원춘도영동영서내소사민윤음: 원춘
1783 유경기홍충전라경상원춘함경육도륜음: 유육도
1783 어제유함경도남관북관대소사민륜음: 유함경
1783 유호남민인등윤음: 호남민
1783 유호서대소민인등윤음: 호서대소
1784 어제사기호별진자윤음: 사기호
1784 어제왕세자책례후각도신군포절반탕감윤음: 책례후
1785 어제유제주민인윤음: 제주인민
1788 어제함경도남북관대소민인등윤음: 함경도
1792 어제유양주포천부로민인등서: 유양주
1793 어제제주대정정의등읍부로민인서: 대정정의
1794 유제도도신윤음: 유제도
1794 유호남육읍민인등윤음: 호남육읍
1795 어제양로무농반행소학오륜행실향의식향약조례윤음: 양로
1795 중간노걸대언해: 老重[33)]

---

28) 『이조어사전』에는 첩해신어(新語)와 중간개수첩해신어(新語重)의 두 약호가 들어 있으나 개수첩해신어는 없으므로 약호가 없는 것으로 처리하였다.

29) 『이조어사전』에 해제는 있으나 약호가 없다.

30) 『이조어사전』에 해제는 있으나 약호가 없다.

31) 『이조어사전』에 『綸音』은 모두 綸音 한 약호로 되어 있는데, 구별을 위해 『이조어사전』의 약호를 따르지 않고 나누었다.

32) 『이조어사전』에 해제는 있으나 약호가 없다.

33) 『이조어사전』에 실린 『老乞大諺解』 해제에 설명되어 있으나 약호가 따로 마련되지 않았다.

1796 경신록언석: 경신[34)]

1796 전설인과곡: 인과곡

17xx 가례석의: 家석

17xx 선조행장: 선조행장

17xx 주생연사응진경언해: 응진경

• 19세기

1810 몽유편: 몽유편

1839 척사윤음: 척사윤음

1852 태상감응편도설언해: 감응[35)]

1864 남원고사: 남원

1865 쥬년쳠례광익: 쥬년

1868 의종손익: 의종

1869 간본규합총서: 규합

1876 남궁계적: 남궁

1880 과화존신: 과화

1880 삼성훈경: 삼성

1880 한불자뎐: 한불

1881 조군영적지: 군영

1881 척사윤음: 척사

1882 경석자지문: 경석

1882 셩교졀요: 셩교졀요

1882 어제유팔도사도기로인민등윤음: 유팔도

1883 관성제군명성경: 명성경

1883 이언언해: 이언

1883 진교절요: 진교

1884 관성제군오륜경: 관성

1884 성교백문답: 백문답

1884 정몽유어: 정몽유어

1886 잠상집요: 잠상

1887 예수성교젼서 로스: 예성로스

1887 예수성교전서 문광: 예성문광

1889 사민필지: 사민

1889 여사수지: 여수

1892 성경직해: 성경직해

1894 천자문 이무실: 이천

1894 텬로력뎡: 텬로

1894 훈아진언: 훈아

1895 국민소학독본: 국소

1895 국한회어: 국한

1895 진리편독삼자경: 진리

1895 치명일기: 치명

1896 대죠션독립협회회보: 대죠션

1896 신정심상소학: 신심소

1897 국문정리: 국문정리

1897 쥬교요지: 쥬교

1897 증남포목포각국죠계쟝졍: 증남포

1898 매일신문: 매일

1898 시편촬요: 시편

1898 협성회회보: 협성

18xx 광재물보: 광재[36)]

18xx 여소학: 여소

18xx 징보언간독: 징보

1900 신약젼셔: 신약[37)]

---

34) 『이조어사전』에 『敬信錄諺解』(1880)의 약호가 敬信으로 되어 있으나, 본 연구에 쓰이지 않은 문헌이므로 한글 표기 약호인 경신을 부여하였다.

35) 『이조어사전』에 해제는 있으나 약호가 없다.

36) 『이조어사전』에 해제는 있으나 약호가 없다.

37) 『이조어사전』에 1887년본 『신약전셔』가 사용되었으나 약호는 부여하지 않았다.

체언

001* 가(邊)

	15세기	16세기	17세기	18세기	19세기
ᄀᆞᇫ	550(용)	25(蒙송광사)	–	–	–
ᄀᆞᆺ	170(석)	27	20	6(蒙類解)	–
ᄀᆞ	2(杜초)	39	425	44	16(사민)

#1324	15C	16C	17C	18C	19C
ᄀᆞᇫ(575) 43.4%	1447 ········	1577			
ᄀᆞᆺ(223) 16.8%	1447 ········	········	········	1790	
ᄀᆞ(526) 39.7%	1481 ········	········	········	········	1889

002* 가난(貧)

	15세기	16세기	17세기	18세기	19세기
가난	6(內)	1	6	9	19(매일)
간난	–	2(번朴)	–	10	30(매일)

#83	15C	16C	17C	18C	19C
가난(貧)(41) 49.4%	1475 ········	········	········	········	1898
간난(貧,困)(42) 50.6%		1517 ········	········	········	1898

003* 가락지(環)

	15세기	16세기	17세기	18세기	19세기
가락지	2(救간)	1	1	3	12(신약)
가락디	–	–	–	1(朴新)	–

#20	15C	16C	17C	18C	19C
가락지(19) 95.0%	1489 ········	········	········	········	1900
가락디(1) 5.0%				1765	

004* 가로(橫)

	15세기	16세기	17세기	18세기	19세기
ᄀᆞᄅᆞ	6(석)	1	8	4(武藝)	–
가로	1(杜초)	–	1	–	4(매일)
ᄀᆞ로	–	–	2(杜重)	–	2(歌曲)
ᄀᆞ르	–	–	–	5(同文, 無寃)	–
가루	–	–	–	–	1(광재)

# 35	15C	16C	17C	18C	19C
ᄀᆞᄅᆞ(19) 54.3%	1447 ······	······	······	1790	
가로(6) 17.1%	1481 ······	······	······	······	1898
ᄀᆞ로(4) 11.4%			1632 ······	······	1876
ᄀᆞ르(5) 14.3%				1748–1792	
가루(1) 2.9%					18xx

005* 가루(粉)

	15세기	16세기	17세기	18세기	19세기
ᄀᆞᆯㅇ	209(석)	16(救荒)	–	–	–
ᄀᆞᄅᆞ	150(月)	30	312	14(蒙類解)	–
ᄀᆞᆯᄋᆞ	–	–	4(火砲, 馬언)	–	–
ᄀᆞ로	–	–	–	3(행원)	9(규합)
가로	–	–	–	–	14(감응, 신약)
가루	–	–	–	–	3(텬로, 신약)

# 764	15C	16C	17C	18C	19C
ᄀᆞᆯㅇ(225) 29.5%	1447 ······	1554			
ᄀᆞᄅᆞ(506) 66.2%	1459 ······	······	······	1790	
ᄀᆞᆯᄋᆞ(4)[1] 0.5%			1635–16xx		
ᄀᆞ로(12) 1.6%				1760 ······	1869
가로(14) 1.8%					1852–1900
가루(3) 0.4%					1894–1900

---

1) 중세국어 시기에 특수어간교체 양상을 보이던 'ᄀᆞᆯㅇ'이 17세기부터는 'ᄀᆞᆯᄋᆞ'로 재구조화되었다. 이는 17세기에는 'ᄀᆞᆯᄋᆞᄅᆞᆯ'과 같은 예가 나타나는 것을 통해 확인할 수 있다.

006* 가리맛(蟶)

	15세기	16세기	17세기	18세기	19세기
가리맏	–	1(字會)	–	–	–
가리맛	–	–	3(東醫)	1(方言)	–
가리뭇	–	–	–	–	1(광재)

# 6	15C	16C	17C	18C	19C
가리맏(1) 16.7%		1527			
가리맛(4) 66.7%			1613 ······	1778	
가리뭇(1) 16.7%					18xx

007* 가마우지(鸕鷀)

	15세기	16세기	17세기	18세기	19세기
가마오디	8(救方)	3	7(譯)	–	–
가마오지	–	–	1(杜重)	4	1(歌曲)

# 24	15C	16C	17C	18C	19C
가마오디(18) 75.0%	1466 ······	······	1690		
가마오지(6) 25.0%			1632 ······	······	1876

008* 가물치(鱧)

	15세기	16세기	17세기	18세기	19세기
가모티	–	2(字會)	1(東醫)	–	–
가믈티	–	–	3(譯)	–	–
가몰치	–	–	–	1(同文)	–
가물티	–	–	–	1(方言)	–
가물치	–	–	–	–	2(독립, 광재)

# 10	15C	16C	17C	18C	19C
가모티(3) 30.0%		1527 ······	1613		
가믈티(3) 30.0%			1690		
가몰치(1) 10.0%				1748	
가물티(1) 10.0%				1778	
가물치(2) 20.0%					1896–18xx

009* 가뭄(旱)

	15세기	16세기	17세기	18세기	19세기
ᄀᆞᄆᆞᆯ	11(용)	3	4	2(어내)	–
ᄀᆞ믈	–	–	–	5(三譯, 유경기)	–
ᄀᆞ믐	–	–	–	3(제주대, 유제도)	–

# 28	15C	16C	17C	18C	19C
ᄀᆞᄆᆞᆯ(20) 71.4%	1447			1737	
ᄀᆞ믈(5) 17.9%				1703–1782	
ᄀᆞ믐(3) 10.7%				1781–1794	

010* 가슴(胸)

	15세기	16세기	17세기	18세기	19세기
가ᄉᆞᆷ	151(석)	45	105	46	56(신약)
가슴	–	1(正俗)	2	5	15(독립)

# 426	15C	16C	17C	18C	19C
가ᄉᆞᆷ(403) 94.6%	1447				1900
가슴(23) 5.4%		1518			1896

011* 가시(荊棘)

	15세기	16세기	17세기	18세기	19세기
가ᄉᆡ	79(석)	8	15	4	48(신약)
가싀	–	–	2(家언)	14	43(예성로스)
가시	–	–	–	–	3(여수, 매일)

# 216	15C	16C	17C	18C	19C
가ᄉᆡ(154) 71.3%	1447				1900
가싀(59) 27.3%			1632		1887
가시(3) 1.4%					1889–1898

012* 가시내

	15세기	16세기	17세기	18세기	19세기
갓나ᄒᆡ	6(석)	2(번朴)	–	–	–
간나ᄒᆡ	–	7(번朴)	16	1(普勸해)	–
간나회	–	–	1(신속)	–	2(광재)
ᄀᆞᆫ나회	–	–	1(朴重)	2(老重)	–
ᄀᆞᆺ나회	–	–	1(譯)	–	–
ᄀᆞᆫ나ᄒᆡ	–	–	1(譯)	1(蒙類解)	–
ᄀᆞᆺ나ᄒᆡ	–	–	–	1(方言)	–

# 42	15C	16C	17C	18C	19C
갓나ᄒᆡ(8) 19.0%	1447 ······	1517			
간나ᄒᆡ(24) 57.1%		1517 ······	······	1776	
간나회(3) 7.1%			1617 ······	······	18xx
ᄀᆞᆫ나회(3) 7.1%			1677 ······	1795	
ᄀᆞᆺ나회(1) 2.4%			1690		
ᄀᆞᆫ나ᄒᆡ(2) 4.8%			1690 ······	1790	
ᄀᆞᆺ나ᄒᆡ(1) 2.4%				1778	

013* 가운데(中)

	15세기	16세기	17세기	18세기	19세기
가온ᄃᆡ	469(석)	57	191	135	332(신약)
가ᄫᆞᆫᄃᆡ	2(月)	–	–	–	–
가온대	2(杜초)	41	152	240	194(신약)
가온듸	–	–	2(신속, 杜重)	–	–
가온데	–	–	–	1(五倫)	45(예성로스)
가운데	–	–	–	–	7(잠상, 매일)

# 1870	15C	16C	17C	18C	19C
가온ᄃᆡ(1184) 63.3%	1447 ······	······	······	······	1900
가ᄫᆞᆫᄃᆡ(2) 0.1%	1459				
가온대(629) 33.6%	1481 ······	······	······	······	1900
가온듸(2) 0.1%			1617–1632		
가온데(46) 2.5%				1797 ······	1887
가운데(7) 0.4%					1886–1898

014* 가위[2)]

	15세기	16세기	17세기	18세기	19세기
ᄀᆞᇫ애	1(杜초)	–	–	–	–
ᄀᆞᅀᆡ	–	2(번朴, 字會)	–	–	–
ᄀᆞ애	–	–	8(신속)	1(老重)	–
가ᄋᆡ	–	–	2(譯)	6	1(淸老)
가의	–	–	–	1(蒙老)	–
가외	–	–	–	–	1(광재)

# 23	15C	16C	17C	18C	19C
ᄀᆞᇫ애(1) 4.3%	1481				
ᄀᆞᅀᆡ(2) 8.7%		1517–1527			
ᄀᆞ애(9) 39.1%			1617 ······	1795	
가ᄋᆡ(9) 39.1%			1690 ······	······	18xx
가의(1) 4.3%				1790	
가외(1) 4.3%					18xx

015* 가을(秋)

	15세기	16세기	17세기	18세기	19세기
ᄀᆞᅀᆞᆶ	101(석)	11	1(老)	–	–
ᄀᆞᅀᆞᆯ	169(능)	26(百聯)	–	–	–
ᄀᆞᄋᆞᆯ	1(杜초)	8	198	22	4(이천)
ᄀᆞᄋᆞᆶ	2(杜초)	9	124	–	2(太平)
ᄀᆞ읋	–	1(번小)	5(杜重)	–	–
ᄀᆞ을	–	1(二倫)	7	29	9(閑中)
ᄀᆞᅀᅳᆶ	–	1(七大)	–	–	–
가을	–	–	–	2(유경기민)	83(매일)

# 816	15C	16C	17C	18C	19C
ᄀᆞᅀᆞᆶ(113) 13.8%	1447 ······	······	1670		
ᄀᆞᅀᆞᆯ(195) 23.9%	1461 ······	1576			

---

2) 『이조어사전』에 의하면 18세기 문헌으로 추정되는 『東言考略』에 '가싀'가 나타나나, 『東言考略』이 디지털화된 텍스트에 빠져 있어 검색에 반영되지 못하였다.

ᄀᆞᄋᆞᆯ(233) 28.6% 1481 ········ 1894

ᄀᆞᄋᆞᆯᇂ(137) 16.8% 1481 ········ 18xx

ᄀᆞ을ᇂ(6) 0.7% 1518 ········ 1632

ᄀᆞ을(46) 5.6% 1518 ········ 18xx

ᄀᆞᅀᆞᆯᇂ(1) 0.1% 1569

가을(85) 10.4% 1783 ········ 1898

016* 가죽(皮)

	15세기	16세기	17세기	18세기	19세기
갖	35(訓解)	11	9(杜重)	–	–
가족	–	5(육자)	24	57	11(대죠션)
가죽	–	–	–	1(종덕)	4(매일)
가죡	–	–	–	–	78(쥬년, 신약)

# 235	15C	16C	17C	18C	19C
갖(55) 23.4%	1446 ········		1632		
가족(97) 41.3%		1560 ········			1896
가죽(5) 2.1%				1758 ········	1898
가죡(78) 33.2%					1865–1900

017* 가죽나무(樗)

	15세기	16세기	17세기	18세기	19세기
개듕나모	–	1(字會)	–	–	–
가듁나모	–	–	1(東醫)	–	–
개듁나모	–	–	3(譯)	–	–
개쥭나모	–	–	–	1(方言)	–
가쥭나무	–	–	–	–	1(광재)

#7	15C	16C	17C	18C	19C
개듕나모(1) 14.3%		1527			
가듁나모(1) 14.3%			1613		
개듁나모(3) 42.9%			1690		
개쥭나모(1) 14.3%				1778	
가쥭나무(1) 14.3%					18xx

018* 간(醃)

	15세기	16세기	17세기	18세기	19세기
ᄀᆞᆫ	–	2(번老)	1	1(濟衆)	–
간	–	–	–	–	1(규합)

# 5	15C	16C	17C	18C	19C
ᄀᆞᆫ(4) 80.0%		1517 ······		1799	
간(1) 20.0%					1869

019* 간수

	15세기	16세기	17세기	18세기	19세기
ᄀᆞᆫ슈	–	1(字會)	1	2(無寃)	–
간슈	–	–	–	–	7(남원, 독립)

# 11	15C	16C	17C	18C	19C
ᄀᆞᆫ슈(4) 36.4%		1527 ······		1792	
간슈(7) 63.6%					1864–1896

020* 간장(醬)

	15세기	16세기	17세기	18세기	19세기
ᄀᆞᆫ쟝	–	–	6(병자)	1(蒙類解)	–
ᄀᆞᆫ댱	–	–	–	3(朴新)	–
간쟝	–	–	–	1(方言)	5(독립)

#16	15C	16C	17C	18C	19C
ᄀᆞᆫ쟝(7) 43.8%			163x ······	1790	
ᄀᆞᆫ댱(3) 18.8%				1765	
간쟝(6) 37.5%				1778 ······	1896

021* 갈까마귀

	15세기	16세기	17세기	18세기	19세기
ᄀᆞᆯ가마괴	–	3(字會)	2(譯)	–	–
갈가마괴	–	–	–	2(同文)	2(남원)
갈가마귀	–	–	–	1(蒙類解)	2(歌曲)

#12	15C	16C	17C	18C	19C
골가마괴(5) 41.7%		1527 ········	1690		
갈가마괴(4) 33.3%				1748 ········	1864
갈가마귀(3) 25%				1790 ········	1876

022* 갈래(派, 條)

	15세기	16세기	17세기	18세기	19세기
가ᄅᆞᆯ	5(석)	1(正俗)	–	–	–
가로	1(杜초)	–	–	–	–
갈애	–	1(경민중)	–	–	–
가래	–	–	6(家언, 朴重)	–	–
갈래	–	–	–	1(譯補)	–

#15	15C	16C	17C	18C	19C
가ᄅᆞᆯ(6) 40.0%	1447 ········	1518			
가로(1) 6.7%	1481				
갈애(1) 6.7%		1579			
가래(6) 40.0%			1632–1677		
갈래(1) 6.7%				1775	

023* 갈림길(岐)

	15세기	16세기	17세기	18세기	19세기
거린길ㅎ	2(능)	–	–	–	–
가린길ㅎ	9(능, 南明)	–	–	–	–
거림낄	–	–	1(譯)	–	–
거림길	–	–	–	1(方言)	–
가름길	–	–	–	1(蒙類解)	1(성경직해)

#15	15C	16C	17C	18C	19C
거린길ㅎ(2) 13.3%	1461				
가린길ㅎ(9) 60.0%	1461–1482				
거림낄(1) 6.7%			1690		
거림길(1) 6.7%				1778	
가름길(2) 13.3%				1790 ········	1892

024* 갈매기

	15세기	16세기	17세기	18세기	19세기
ᄀᆞᆯ며기	29(杜초)	2	39	3	1(太平)
갈멱이	–	–	–	–	2(歌曲)
갈마기	–	–	–	–	1(광새)

#77	15C	16C	17C	18C	19C
ᄀᆞᆯ며기(74)[3] 96.1%	1481 ······				18xx
갈멱이(2) 2.6%					1876
갈마기(1) 1.3%					18xx

025* 감(資)

	15세기	16세기	17세기	18세기	19세기
ᄀᆞᅀᆞᆷ	12(月)	15	1(신속)	–	–
ᄀᆞᄋᆞᆷ	–	9(광천)	6	8(蒙類解)	–
가음	–	–	2(계녀서)	3	6(신약)
ᄀᆞ음	–	–	–	3(행원)	21(쥬교)

#86	15C	16C	17C	18C	19C
ᄀᆞᅀᆞᆷ(28) 32.6%	1459 ······		1617		
ᄀᆞᄋᆞᆷ(23) 26.7%		1575 ······		1790	
가음(11) 12.8%			16xx ······		1900
ᄀᆞ음(24) 27.9%				1760 ······	1897

026* 갓(笠)

	15세기	16세기	17세기	18세기	19세기
갇	1(訓解)	17	4(유합영)	–	–
갓	1(杜초)	1	27	28	41(매일)
갓ㅅ	–	–	–	15(朴新)	6(매일)

---

3) 'ᄀᆞᆯ며긔'와 같이 속격조사 앞에서 'ㅣ'가 탈락한 형태도 'ᄀᆞᆯ며기'에 합산하여 빈도를 계산하였다. 이하 동일.

ᄀᆞᆯ며긔	3(杜초)	–	3(杜重)	–	–

#141	15C	16C	17C	18C	19C
갇(22) 15.6%	1446 ···········	···········	1700		
갓(98) 69.5%	1481 ···········	···········	···········	···········	1898
갓ㅅ(21) 14.9%				1765 ···········	1898

027* 갓끈(纓)

	15세기	16세기	17세기	18세기	19세기
갇긴	–	8(번老, 광천)	–	–	–
갓긴	–	–	8(辟新, 老)	–	–
갓ᄭᅵᆫ	–	–	1(譯)	2	2(淸老)
갓ᄭᅳᆫ	–	–	–	4(蒙老)	1(광재)

#26	15C	16C	17C	18C	19C
갇긴(8) 30.8%		1517–1575			
갓긴(8) 30.8%			1653–1670		
갓ᄭᅵᆫ(5) 19.2%			1690 ···········	···········	18xx
갓ᄭᅳᆫ(5) 19.2%				1790 ···········	18xx

028* 강(江)

	15세기	16세기	17세기	18세기	19세기
ᄀᆞ롬	280(용)	–	301(警民)	–	–
강	–	12(恩重)	35	41	234(신약)

#903	15C	16C	17C	18C	19C
ᄀᆞ롬(581) 64.3%	1447 ···········	···········	1658[4)]		
강(322) 35.7%		1563 ···········	···········	···········	1900

4) 17세기 『두시언해』 중간본에 쓰인 예와 1658년 『경민편언해』 중간본에 쓰인 한 용례가 있다. 이들 문헌은 이전 문헌의 어형을 그대로 가져온 것이지만 그대로 반영하여 기록하였다.

029* (버들)강아지

	15세기	16세기	17세기	18세기	19세기
가야지	1(杜초)	–	–	–	–
개아지	–	–	–	–	1(국한)
ᄀᆞᆼ아지	–	–	–	–	1(광재)

#3	15C	16C	17C	18C	19C
가야지(1) 33.3%	1481				
개아지(1) 33.3%					1895
ᄀᆞᆼ아지(1) 33.3%					18xx

030* 개(犬)

	15세기	16세기	17세기	18세기	19세기
가히	87(曲)	30(百聯)	–	–	–
개	–	22(번小)	39	61	78(신약)

#317	15C	16C	17C	18C	19C
가히(117) 36.9%	1447 ······	1576			
개(200) 63.1%		1518 ······	······	······	1900

031* 개미(蟻)

	15세기	16세기	17세기	18세기	19세기
개야미	10(석)	1	12	2(兵指)	–
가야미	18(曲)	6	8	6(경신)	–
개아미	–	1(類合)	–	–	–

#64	15C	16C	17C	18C	19C
개야미(25)[5] 39.1%	1447 ······	······	······	1787	
가야미(38)[6] 59.4%	1447 ······	······	······	1796	
개아미(1) 1.6%		1576			

---

5) ‘개야ᄆᆡ’ 같은 ‘ㅣ’탈락형도 ‘개야미’에 합산하여 빈도를 계산하였다.

개야ᄆᆡ	–	–	2(杜重)	–	–

6) ‘가야ᄆᆡ, 가야믜’ 같은 ‘ㅣ’탈락형도 ‘가야미’에 합산하여 빈도를 계산하였다.

가야ᄆᆡ	5(曲)	1(장수경)	–	–	–
가야믜	1(杜초)	–	1	2(종덕)	–

032* 개암(榛子)

	15세기	16세기	17세기	18세기	19세기
개욤	2(三강런던)	–	–	–	–
개옴	2(救간)	2(類合)	–	–	–
개얌	–	2(小언)	1(朴重)	–	–
가얌	–	–	3(東醫)	4(蒙類解)	–

#16	15C	16C	17C	18C	19C
개욤(2) 12.5%	1481				
개옴(4) 25.0%	1489 ········	1576			
개얌(3) 18.8%		1587 ········	1677		
가얌(7) 43.8%			1613 ········	1790	

033* 개천(渠)

	15세기	16세기	17세기	18세기	19세기
ᄀᆡ쳔	–	1(石千)	1	7	48(매일)
ᄀᆞ쳔	–	–	1(辟新)	–	–
개쳔	–	–	–	1(유육도)	2(텬로)
개천	–	–	–	–	1(국한)

#62	15C	16C	17C	18C	19C
ᄀᆡ쳔(57) 91.9%		1583 ········	········	········	1898
ᄀᆞ쳔(1) 1.6%			1653		
개쳔(3) 4.8%				1783 ········	1894
개천(1) 1.6%					1895

034* 거마작(柵木)

	15세기	16세기	17세기	18세기	19세기
거마작	–	–	3(練兵)	–	–
거마적	–	–	–	–[7]	–
거머적	–	–	–	1(蒙類解)	–

---

7) 1779년 『漢淸文鑑』에 "鹿角 거마적 〈漢 5:11a〉"으로 나타나나, 디지털화된 텍스트에 『漢淸文鑑』이 포함되지 않아 검색에 반영되지 못하였다.

#4	15C	16C	17C	18C	19C
거마작(3) 75.0%			1612		
거마적(0) 0.0%				1779	
거머적(1) 25.0%				1790	

035* 거미(蛛)

	15세기	16세기	17세기	18세기	19세기
거믜	12(杜초)	5	4	3	6(사민)
거뮈	–	–	–	–	3(歌曲)

#33	15C	16C	17C	18C	19C
거믜(30) 90.9%	1481 ······				1889
거뮈(3) 9.1%					1876

036* 거북이(龜)

	15세기	16세기	17세기	18세기	19세기
거붑	38(석)	7	5(杜重)	–	–
거북	–	–	1(杜重)	–	5(사민)
거복	–	–	1(譯)	13	8(군영)

#78	15C	16C	17C	18C	19C
거붑(50) 64.1%	1447 ······		1632		
거북(6) 7.7%			1632 ······		1889
거복(22) 28.2%			1690 ······		1881

037* 거울(鏡)

	15세기	16세기	17세기	18세기	19세기
거우루	186(석)	11	17	2(송천)	–
거울	1(杜초)	5	5	29	58(독립)
거우로	2(杜초)	12	4	–	3(太平)
거으로	–	1(類合)	–	–	–
거올	–	–	1(譯)[8]	4(方言)	–

#341	15C	16C	17C	18C	19C
거우루(216) 63.3%	1447 ·········			1730	
거울(98) 28.7%	1481 ·········				1896
거우로(21) 6.2%	1481 ·········				18xx
거으로(1) 0.3%		1576			
거올(5) 1.5%			1690 ·········	1778	

038* 거위(蚯蚓, 지렁이, 회충)

	15세기	16세기	17세기	18세기	19세기
것위	4(救方)	–	–	–	–
겄위	14(救간)	–	–	–	–
거쉬	–	5(간벽, 字會)	–	–	–
거위	–	–	8(痘要)	1(同文)	–

#32	15C	16C	17C	18C	19C
것위(4) 12.5%	1466				
겄위(14) 43.8%	1489				
거쉬(5) 15.6%		1525–1527			
거위(9) 28.1%			1608 ·········	1748	

039* 거위(鵝)

	15세기	16세기	17세기	18세기	19세기
거유	8(月)	1	7	9(경신)	–
게유	–	5(字會)	2	3(女四)	–
게오	–	–	1(朴重)	–	–
게우	–	–	–	1(인과곡)	7(국한)
거위	–	–	–	–	4(명성경, 사민)

8) '거올'이 최초로 출현하는 것은 합성어 '거올집'이다. 합성어의 일부로 등장하는 어형은 본래 조사 대상에서 제외하지만 이 경우에는 이전 문헌에 '거올'이 등장하지 않고 바로 '거올집'이 등장한다. '거올'이 없는 상태에서 '거올집'이 나타날 수 없으므로 여기에서는 '거올집'을 최초 출현으로 본다.

#48	15C	16C	17C	18C	19C
거유(25) 52.1%	1459 …………			1796	
게유(10) 20.8%		1527 …………		1736	
게오(1) 2.1%			1677		
게우(8) 16.7%				1796 …………	1895
거위(4) 8.3%					1883−1889

040* 거지(乞人)

	15세기	16세기	17세기	18세기	19세기
것바ᅀᅵ	3(석, 月)	−	−	−	−
것워ᅀᅵ	1(月)	−	−	−	−
거ᇫ와ᅀᅵ	1(金삼)	−	−	−	−
거ᇫ워ᅀᅵ	1(六祖)	−	−	−	−
거어지	−	−	3(譯)	−	3(남원)
거ᄋᆞ지	−	−	−	2(方言, 蒙類解)	−
거지	−	−	−	−	10(예성로스, 신약)

#24	15C	16C	17C	18C	19C
것바ᅀᅵ(3) 12.5%	1447−1459				
것워ᅀᅵ(1) 4.2%	1459				
거ᇫ와ᅀᅵ(1) 4.2%	1482				
거ᇫ워ᅀᅵ(1) 4.2%	1496				
거어지(6) 25%			1690 …………		1864
거ᄋᆞ지(2) 8.3%				1778−1790	
거지(10) 41.7%					1887−1900

041* 거짓(假)

	15세기	16세기	17세기	18세기	19세기
거즛	128(석)	44	15	86	151(협성)
거ᄌᆞᆺ	−	3(類合)	15	4	105(신약)
거즏	−	1(순천)	3(신속)	−	−
거짓	−	−	1(老)	−	13(매일)
거즛ㅅ	−		−	1(無寃)	14(예성로스)
거ᄌᆞᆺㅅ	−	−	−	−	2(텬로)

#586	15C	16C	17C	18C	19C
거즛(424) 72.4%	1447 ······				1898
거ᄌᆞᆺ(127) 21.7%		1576 ······			1900
거즏(4) 0.7%		15xx ······	1617		
거짓(14) 2.4%			1670 ······		1898
거즛ㅅ(15) 2.6%				1792 ······	1887
거ᄌᆞᆺㅅ(2) 0.3%					1894

042* 거풀(皮)

	15세기	16세기	17세기	18세기	19세기
거플	195(석)	12	20	2(蒙類解)	–
거풀	–	–	–	2(蒙類解)	1(매일)

#232	15C	16C	17C	18C	19C
거플(229) 98.7%	1447 ······			1790	
거풀(3) 1.3%				1790 ······	1898

043* 거품(泡)

	15세기	16세기	17세기	18세기	19세기
더품	31(月)	–	–	–	2(예성로스)
거품	8(杜초)	4	14	–	4(텬로)
거픔	–	–	–	1(譯補)	1(성경직해)

#65	15C	16C	17C	18C	19C
더품(33) 50.8%	1459 ······				1887
거품(30) 46.2%	1481 ······				1894
거픔(2) 3.1%				1775 ······	1892

044* 건너편(彼岸)

	15세기	16세기	17세기	18세기	19세기
건넌편	–	–	–	1(속명)	6(신약)
건너편	–	–	–	–	10(치명, 신약)

#17	15C	16C	17C	18C	19C
건넌편(7) 41.2%				1778 ······	1900
건너편(10) 58.8%					1895–1900

045* 검댕(鍋煤)

	15세기	16세기	17세기	18세기	19세기
검듸영	3(救方)	–	–	–	–
거믜영	36(救간)	–	–	–	–
검ᄃᆡ영	–	–	2(東醫)	–	1(의종)
검의영	–	–	1(胎諺)	–	–
거믜양	–	–	1(譯)	1(蒙類解)	–
검듸양	–	–	–	1(譯補)	–
검의양	–	–	–	–	3(한불, 국한)

#49	15C	16C	17C	18C	19C
검듸영(3) 6.1%	1466				
거믜영(36) 73.5%	1489				
검ᄃᆡ영(3) 6.1%			1613 ……	……	1868
검의영(1) 2.0%			1608		
거믜양(2) 4.1%			1690 ……	1790	
검듸양(1) 2.0%				1775	
검의양(3) 6.1%					1880–1895

046* 겉(表)

	15세기	16세기	17세기	18세기	19세기
겇	20(月, 救方)	–	–	–	–
것ㅊ	1(救方)	–	2	3	8(성경직해)
것ㅎ	–	–	1(癸丑)	3[9]	7(독립)

#45	15C	16C	17C	18C	19C
겇(20) 44.4%	1459–1466				
것ㅊ(14) 31.1%	1466 ……	……	……	……	1892
것ㅎ(11) 24.4%			16xx ……	……	1896

9) 1779년 『漢清文鑑』에 “浮面上 것흐로 〈漢 7:25a〉”로 나타나나, 디지털화된 텍스트에 『漢清文鑑』이 포함되지 않아 검색에 반영되지 못하였다.

047* 겨레(族)

	15세기	16세기	17세기	18세기	19세기
결에	–	7(類合)	5	2	2(매일)
겨레	–	2(小언)	4	14	18(치명)
결레	–	–	5(신속)	4	2(太平)
결ᄂᆡ	–	–	3(계녀서)	3	1(여수)
겨ᄅᆡ	–	–	–	16(三譯)	3(清老)
결네	–	–	–	5(천의)	1(독립)
결ᄅᆡ	–	–	–	3(明義)	6(太平)

#106	15C	16C	17C	18C	19C
결에(16) 15.1%		1576 …………			1898
겨레(38) 35.8%		1587 …………			1895
결레(11) 10.4%			1617 …………		18xx
결ᄂᆡ(7) 6.6%			16xx …………		1889
겨ᄅᆡ(19) 17.9%				1703 …………	18xx
결네(6) 5.7%				1756 …………	1896
결ᄅᆡ(9) 8.5%				1777 …………	18xx

048* 겨우살이(寄生草)

	15세기	16세기	17세기	18세기	19세기
겨ᅀᅳ사리	–[10]	–[11]	–	–	–
겨ᄋᆞ사리	–	–	2(東醫)	2(蒙類解)	–
겨으사리	–	–	3(東醫)	1	1(의종)
겨으살이	–	–	–	1(譯補)	–
겨으ᄉᆞ리	–	–	–	1(濟衆)	1(의종)

#12	15C	16C	17C	18C	19C
겨ᅀᅳ사리(0) 0.0%	1431 …………	1517			
겨ᄋᆞ사리(4) 33.3%			1613 …………	1790	
겨으사리(5) 41.7%			1613 …………		1868

---

10) 1431년 『鄉藥採取月令』에 "麥門冬 冬沙伊 〈鄉藥月令 二月〉"로 나타난다.

11) 1517년 『四聲通解』에 "蔦 寄生草 겨ᅀᅳ사리 亦作樢 〈四解 下:13〉"로 나타나나, 디지털화된 텍스트에 『四聲通解』가 포함되지 않아 검색에 반영되지 못하였다.

겨으살이(1) 8.3%				1775	
겨으ᄉᆞ리(2) 16.7%				1799	1868

049* 겨울(冬)

	15세기	16세기	17세기	18세기	19세기
겨ᅀᅳᆯ	46(석)	9(正俗)	–	–	–
겨ᅀᅳᆶ	1(永嘉)	–	–	–	–
겨ᅀᆞᆯ	3(杜초)	1(순천)	–	–	–
겨을	–	18(類合)	40	19	76(매일)
겨ᄋᆞᆯ	–	2(경민중)	17	36	3(淸老)
겨읋	–	1(小언)	14(救荒가)	–	–
겨ᄋᆞᆶ	–	1(순천)	10(警民)	–	–
겨울	–	–	4(시경)	1	51(신약)
겨욿	–	–	1(서궁)	–	–

#354	15C	16C	17C	18C	19C
겨ᅀᅳᆯ(55) 15.5%	1447	1518			
겨ᅀᅳᆶ(1) 0.3%	1464				
겨ᅀᆞᆯ(4) 1.1%	1481	15xx			
겨을(153) 43.2%		1576			1898
겨ᄋᆞᆯ(58) 16.4%		1579			18xx
겨읋(15) 4.2%		1587	1686		
겨ᄋᆞᆶ(11) 3.1%		15xx	1658		
겨울(56) 15.8%			1613		1900
겨욿(1) 0.3%			16xx		

050* 겨자(芥)

	15세기	16세기	17세기	18세기	19세기
계ᄌᆞ	9(석)	5	8	9	9(신약)
겨ᄌᆞ	1(救간)	–	–	1	26(신약)
계자	–	–	–	–	8(예성로스)
겨자	–	–	–	–	1(국한)

#77	15C	16C	17C	18C	19C
계ᄌᆞ(40) 51.9%	1447				1900

겨ᄌᆞ(28) 36.4% | 1489 ········ 1900
계자(8) 10.4% | 1887
겨자(1) 1.3% | 1895

051* 겹(重)

	15세기	16세기	17세기	18세기	19세기
ᄀᆞᆲ	48(月)	1(類合)	–	–	–
ᄀᆞᆵ	–	–	3(家언, 語錄개)	–	–

 # 52 | 15C | 16C | 17C | 18C | 19C
ᄀᆞᆲ(49) 94.2% | 1459 ········ 1576
ᄀᆞᆵ(3) 5.8% | 1632–1669

052* 계집(女)

	15세기	16세기	17세기	18세기	19세기
겨집	437(석)	350	352	145	94(예성로스)
계집	–	43(번小)	43	144	318(신약)

#1926 | 15C | 16C | 17C | 18C | 19C
겨집(1378) 71.5% | 1447 ········ 1887
계집(548) 28.5% | 1518 ········ 1900

053* 고니(鵠)

	15세기	16세기	17세기	18세기	19세기
곤	1(月)	–	–	–	–
곤이	–	–	2(東醫)	3	7(독립)

#13 | 15C | 16C | 17C | 18C | 19C
곤(1) 7.7% | 1459
곤이(12) 92.3% | 1613 ········ 1896

054* 고름(膿)

	15세기	16세기	17세기	18세기	19세기
고롬	18(능)	1	56	8(無寃)	–
고름	2(救간)	–	2	–	3(매일)

#90	15C	16C	17C	18C	19C
고롬(83) 92.2%	1461 ·········	·········	·········	1792	
고름(7) 7.8%	1489 ·········	·········	·········	·········	1898

055* 고리(環)

	15세기	16세기	17세기	18세기	19세기
골회	14(석)	6	3	4(종덕)	–
골희	–	1(誡初)	4	9	7(남원)
골의	–	–	–	1(方言)	–
고리	–	–	–	–	4(남원, 예성로스)
고릐	–	–	–	–	1(한불)

#54	15C	16C	17C	18C	19C
골회(27) 50.0%	1447 ·········	·········	·········	1758	
골희(21) 38.9%		1577 ·········	·········	·········	1864
골의(1) 1.9%				1778	
고리(4) 7.4%					1864–1887
고릐(1) 1.9%					1880

056* 고수(芫荽)

	15세기	16세기	17세기	18세기	19세기
고싀	–	2(字會)	4(東醫)	–	–
고싀	–	–	8(痘要)	1(朴新)	–

#15	15C	16C	17C	18C	19C
고싀(6) 40.0%		1527 ·········	1613		
고싀(9) 60.0%			1608 ·········	1765	

057* 고슴도치(蝟)

	15세기	16세기	17세기	18세기	19세기
고솜돝	4(救方)	–	3(신속)	–	–
고솜돋	1(杜초)	1	2(杜重)		
고솜돗	–	–	1(譯)	2(蒙類解)	–
고솜돗ㅎ	–	–	1(煮硝)	–	–
고솜돗치	–	–	–	1(方言)	–
고솜도치	–	–	–	–	1(몽유편)

#17	15C	16C	17C	18C	19C
고솜돝(7) 41.2%	1466 ···	···	1617		
고솜돋(4) 23.5%	1481 ···	···	1632		
고ᄉᆞᆷ돛(3) 17.6%			1690 ···	1790	
고솜돛ㅎ(1) 5.9%			1698		
고솜돛치(1) 5.9%				1778	
고솜도치(1) 5.9%					1810

058* 고을(州)

	15세기	16세기	17세기	18세기	19세기
ᄀᆞ올ㅎ	94(석)	3	79(杜重)	–	–
ᄀᆞ올	40(석)	13	48(杜重)	–	–
고을	1(救方)	26	16	192	641(신약)
골ㅎ	–	3(번小)	1(신속)	–	–
고올ㅎ	–	5(번小)	5	1(어내)	–
고올	–	11(번小)	10	23	2(이천)
고ᄋᆞᆯ	–	33(번小)	13	10	85(쥬교)
고을ㅎ	–	18(二倫)	9	11	2(閑中)
고ᄋᆞᆯㅎ	–	10(번小)	3	1	4(太平)
골	–	3(광천)	3	9	20(시편)

#1448	15C	16C	17C	18C	19C
ᄀᆞ올ㅎ(176) 12.2%	1447 ···	···	1632		
ᄀᆞ올(101) 7.0%	1447 ···	···	1632		
고을(876) 60.5%	1466 ···	···	···	···	1900
골ㅎ(4) 0.3%		1518 ···	1617		
고올ㅎ(11) 0.8%		1518 ···	···	1737	
고올(46) 3.2%		1518 ···	···	···	1894
고ᄋᆞᆯ(141) 9.7%		1518 ···	···	···	1897
고을ㅎ(40) 2.8%		1518 ···	···	···	18xx
고ᄋᆞᆯㅎ(18) 1.2%		1518 ···	···	···	18xx
골(35) 2.4%		1575 ···	···	···	1898

059* 고의(袴)

	15세기	16세기	17세기	18세기	19세기
ᄀᆞ외	12(석)	2	12(杜重)	–	–
고외	1(杜초)	1	2(杜重)	–	–
고의	–	8(번老)	5	3	5(매일)

# 51	15C	16C	17C	18C	19C
ᄀᆞ외(26) 51.0%	1447 ········	········	1632		
고외(4) 7.8%	1481 ········	········	1632		
고의(21) 41.2%		1517 ········	········	········	1898

060* 고치(繭)

	15세기	16세기	17세기	18세기	19세기
고티	8(訓解)	3	5	1(어내)	–
고치	–	–	–	4(譯補)	60(여수)

#81	15C	16C	17C	18C	19C
고티(17) 21.0%	1459 ········	········	········	1737	
고치(64) 79.0%				1775 ········	1889

061* 곡식(穀)

	15세기	16세기	17세기	18세기	19세기
곡식	3(南明)	18	13	157	315(신약)
곡셕	–	10(正俗)	28	11	25(예성로스)

#580	15C	16C	17C	18C	19C
곡식(506) 87.2%	1482 ········	········	········	········	1900
곡셕(74) 12.8%		1518 ········	········	········	1887

062* 곰달래(馬蹄菜)

	15세기	16세기	17세기	18세기	19세기
곰ᄃᆞᆯ외	–	–[12]	–	–	–
곰ᄃᆞᆯ릐	–	–	1(譯)	2(老重)	–
곰ᄃᆞ릐	–	–	–	1(同文)	–
곰달늬	–	–	–	–	2(몽유편, 歌曲)

#6	15C	16C	17C	18C	19C
곰ᄃᆞᆯ외(0) 0.0%		1527			
곰ᄃᆞᆯᄅᆡ(3) 50.0%			1690 ······	1795	
곰ᄃᆞᄅᆡ(1) 16.7%				1748	
곰달늬(2) 33.3%					1810−1876

063* 곳(處)

	15세기	16세기	17세기	18세기	19세기
곧	1167(석)	193	277	42	10(국한)
곳	−	−	105(家언)	575	1084(신약)
곳ㅅ	−	−	−	−[13)]	90(신약)
곶+ㅣ	−	−	2(서궁)	7	2(국소)
곳ㅈ+ㅣ	−	−	−	−	10(남원, 매일)
곳ㅈ−ㅣ	−	−	−	1(인과곡)	3(삼성)

#3568	15C	16C	17C	18C	19C
곧(1689) 47.3%	1447 ······				1895
곳(1764) 49.4%			1632 ······		1900
곳ㅅ(90) 2.5%				17xx ······	1900
곶+ㅣ(11)[14)] 0.3%			16xx ······		1895
곳ㅈ+ㅣ(10) 0.3%					1864−1898
곳ㅈ−ㅣ(4) 0.1%				1796 ······	1880

12) 1527년 『訓蒙字會』에 "俗呼羊蹄菜 又馬蹄菜 곰ᄃᆞᆯ외 〈訓蒙 上9b 蹄字注〉"로 나타나나, 디지털화된 텍스트에 『訓蒙字會』 注 부분이 포함되지 않아 검색에 반영되지 못하였다.

13) 18세기 『을병연행록』에 "만은 곳ᄉᆞᆫ 혹 수십이 넘고 〈을병 4:46〉"로 나타나나, 디지털화된 텍스트에 『을병연행록』이 포함되지 않아 검색에 반영되지 못하였다.

14) 설단자음을 말음으로 가지는 체언어간에 모음 'ㅣ'가 후행하는 경우 구개음화가 적용된 것인지, 원래 말음이 'ㅈ, ㅊ'인지 확인하기 어려우므로, 체언어간 뒤에 모음 'ㅣ'가 결합한 경우 '+ㅣ'로, 'ㅣ' 외의 모음이 결합한 경우에는 '−ㅣ'로 나누어 표시하였다. 이 경우는 해당 표기형들을 모아서 보일 필요가 있으므로 일반적인 배열 순서를 지키지 않았다. 이하 동일.

064* 공장(工匠)

	15세기	16세기	17세기	18세기	19세기
공쟝와치	–	1(正俗)	–	–	–
공쟝바치	–	1(字會)	–	–	–
공쟝바치	–	–	–	–	1(광재)

#3	15C	16C	17C	18C	19C
공쟝와치(1) 33.3%		1518			
공쟝바치(1) 33.3%		1527			
공쟝바치(1) 33.3%					18xx

065* 과줄(菓)

	15세기	16세기	17세기	18세기	19세기
과ᄌᆞᆯ	–	4(순천)	2(서궁)	–	–
과즐	–	–	3(新語)	4(蒙類解)	–
과줄	–	–	–	–	2(한불)

#15	15C	16C	17C	18C	19C
과ᄌᆞᆯ(6) 40.0%		15xx ······	16xx		
과즐(7) 46.7%			1676 ······	1790	
과줄(2) 13.3%					1880

066* 광주리(筐)

	15세기	16세기	17세기	18세기	19세기
광조리	–	1(字會)	5	7	1(淸老)
광주리	–	–	2(老)	9	8(신심소)
광ᄌᆞ리	–	–	3(癸丑)	–	–
광즈리	–	–	2(癸丑)	–	1(정몽유어)

#39	15C	16C	17C	18C	19C
광조리(14) 35.9%		1527 ······	······	······	18xx
광주리(19) 48.7%			1670 ······	······	1896
광ᄌᆞ리(3) 7.7%			16xx		
광즈리(3) 7.7%			16xx ······	······	1884

067* 교토(料物, 고명)

	15세기	16세기	17세기	18세기	19세기
교토	–	1(번朴)	2(朴重)	–	–
교퇴	–	–	3(朴重, 譯)	–	–

#6	15C	16C	17C	18C	19C
교토(3) 50.0%		1517 ········	1677		
교퇴(3) 50.0%			1677–1690		

068* 구더기(蛆)

	15세기	16세기	17세기	18세기	19세기
구더기	2(永嘉)	1	2(譯)	–	–
귀더기	–	2(字會)	4	2(方言)	–
귀덕이	–	–	1(서궁)	7	4(성경직해)

#25	15C	16C	17C	18C	19C
구더기(5) 20.0%	1464 ········	········	1690		
귀더기(8) 32.0%		1527 ········	········	1778	
귀덕이(12) 48.0%			16xx ········	········	1892

069* 구들(炕)

	15세기	16세기	17세기	18세기	19세기
구들ㅎ	–	1(번朴)	–	–	–
구들	–	1(字會)	19	1	4(진리)
구둘	–	1(광천)	2	21	1(국한)

#51	15C	16C	17C	18C	19C
구들ㅎ(1) 2.0%		1517			
구들(25) 49.0%		1527 ········	········	········	1895
구둘(25) 49.0%		1575 ········	········	········	1895

070* 구렁(坑)

	15세기	16세기	17세기	18세기	19세기
굴헝	24(용)	9	22	22	5(신약)
굴항	–	1(正俗)	–	–	–
굴엉	–	–	–	2(경신)	–
구렁	–	–	–	2(유경상)	4(신약)

#91	15C	16C	17C	18C	19C
굴헝(82) 90.1%	1447	······	······	······	1900
굴항(1) 1.1%		1518			
굴엉(2) 2.2%				1796	
구렁(6) 6.6%				1783 ······	1900

071* 구름(雲)

	15세기	16세기	17세기	18세기	19세기
구룸	398(석)	28	341	25	15(매일)
구름	7(月)	1	7	9	121(매일)
구롬	1(杜초)	7	9	18	2(太平)
구ᄅᆞᆷ	–	–	5(杜重)	11	44(신약)

#1049	15C	16C	17C	18C	19C
구룸(807) 76.9%	1447	······	······	······	1898
구름(145) 13.8%	1459	······	······	······	1898
구롬(37) 3.5%	1481	······	······	······	18xx
구ᄅᆞᆷ(60) 5.7%			1632	······	1900

072* 구멍(穴)

	15세기	16세기	17세기	18세기	19세기
구무	40(석)	11	34	29	5(이천)
굼ㄱ	134(석)	10	93	12	10(매일)
구모	–	1(字會)	2	1(지장)	–
구멍	–	–	4(痘要)	3	69(신약)
궁ㄱ	–	–	1(杜重)	3	4(매일)
구녕	–	–	–	–	9(한불, 국소)

#475	15C	16C	17C	18C	19C
구무(119) 25.1%	1447 ······				1894
굼ㄱ(259) 54.5%	1447 ······				1898
구모(4) 0.8%		1527 ······		1752	
구멍(76) 16%			1608 ······		1900
궁ㄱ(8) 1.7%			1632 ······		1898
구녕(9) 1.9%					1880−1895

073* 구실(吏, 稅)

	15세기	16세기	17세기	18세기	19세기
그위실	13(능, 三강련던)	−	−	−	−
그우실	4(圓, 內)	−	−	−	−
구위실	1(杜초)	−	−	−	−
구의실	1(杜초)	−	−	−	−
구우실	1(杜초)	−	1	1(普勸해)	−
구실	2(杜초)	18	15	46	46(협성)

#149	15C	16C	17C	18C	19C
그위실(13) 8.7%	1461−1481				
그우실(4) 2.7%	1465−1475				
구위실(1) 0.7%	1481				
구의실(1) 0.7%	1481				
구우실(3) 2.0%	1481 ······			1776	
구실(127) 85.2%	1481 ······				1898

074* 구유(槽)

	15세기	16세기	17세기	18세기	19세기
구ᅀᅵ	2(南明)	5(字會)	−	−	−
구슈	−	1(類合)	1(유합영)	−	−
귀우	−	−	16(자취, 馬언)	−	−
구유	−	−	4(救荒윤)	4	11(신약)
귀요	−	−	1(老)	−	−
귀유	−	−	3(老)	4(老重)	−

#52	15C	16C	17C	18C	19C
구ᅀᅵ(7) 13.5%	1482 ······	1527			

구슈(2) 3.8% 1576 ······ 1700

귀우(16) 30.8% 1635－16xx

구유(19) 36.5% 1660 ······ 1900

귀요(1) 1.9% 1670

귀유(7) 13.5% 1670 ······ 1795

075* 굴레(勒)

	15세기	16세기	17세기	18세기	19세기
굴에	5(法화)	12	3(칠천)	–	–
구레	–	–	6(練兵)	16	6(시편)
굴레	–	–	4(朴重)	4(方言)	–
굴릐	–	–	3(譯)	–	–

#59	15C	16C	17C	18C	19C
굴에(20) 33.9%	1463 ······		1661		
구레(28) 47.5%			1612 ······		1898
굴레(8) 13.6%			1677 ······	1778	
굴릐(3) 5.1%			1690		

076* 굼벵이(螬)

	15세기	16세기	17세기	18세기	19세기
굼벙	1(訓解)	–	–	–	–
굼벙이	10(救方)	3(몽육)	–	–	–
굼벙이	–	–	5(痘要)	3	1(광재)

#23	15C	16C	17C	18C	19C
굼벙(1) 4.3%	1446				
굼벙이(13)[15] 56.5%	1466 ······	1567			
굼벙이(9)[16] 39.1%			1608 ······		18xx

---

15) 15세기에 '굼벙', '굼벙이' 모두 존재하므로, 속격형 '굼벙의'는 검색항을 '굼벙'과 '굼벙이' 중 어디에 포함시킬 것인가 하는 문제가 생긴다. '굼벙'에 포함시킬 수도 있으나, 여기에서는 '굼벙'보다 '굼벙이'의 사용 빈도가 높으므로 '굼벙이'에서 'ㅣ'가 탈락한 것으로 보고자 한다.

굼벙의	3(救간)	-	-	-	-

16) '굼벙의' 같은 'ㅣ'탈락형도 '굼벙이'에 합산하여 빈도를 계산하였다.

굼벙의	-	-	1(胎諺)	-	-

077* 굽이(彎曲)

	15세기	16세기	17세기	18세기	19세기
구븨	6(永嘉)	–	9	8	1(남원)
구뷔	–	–	–	2(倭)	4(歌曲)

#30	15C	16C	17C	18C	19C
구븨(24) 80.0%	1464 ······				1864
구뷔(6) 20.0%				1781 ······	1876

078* 귀뚜라미(蟋蟀)

	15세기	16세기	17세기	18세기	19세기
귓돌와미	5(능)	–	3(杜重)	–	–
귓돌아미	1(杜초)	–	1(杜重)	–	–
귓도라미	–	5(字會)	2	2	1(몽유편)
귀돌아미	–	–	2(유합칠)	–	–
귓도람이	–	–	–	3(譯補, 蒙類解)	–
귀쏘람이	–	–	–	–[17]	1(광재)
귓도리	–	–	–	–	4(歌曲)

#30	15C	16C	17C	18C	19C
귓돌와미(8)[18] 26.7%	1461 ······		1632		
귓돌아미(2) 6.7%	1481 ······		1632		
귓도라미(10) 33.3%		1527 ······			1810
귀돌아미(2) 6.7%			1664		
귓도람이(3) 10.0%				1775–1790	
귀쏘람이(1) 3.3%				17xx ······	18xx
귓도리(4) 13.3%					1876

17) 18세기 『物譜』에 "竈馬 귀쏘람이 〈物譜 飛蟲〉"로 나타나나, 디지털화된 텍스트에 『物譜』가 포함되지 않아 검색에 반영되지 못하였다.

18) '귓돌와믜, 귓돌와믜' 같은 'ㅣ'탈락형도 '귓돌와미'에 합산하여 빈도를 계산하였다.

귓돌와믜	3(능, 杜초)	-	-	-	-
귓돌와믜	-	-	1(杜重)	-	-

079* 귀리(鈴鐺麥)

	15세기	16세기	17세기	18세기	19세기
귀보리	–	–	1(東醫)	–	–
귀우리	–	–	1(譯)	2(蒙類解)	–
귀오리	–	–	–	2(譯補)	1(광재)

#7	15C	16C	17C	18C	19C
귀보리(1) 14.3%			1613		
귀우리(3) 42.9%			1690 ········	1790	
귀오리(3) 42.9%				1775 ········	18xx

080* 그네(鞦韆)

	15세기	16세기	17세기	18세기	19세기
글위	1(杜초)	2(字會)	–	–	–
그릐	–	–	2(譯)	–	–
그리	–	–	–	4(同文, 蒙類解)	–
그늬	–	–	–	2(方言)	4(사민)

#15	15C	16C	17C	18C	19C
글위(3) 20.0%	1481 ········	1527			
그릐(2) 13.3%			1690		
그리(4) 26.7%				1748–1790	
그늬(6) 40.0%				1778 ········	1889

081* 그늘(陰)

	15세기	16세기	17세기	18세기	19세기
ᄀᆞᄂᆞᆯㅎ	33(月)	4	16(杜重)	–	–
ᄀᆞᄂᆞᆯ	59(능)	11	4(杜重)	–	–
그늘ㅎ	–	1(百聯)	–	–	–
그늘	–	3(三강동경)	2	6	34(신약)
그ᄂᆞᆯ	–	–	–	3(경민음)	1(淸老)
그ᄂᆞᆯㅎ	–	–	–	1(선조행장)	–

#178	15C	16C	17C	18C	19C
ᄀᆞᄂᆞᆯㅎ(53) 29.8%	1459 ········	········	1632		
ᄀᆞᄂᆞᆯ(74) 41.6%	1461 ········	········	1632		

그늘ㅎ(1) 0.6% 1576

그늘(45) 25.3% 15xx ………… 1900

그ᄂᆞᆯ(4) 2.2% 1762 ………… 18xx

그ᄂᆞᆯㅎ(1) 0.6% 17xx

082* 그대

	15세기	16세기	17세기	18세기	19세기
그듸	366(석)	16	164	10(普勸해)	–
그디	11(月)	4	2(杜重)	–	–
그ᄃᆡ	11(杜초)	52	85	161	434(매일)

#1316 15C 16C 17C 18C 19C

그듸(556) 42.2% 1447 ………… 1776

그디(17) 1.3% 1459 ………… 1632

그ᄃᆡ(743) 56.5% 1481 ………… 1898

083* 그루(株)

	15세기	16세기	17세기	18세기	19세기
그르ㅎ	1(月)	–	–	–	1(歌曲)
그루	–	–	–	–	2(사민)

#4 15C 16C 17C 18C 19C

그르ㅎ(2) 50.0% 1459 ………… 1876

그루(2) 50.0% 1889

084* 그림자(影)

	15세기	16세기	17세기	18세기	19세기
그르메	103(석)	10	42(杜重)	–	–
그림제	2(月)	–	–	–	–
그리메	90(月)	1	12(杜重)	–	–
그름제	1(金삼)	4(百聯)	–	–	–
그림재	–	1(誡初)	3	5	2(太平)
그르매	–	–	3(杜重)[19]	1(어내)	–
그림자	–	–	–	4(경문)	1(쥬년)

#285	15C	16C	17C	18C	19C
그르메(155) 54.4%	1447 ·········	·········	1632		
그림제(2) 0.7%	1459				
그리메(103) 36.1%	1459 ·········	·········	1632		
그름제(5) 1.8%	1482 ·········	1576			
그림재(11) 3.9%		1577 ·········	·········	·········	18xx
그르매(4) 1.4%			1632 ·········	1737	
그림자(5) 1.8%				1761 ·········	1865

085* 그믐(晦)

	15세기	16세기	17세기	18세기	19세기
그뭄	3(圓)	4	2	4	3(군영)
그몸	1(杜초)	3	3(영천)	–	–
그믐	–	4(번老)	4	4	7(국한)

#42	15C	16C	17C	18C	19C
그뭄(16) 38.1%	1465 ·········	·········	·········	·········	1881
그몸(7) 16.7%	1481 ·········	·········	1700		
그믐(19) 45.2%		1517 ·········	·········	·········	1895

086* 그위(官廳)

	15세기	16세기	17세기	18세기	19세기
그위	22(석)	3	3(杜重)	–	–
구위	9(杜초)	16	9(자취)	–	–
구의	1(杜초)	30	24	29(老重)	–
귀	–	2(광천)	2	1(十九)	–

#151	15C	16C	17C	18C	19C
그위(28) 18.5%	1447 ·········	·········	1632		
구위(34) 22.5%	1481 ·········	·········	1635		
구의(84) 55.6%	1481 ·········	·········	·········	1795	
귀(5) 3.3%		1575 ·········	·········	1772	

19) 이 중에서 두 예는 『두시언해』 중간본의 예인데, 이는 '그르메'의 오기일 가능성이 있다.

087* 그으름(竈煤)

	15세기	16세기	17세기	18세기	19세기
그ᅀᅳ름	–	1(字會)	–	–	–
그으름	–	–	–	6(譯補, 無寃)	–

#7	15C	16C	17C	18C	19C
그ᅀᅳ름(1) 14.3%		1527			
그으름(6) 85.7%				1775–1792	

088* 그음(限)

	15세기	16세기	17세기	18세기	19세기
그ᅀᅳᆷ	5(月)	4	1(권념)	–	–
그슴	9(능)	3(번小)	–	–	–
그음	–	2(牛方)	4	–	15(매일)

#43	15C	16C	17C	18C	19C
그ᅀᅳᆷ(10) 23.3%	1459 ········	········	1637		
그슴(12) 27.9%	1461 ········	1518			
그음(21) 48.8%		1541 ········	········	········	1898

089* 글월(文)

	15세기	16세기	17세기	18세기	19세기
글ᄫᅡᆯ	1(용)	–	–	–	–
글왈	36(석)	–	2(杜重)	–	–
글월	133(月)	140	234	82	19(이천)

#647	15C	16C	17C	18C	19C
글ᄫᅡᆯ(1) 0.2%	1447				
글왈(38) 5.9%	1447 ········	········	1632		
글월(608) 94%	1459 ········	········	········	········	1894

090* 글짓기

	15세기	16세기	17세기	18세기	19세기
글지ᅀᅵ	6(內, 杜초)	–	–	–	–
글지이	–	3(小언)	3	1(어내)	–

#13	15C	16C	17C	18C	19C
글지ᅀᅵ(6) 46.2%	1475–1481				
글지이(7) 53.8%		1587 …………	…………	1737	

091* 기둥(柱)

	15세기	16세기	17세기	18세기	19세기
긷	16(訓解)	1(번朴)	–	–	–
기동	13(능)	10(石千)	–	–	–
기동	–	2(類合)	25	22	75(협성)

#164	15C	16C	17C	18C	19C
긷(17) 10.4%	1446 …………	1517			
기동(23) 14.0%	1461 …………	1583			
기동(124) 75.6%		1576 …………	…………	…………	1898

092* 기러기(雁)

	15세기	16세기	17세기	18세기	19세기
그력	3(訓解)	–	1(杜重)	–	–
그려기	85(月)	3	57	2	1(대죠선)
그러기	1(杜초)	1	8	–	1(이천)
긔려기	–	4(字會, 類合)	–	–	–
기러기	–	3(百聯)	4	10	5(사민)
기력이	–	–	–	–	9(歌曲, 명성경)

#198	15C	16C	17C	18C	19C
그력(4) 2.0%	1446 …………	…………	1632		
그려기(148)[20] 74.7%	1459 …………	…………	…………	…………	1896
그러기(11) 5.6%	1481 …………	…………	…………	…………	1894

20) 15세기에 '그력'과 '그려기'가 둘 다 존재하므로, 속격형인 '그려긔'의 경우 검색항을 '그력'과 '그려기' 중 어디에 포함시킬 것인가 하는 문제가 생긴다. '그력'에 포함시킬 수도 있으나, 여기에서는 '그력'보다 '그려기'의 사용 빈도가 높으므로 '그려기'에서 'ㅣ'가 탈락한 것으로 보고자 한다. 이는 앞의 '굼벙의'의 처리 방식과 동일하다.

그려긔	18(月)	1	10(杜重)	-	-

그려기(4) 2.0%　　1527–1576

기러기(22) 11.1%　　1576 ······ 1889

기럭이(9) 4.5%　　1876–1883

093* 기름

	15세기	16세기	17세기	18세기	19세기
기름	90(석)	16	66	28	87(신약)
기롬	1(석)	1	40	11	91(신약)

#431	15C	16C	17C	18C	19C
기름(287) 66.6%	1447 ······				1900
기롬(144) 33.4%	1447 ······				1900

094* 기미(痣)

	15세기	16세기	17세기	18세기	19세기
기믜	–	3(字會)	1(痘要)	–	–
김의	–	–	1(譯)	1(蒙類解)	–
기뮈	–	–	–	1(倭)	–

#7	15C	16C	17C	18C	19C
기믜(4) 57.1%		1527 ······	1608		
김의(2) 28.6%			1690 ······	1790	
기뮈(1) 14.3%				1781	

095* 기와(瓦)

	15세기	16세기	17세기	18세기	19세기
디새	52(석)	3	22	8(方言)	–
지새	–	–	–	11(譯補, 蒙類解)	–
기와	–	–	–	6(종덕)	27(신약)

#129	15C	16C	17C	18C	19C
디새(85) 65.9%	1447 ······			1778	
지새(11) 8.5%				1775–1790	
기와(33) 25.6%				1758 ······	1900

096* 기운(氣運)

	15세기	16세기	17세기	18세기	19세기
긔운	172(內)	85	315	136	215(신약)
기운	–	–	–	–	7(여수, 독립)

#930 15C 16C 17C 18C 19C

긔운(923) 99.2% 1475 …… 1900

기운(7) 0.8% 1889–1896

097* 기침(咳)

	15세기	16세기	17세기	18세기	19세기
기춤	30(석)	–	5	3(方言)	–
기츰	5(法화)	2	7	1(蒙類解)	–
기ᄎᆞᆷ	–	1(小언)	22	3(경문)	–
기침	–	–	–	–	7(남원, 여소)

#86 15C 16C 17C 18C 19C

기춤(38) 44.2% 1447 …… 1778

기츰(15) 17.4% 1463 …… 1790

기ᄎᆞᆷ(26) 30.2% 1587 …… 1761

기침(7) 8.1% 1864–18xx

098* 길(路)

	15세기	16세기	17세기	18세기	19세기
길ㅎ	599(석)	120	426	187	321(신약)
길	180(석)	69	136	258	1496(신약)

#3792 15C 16C 17C 18C 19C

길ㅎ(1653) 43.6% 1447 …… 1900

길(2139) 56.4% 1447 …… 1900

099* 길마(鞍)

	15세기	16세기	17세기	18세기	19세기
기ᄅᆞ마	2(용)	4	37	21(老重)	–
기르마	16(석)	9	13	27	4(清老)
기ᄅᆞ매	–	1(번老)	–	–	–
길마	–	–	1(곽씨)	–	4(독립)

#139	15C	16C	17C	18C	19C
기ᄅᆞ마(64) 46%	1447 ···············			1795	
기르마(69) 49.6%	1447 ···············				18xx
기ᄅᆞ매(1) 0.7%		1517			
길마(5) 3.6%			16xx ···············		1896

100* 길이

	15세기	16세기	17세기	18세기	19세기
기리	14(석)	1	–	–	25(매일)
기릐	19(月)	1	8	20(無寃)	–
기ᄅᆡ	1(杜초)	11	27	3	5(감응)

#135	15C	16C	17C	18C	19C
기리(40) 29.6%	1447 ···············				1898
기릐(48) 35.6%	1459 ···············			1792	
기ᄅᆡ(47) 34.8%	1481 ···············				1852

101* 김(耘)

	15세기	16세기	17세기	18세기	19세기
기슴	–	5(속三, 字會)	–	–	–
기ᅀᅳᆷ	–	1(龜)	–	–	–
기음	–	4(類合)	53	10	4(성경직해)
기ᄋᆞᆷ	–	–	3(杜重)	2(蒙類解)	–

#82	15C	16C	17C	18C	19C
기슴(5) 6.1%		1514–1527			
기ᅀᅳᆷ(1) 1.2%		1569			
기음(71) 86.6%		1576 ···············			1892
기ᄋᆞᆷ(5) 6.1%			1632 ···············	1790	

102* 김치[21][22]

	15세기	16세기	17세기	18세기	19세기
딤ᄎᆡ	–	2(字會, 類合)	–	–	–
짐ᄎᆡ	–	–	4(곽씨)	–	1(한불)
김치	–	–	–	–	6(한불, 녹립)
김채	–	–	–	–	1(국한)

#14	15C	16C	17C	18C	19C
딤ᄎᆡ(2) 14.3%		1527–1576			
짐ᄎᆡ(5) 35.7%			16xx		1880
김치(6) 42.9%					1880–1896
김채(1) 7.1%					1895

103* 김치(沈菜)

	15세기	16세기	17세기	18세기	19세기
팀ᄎᆡ	–	1(小언)	–	2(倭)	–
침ᄎᆡ	–	–	–	4(同文)	3(여수)

#10	15C	16C	17C	18C	19C
팀ᄎᆡ(3) 30.0%		1587		1781	
침ᄎᆡ(7) 70.0%				1748	1889

---

21) '김치'는 한자어 '沈菜'에서 비롯한 단어이다. '沈'의 조선 전기 한자음은 '팀'이었던 것으로 추정되지만, 16세기에 처음 발견되는 '沈菜'의 음은 '딤ᄎᆡ'와 '팀ᄎᆡ'의 두 종류가 있다. '沈'이 '딤'으로 나타나는 것은 훨씬 이전의 한자음을 반영한 것이며 '팀'으로 나타나는 것은 당대의 한자음을 반영한 것인데, '딤>짐>김'의 음변화 과정과 '팀>침'의 음변화 과정이 서로 달리 일어난다. 김치는 조선전기보다 유래가 당연히 길 것으로 보며, 따라서 이전부터 '沈菜'라는 단어가 쓰였을 것으로 생각할 수 있다. 이 시기에 '팀'으로 읽혀 마땅한 '沈菜'가 이전 시기의 발음인 '딤ᄎᆡ'로 나타난다는 것은 이 단어가 이미 귀화 단계에 들어섰다는 반증일 것이며, 이후의 음변화 과정이 한자어 발음의 변화를 충실히 따르는 '팀ᄎᆡ'의 변화와 다르다는 점을 고려하여 '딤ᄎᆡ'계의 형태와 '팀ᄎᆡ'계의 형태를 구분하여 제시하였다.

22) 『이조어사전』에 의하면 18세기 『靑丘永言』에 '김츼', 19세기 『物名攷』에 '김ᄎᆡ', 『淸語老乞大』에 '짐츼'가 나타나나, 『靑丘永言』, 『物名攷』, 『淸語老乞大』의 일부가 디지털화된 텍스트에 빠져 있어 검색에 반영되지 못하였다.

104* 깊이

	15세기	16세기	17세기	18세기	19세기
기픠	3(月)	5	7	1(주천)	–
기ᄑᆡ	–	1(간벽)	–	–	–

#17	15C	16C	17C	18C	19C
기픠(16) 94.1%	1459 ···········			1752	
기ᄑᆡ(1) 5.9%		1525			

105* 까끄라기(芒)

	15세기	16세기	17세기	18세기	19세기
ᄀᆞᅀᆞ라기	5(救方, 杜초)	–	–	–	–
ᄀᆞᄉᆞ라기	–	1(救荒)	2(救荒가)	–	–
ᄀᆞᄋᆞ라기	–	–	1(杜重)	–	–

#9	15C	16C	17C	18C	19C
ᄀᆞᅀᆞ라기(5) 55.6%	1466–1481				
ᄀᆞᄉᆞ라기(3) 33.3%		1554 ···········	1686		
ᄀᆞᄋᆞ라기(1) 11.1%			1632		

106* 까마귀(烏)

	15세기	16세기	17세기	18세기	19세기
가마괴	43(석)	5	49	11	2(남원)
가마귀	–	–	–	3(蒙類解)	34(신약)

#147	15C	16C	17C	18C	19C
가마괴(110) 74.8%	1447 ···········				1864
가마귀(37) 25.2%				1790 ···········	1900

107* 까막까치(烏鵲)

	15세기	16세기	17세기	18세기	19세기
가막가치	2(杜초)	–	7	1(五倫)	–
가막갓치	–	–	1(癸丑)	–	–

#11	15C	16C	17C	18C	19C
가막가치(10) 90.9%	1481 ······	······	······	1797	
가막갓치(1) 9.1%			16xx		

108* 까치(鵲)

	15세기	16세기	17세기	18세기	19세기
가치	8(용)	5	6	5	3(歌曲)
간치	–	–	2(杜重)	–	–
갓치	–	–	–	–[23]	–
ᄭᅡ치	–	–	–	–	5(협성)

#34	15C	16C	17C	18C	19C
가치(27) 79.4%	1447 ······	······	······	······	1876
간치(2) 5.9%			1632		
갓치(0) 0.0%				17xx	
ᄭᅡ치(5) 14.7%					1898

109* 까풀(鞘)

	15세기	16세기	17세기	18세기	19세기
가ᄑᆞᆯ	1(杜초)	1(類合)	–	–	–
가플	–	2(번朴)	–	–	–
갑플	–	–	2(朴重)	1(五倫)	–
가풀	–	–	–	1(朴新)	–
갑풀	–	–	–	2(倭, 蒙老)	–

#10	15C	16C	17C	18C	19C
가ᄑᆞᆯ(2) 20.0%	1481 ······	1576			
가플(2) 20.0%		1517			
갑플(3) 30.0%			1677 ······	1797	
가풀(1) 10.0%				1765	
갑풀(2) 20.0%				1781–1790	

23) 18세기 『物譜』에 "鵲 갓치 〈物譜 羽蟲〉"로 나타나나, 디지털화된 텍스트에 『物譜』가 포함되지 않아 검색에 반영되지 못하였다.

110* 꼭두서니(茜草)

	15세기	16세기	17세기	18세기	19세기
곱도ᅀᅩᆼ	4(救간)[24]	–	–	–	–
곡도손	–	1(字會)	–	1	1(의종)
곡도ᅀᅩᆼ	–	–	3(東醫)	4(老重)	–
곡도송	–	–	2(譯)[25]	1(方言)	–
곡도손이	–	–	–	–	1(몽유편)

#18	15C	16C	17C	18C	19C
곱도ᅀᅩᆼ(4) 22.2%	1489				
곡도손(3) 16.7%		1527 ········	········	········	1868
곡도ᅀᅩᆼ(7) 38.9%			1613 ········	1795	
곡도송(3) 16.7%			1690 ········	1778	
곡도손이(1) 5.6%					1810

111* 꼭뒤(腦後)

	15세기	16세기	17세기	18세기	19세기
곡뒤	1(救간)	1	4	3	2(한불)
곡ᄃᆡ	–	–	1(馬언)	2(譯補)	–
ᄭᅩᆨ듸	–	–	–	–[26]	–
ᄭᅩᆨ뒤	–	–	–	1(無寃)	2(남원)
꼭뒤	–	–	–	–	1(국한)

#18	15C	16C	17C	18C	19C
곡뒤(11) 61.1%	1489 ········	········	········	········	1880

---

24) 1431년 『鄕藥採取月令』에 "茜根 鄕名 古邑豆訟 〈鄕藥月令 二月〉"으로 나타난다.

25) 『譯語類解』 下:40b에 나오는 같은 예에 대해서 『이조어사전』은 '곡도ᅀᅩᆼ'을 표제항으로 삼았고, 『고어사전』에서는 '곡도송'을 표제항으로 삼았다. 譯유해 텍스트 입력본에는 '곡도송'으로 입력되어 있었으나, 실제 원본을 확인하니 '곡도ᅀᅩᆼ'처럼 보인다. 그러나 이 문헌에서 'ㅅ'도 모두 'ㅿ'으로 표기하였고 실제로 이 시기에는 이미 'ㅿ'이 비음운화되었기 때문에 텍스트 입력 시 'ㅿ'으로 표기된 것을 모두 'ㅅ'으로 입력한 것으로 생각된다.

26) 1779년 『漢淸文鑑』에 "搭腦 구레 ᄭᅩᆨ듸 거리 〈漢 5:25〉", "頂毛 ᄭᅩᆨ듸에 털 〈漢 13:60〉"로 나타나나, 디지털화된 텍스트에 『漢淸文鑑』이 포함되지 않아 검색에 반영되지 못하였다.

곡ᄃᆡ(3) 16.7%　　16xx ······ 1775
ᄭᅩᆨ듸(0) 0.0%　　1779
ᄭᅩᆨ뒤(3) 16.7%　　1792 ······ 1864
꼭뒤(1) 5.6%　　1895

112* 꼭지(蔕)

	15세기	16세기	17세기	18세기	19세기
곡지	–	–	2(痘要)	4	4(규합)
ᄭᅩᆨ지	–	–	1(辟新)	3	10(한불)

#24	15C	16C	17C	18C	19C
곡지(10) 41.7%			1608 ······	······	1869
ᄭᅩᆨ지(14) 58.3%			1653 ······	······	1880

113* 꽃(花)

	15세기	16세기	17세기	18세기	19세기
곶	448(석)	26	172	3	6(太平)
ᄭᅩᆽ	–	–	1(胎諺)	–	1(독립)
꽂	–	–	4(杜重)	1(普勸해)	–

#662	15C	16C	17C	18C	19C
곶(655) 98.9%	1447 ······	······	······	······	18xx
ᄭᅩᆽ(2) 0.3%			1608 ······	······	1896
꽂(5) 0.8%			1632 ······	1776	

114* 꾀꼬리(鶯鸝)

	15세기	16세기	17세기	18세기	19세기
곳고리	33(月)	14	28(杜重)	–	–
굇고리	–	1(類合)	4	1(주천)	–
괴ᄭᅩ리	–	–	1(東醫)	–	–
ᄭᅬᄭᅩ리	–	–	–	2(同文)	16(신심소)
ᄭᅬ ㅅ고리	–	–	–	1(譯補)	–
괻고리	–	–	–	1(倭)	–
ᄭᅬ고리	–	–	–	–	3(신심소)

#105	15C	16C	17C	18C	19C
곳고리(75)[27] 71.4%	1459 ·········	·········	1632		
굇고리(6) 5.7%		1576 ·········	·········	1752	
괴ᄭᅩ리(1) 1.0%			1613		
쇠ᄭᅩ리(18) 17.1%				1748 ·········	1896
쇠ㅅ고리(1) 1.0%				1775	
괻고리(1) 1.0%				1781	
쇠고리(3) 2.9%					1896

115* 꾸지람(罵)

	15세기	16세기	17세기	18세기	19세기
구지돔	3(曲, 月)	–	–	–	–
구지럼	1(석)	2(순천)	–	–	–
구지람	9(月)	1	3(杜重)	–	–
구지줌	7(法화, 內)	–	–	–	–
구지좀	10(法화)	3(三강동경)	–	–	–
ᄭᅮ지럼	–	1(恩重)	–	–	–
ᄭᅮ지람	–	–	3(老)	10(老重)	–
꾸지람	–	–	–	1(隣語)	–
ᄭᅮ디롬	–	–	–	1(五倫)	–
ᄭᅮ지름	–	–	–	–	1(한불)

#56	15C	16C	17C	18C	19C
구지돔(3) 5.4%	1447–1459				
구지럼(3) 5.4%	1447 ·········	15xx			
구지람(13) 23.2%	1459 ·········	·········	1632		
구지줌(7) 12.5%	1463–1475				
구지좀(13) 23.2%	1463 ·········	15xx			
ᄭᅮ지럼(1) 1.8%		1563			

27) '곳고릐' 같은 'ㅣ'탈락형도 '곳고리'에 합산하여 빈도를 계산하였다.

곳고릐	6(杜초)	-	2(杜重)	-	-

ᄉᆞ지람(13) 23.2%			1670 ······	1795	
ᄭᅮ지람(1) 1.8%				1790	
ᄉᆞ디룸(1) 1.8%				1797	
ᄉᆞ지름(1) 1.8%					1880

116* 꿀(蜜)

	15세기	16세기	17세기	18세기	19세기
ᄢᅮᆯ	115(석)	4	2(杜重)	–	–
ᄭᅮᆯ	–	9(번老)	76	8	58(시편)
꿀	–	–	–	–	7(쥬년, 쥬교)

#279	15C	16C	17C	18C	19C
ᄢᅮᆯ(121) 43.4%	1447 ······	······	1632		
ᄭᅮᆯ(151) 54.1%		1517 ······	······	······	1898
꿀(7) 2.5%					1865–1897

117* 끈

	15세기	16세기	17세기	18세기	19세기
긶	16(救方)	2	7(杜重)	–	–
ᄭᅵᆫᇂ	–	1(小언)	–	3(종덕)	–
ᄭᅵᆫ	–	–	–	1(종덕)	–
ᄭᆞᆫ	–	–	–	1(譯補)	7(신약)

#38	15C	16C	17C	18C	19C
긶(25) 65.8%	1466 ······	······	1632		
ᄭᅵᆫᇂ(4) 10.5%		1587 ······	······	1758	
ᄭᅵᆫ(1) 2.6%				1758	
ᄭᆞᆫ(8) 21.1%				1775 ······	1900

118* 끝

	15세기	16세기	17세기	18세기	19세기
긑	156(석)	25	79(杜重)	–	–
귿	66(석)	21	15	8(지장)	–
귿ㅌ	–	10(번小)	21(家언)	–	–
긋ㅌ	–	2(번小)	35	9	3(예성로스)
ᄭᅳᇀ	–	4(牛方)	–	4(어훈)	–
ᄭᅳᆮㅌ	–	1(몽육)	–	–	–
ᄭᅳᆮ	–	–	–	4(개첩, 倭)	–
ᄭᅳᆺㅌ	–	–	–	8(천의)	17(독립)
긋ㅊ-ㅣ	–	–	1(癸丑)	1(천의)	–
ᄭᅳᆾ-ㅣ	–	–	–	2(유중외)	1(남원)
ᄭᅳᆺㅊ+ㅣ	–	–	–	24(明義)	23(신약)
ᄭᅳᆺㅊ-ㅣ				19(천의)	16(신약)

#575	15C	16C	17C	18C	19C
긑(260) 45.2%	1447 ·········	·········	1632		
귿(110) 19.1%	1447 ·········	·········	·········	1752	
귿ㅌ(31) 5.4%		1518 ·········	1632		
긋ㅌ(49) 8.5%		1518 ·········	·········	·········	1887
ᄭᅳᇀ(8) 1.4%		1541 ·········	·········	1756	
ᄭᅳᆮㅌ(1) 0.2%		1567			
ᄭᅳᆮ(4) 0.7%				1748–1781	
ᄭᅳᆺㅌ(25) 4.3%				1756 ·········	1896
긋ㅊ-ㅣ(2)[28] 0.3%			16xx ·········	1756	
ᄭᅳᆾ-ㅣ(3) 0.5%				1782 ·········	1864
ᄭᅳᆺㅊ+ㅣ(47) 8.2%				1777 ·········	1900
ᄭᅳᆺㅊ-ㅣ(35) 6.1%				1756 ·········	1900

---

28) "곳(處)" 항의 주석 14 참조.

119* 끼무릇(半夏)

	15세기	16세기	17세기	18세기	19세기
ᄭᅴ모롭	31(救간)	–	–	–	–
ᄭᅴ무릇	–	–	–	–	1(광재)

#32	15C	16C	17C	18C	19C
ᄭᅴ모롭(31) 96.9%	1489				
ᄭᅴ무릇(1) 3.1%					18xx

120* 나귀(驢)

	15세기	16세기	17세기	18세기	19세기
라귀	18(석)	1	–	1	19(신약)
나귀	9(月)	10	24	40	81(매일)
나괴	–	6(번老)	5	2(蒙類解)	–
나구	–	–	–	–	7(예성로스, 독립)
라구	–	–	–	–	1(신약)

#224	15C	16C	17C	18C	19C
라귀(39) 17.4%	1447 ········				1900
나귀(164) 73.2%	1459 ········				1898
나괴(13) 5.8%		1517 ········		1790	
나구(7) 3.1%					1887–1896
라구(1) 0.4%					1900

121* 나그네(旅)

	15세기	16세기	17세기	18세기	19세기
나그내	185(月)	57	270	4	46(신약)
나ᄀᆞ내	4(능)	7	2(杜重)	–	–
나그네	–	1(번老)	1(老)	–	–
나그ᄂᆡ	–	–	3(老)	80	20(淸老)

# 680	15C	16C	17C	18C	19C
나그내(562) 82.6%	1459 ········				1900
나ᄀᆞ내(13) 1.9%	1461 ········		1632		
나그네(2) 0.3%		1517 ········	1670		
나그ᄂᆡ(103) 15.1%			1670 ········		18xx

122* 나라(國)

	15세기	16세기	17세기	18세기	19세기
나라ㅎ	424(석)	116	163	376	580(신약)
나라	263(석)	69	85	272	3105(신약)

 # 5453 15C 16C 17C 18C 19C

나라ㅎ(1659) 30.4% 1447 ………… 1900

나라(3794) 69.6% 1447 ………… 1900

123* 나머지

	15세기	16세기	17세기	18세기	19세기
나마지	–	–	–	–	2(이언, 매일)
남아지	–	–	–	–	2(독립)
남저지	–	–	–	–	2(여소)

#6 15C 16C 17C 18C 19C

나마지(2) 33.3% 1883–1898

남아지(2) 33.3% 1896

남저지(2) 33.3% 18xx

124* 나비(蝶)

	15세기	16세기	17세기	18세기	19세기
나ᄇᆡ	23(석)	10	20	1	1(太平)
나뵈	5(杜초)	–	2(杜重)	–	–
나븨	1(杜초)	1	3	6	15(잠상)
납ᄋᆡ	–	–	3(譯)	1(譯補)	–
나부	–	–	–	1(方言)	–
나뷔	–	–	–	–	22(남원, 독립)

 # 115 15C 16C 17C 18C 19C

나ᄇᆡ(55) 47.8% 1447 ………… 18xx

나뵈(7) 6.1% 1481 ………… 1632

나븨(26) 22.6% 1481 ………… 1886

납ᄋᆡ(4) 3.5% 1690 ………… 1775

나부(1) 0.9% 1778

나뷔(22) 19.1% 1864–1896

125* 나중

	15세기	16세기	17세기	18세기	19세기
내죵	96(능)	22(경민중)	–	–	–
나죵	–	1(번老)	–	–	–
나죵	–	4(二倫)	15	32	94(신약)
내죵	–	8(속三중)	23	7(隣語)	
나종	–	–	1(신속)	–	9(매일)
내종	–	–	1(癸丑)	–	–

#313	15C	16C	17C	18C	19C
내죵(118) 37.7%	1461 ······	1579			
나죵(1) 0.3%		1517			
나죵(145) 46.3%		1518 ······	······	······	1900
내죵(38) 12.1%		1581 ······	······	1790	
나종(10) 3.2%			1617 ······	······	1898
내종(1) 0.3%			16xx		

126* 나흘(四日)

	15세기	16세기	17세기	18세기	19세기
나ᄋᆞᆯ	4(석, 救간)	–	–	–	–
나ᄒᆞᆯ	1(六祖)	–	14(辟新)	–	–
나흘	–	–	1(痘要)	–	28(신약)

# 48	15C	16C	17C	18C	19C
나ᄋᆞᆯ(4) 8.3%	1447–1489				
나ᄒᆞᆯ(15) 31.3%	1496 ······	······	1653		
나흘(29) 60.4%			1608 ······	······	1900

127* 낚시(釣)

	15세기	16세기	17세기	18세기	19세기
낛	23(訓解)	3	5(杜重)	–	–
낙시	–	–	6(朴重)	6	15(신약)

#58	15C	16C	17C	18C	19C
낛(31) 53.4%	1446 ·········	·········	1632		
낙시(27) 46.6%			1677 ·········	·········	1900

128* 날개(翼)

	15세기	16세기	17세기	18세기	19세기
ᄂᆞ래	8(月)	–	2(杜重)	–	–
ᄂᆞᆯ애	1(月)	3	2	7(武藝)	–
ᄂᆞᆯ개	50(月)	12	57	10	11(셩경직해)
나ᄅᆡ	–	–	–	1(武藝)	10(신약)

# 174	15C	16C	17C	18C	19C
ᄂᆞ래(10) 5.7%	1459 ·········	·········	1632		
ᄂᆞᆯ애(13) 7.5%	1459 ·········	·········	·········	1790	
ᄂᆞᆯ개(140) 80.5%	1459 ·········	·········	·········	·········	1892
나ᄅᆡ(11) 6.3%				1790 ·········	1900

129* 남매(男妹)

	15세기	16세기	17세기	18세기	19세기
남ᄆᆡ	–	–	1(계녀서)	1	20(치명)
남매	–	–	–	–	2(국한)

#24	15C	16C	17C	18C	19C
남ᄆᆡ(22) 91.7%			16xx ·········	·········	1895
남매(2) 8.3%					1895

130* 남생이(龜)

	15세기	16세기	17세기	18세기	19세기
남샹	1(訓解)	–	–	–	–
남셩	–	–	2(東醫)	–	–
남샹이	–	–	–	1(小兒)	–
남샹	–	–	–	1(蒙類解)	–
남셩이	–	–	–	–	2(歌曲, 사민)
남싱이	–	–	–	–	1(광재)

# 8	15C	16C	17C	18C	19C
남샹(1) 12.5%	1446				
남셩(2) 25.0%			1613		
남샹이(1) 12.5%				1777	
남샹(1) 12.5%				1790	
남셩이(2) 25.0%					1876−1889
남ᄉᆡᆼ이(1) 12.5%					18xx

131* 남자(男子)

	15세기	16세기	17세기	18세기	19세기
남자	1(救方)	−	−	−	22(국한)
남ᄌᆞ	−	4(恩重)	−	28	79(신약)

# 134	15C	16C	17C	18C	19C
남자(23) 17.2%	1466 ······				1895
남ᄌᆞ(111) 82.8%		1563 ······			1900

132* 남자(남편)

	15세기	16세기	17세기	18세기	19세기
남진	232(석)	330	135	4	1(太平)
남ᄉᆡᆫ	−	1(번老)	−	−	−
남지	−	3(번朴, 번小)	−	−	−

#706	15C	16C	17C	18C	19C
남진(702) 99.4%	1447 ······				18xx
남ᄉᆡᆫ(1) 0.1%		1517			
남지(3) 0.4%		1517−1518			

133* 남편(男便)

	15세기	16세기	17세기	18세기	19세기
남편	2(月)	3	6	10	49(신약)
난편	−	1(순천)	3	1	2(太平)

# 77	15C	16C	17C	18C	19C
남편(70) 90.9%	1459 ······				1900
난편(7) 9.1%		15xx ······			18xx

134* 낯(面)

	15세기	16세기	17세기	18세기	19세기
ᄂᆞᆾ	206(석)	20	132	2(유중외)	–
ᄂᆞᆽ	57(月)	22	34	40	11(독립)
ᄂᆞᇫ	2(능)	–	–	–	–
ᄂᆞᆽㅊ	–	8(번小)	31	85	30(시편)
ᄂᆞᆮ	–	1(小언)	12	4(어내)	–
ᄂᆞᆮㅊ	–	2(小언)	4	3(개첩)	–
낫ㅊ	–	–	–	3(三譯)	57(시편)

#766	15C	16C	17C	18C	19C
ᄂᆞᆾ(360) 47%	1447 ········			1782	
ᄂᆞᆽ(164) 21.4%	1459 ········				1896
ᄂᆞᇫ(2) 0.3%	1461				
ᄂᆞᆽㅊ(154) 20.1%		1518 ········			1898
ᄂᆞᆮ(17) 2.2%		1587 ········		1737	
ᄂᆞᆮㅊ(9) 1.2%		1587 ········		1748	
낫ㅊ(60) 7.8%				1703 ········	1898

135* 내음(臭)

	15세기	16세기	17세기	18세기	19세기
내옴	1(圓)	–	5(朴重)	–	–
내ᄋᆞᆷ새	–	–	–	–[29]	1(사민)
내옴새	–	–	–	–	2(셩교졀요)
내옴ᄉᆡ	–	–	–	–	1(셩교졀요)
내음새	–	–	–	–	2(사민)

#12	15C	16C	17C	18C	19C
내옴(6) 50.0%	1465 ········		1677		
내ᄋᆞᆷ새(1) 8.3%				1779 ········	1889

---

29) 1779년 『漢淸文鑑』에 "氣臭 내ᄋᆞᆷ새 〈漢 12:59〉"로 나타나나, 디지털화된 텍스트에 『漢淸文鑑』이 포함되지 않아 검색에 반영되지 못하였다.

내옴새(2) 16.7% 1882

내옴ᄉᆡ(1) 8.3% 1882

내음새(2) 16.7% 1889

136* 내일(來日)

	15세기	16세기	17세기	18세기	19세기
ᄂᆞᅀᅵᆯ	2(杜초)	–	–	–	–
ᄂᆡᅀᅵᆯ	6(杜초)	7(번小)	–	–	–
ᄅᆡᅀᅵᆯ	–	9(번老)	–	–	–
ᄂᆡ일	–	32(번老)	130	86	74(매일)
ᄂᆞ일	–	1(순천)	3(杜重)	–	–
ᄅᆡ일	–	3(三강동경)	–	4	55(신약)

#412	15C	16C	17C	18C	19C
ᄂᆞᅀᅵᆯ(2) 0.5%	1481				
ᄂᆡᅀᅵᆯ(13) 3.2%	1481 ······	1518			
ᄅᆡᅀᅵᆯ(9) 2.2%		1517			
ᄂᆡ일(322) 78.2%		1517 ······	······	······	1898
ᄂᆞ일(4) 1.0%		15xx ······	1632		
ᄅᆡ일(62) 15.0%		15xx ······	······	······	1900

137* 냉이(薺)

	15세기	16세기	17세기	18세기	19세기
나ᅀᅵ	1(杜초)	1(字會)	–	–	–
나이	–	–	3(東醫)	–	1(광재)
낭이	–	–	1(朴重)	1	2(국한)

# 10	15C	16C	17C	18C	19C
나ᅀᅵ(2) 20.0%	1481 ······	1527			
나이(4) 40.0%			1613 ······	······	18xx
낭이(4) 40.0%			1677 ······	······	1895

138* 너구리(獺)

	15세기	16세기	17세기	18세기	19세기
러울	1(訓解)	–	–	–	–
너굴	–	2(간벽)	1(東醫)	–	–
넝우리	–	2(字會)	–	–	–
너골	–	4(牛方)	–	–	–
너구리	–	1(類合)	1	4	2(남원)
넉우리	–	–	1(譯)	–	–
너고리	–	–	–	1(同文)	–

#20	15C	16C	17C	18C	19C
러울(1) 5.0%	1446				
너굴(3) 15.0%		1525 ········	1613		
넝우리(2) 10.0%		1527			
너골(4) 20.0%		1541			
너구리(8) 40.0%		1576 ········	········	········	1864
넉우리(1) 5.0%			1690		
너고리(1) 5.0%				1748	

139* 네모(方)

	15세기	16세기	17세기	18세기	19세기
너모	3(月)	3	3(杜重)	–	–
네모	1(杜초)	1	8	2	5(예성로스)

#26	15C	16C	17C	18C	19C
너모(9) 34.6%	1459 ········	········	1632		
네모(17) 65.4%	1481 ········	········	········	········	1887

140* 넷(四)

	15세기	16세기	17세기	18세기	19세기
네ㅎ	274(석)	25	35	30	68(매일)
넷	–	6(번小)	7	8	70(매일)

#523	15C	16C	17C	18C	19C
네ㅎ(432) 82.6%	1447 ·· 1898				
넷(91) 17.4%		1518 ································· 1898			

141* 녀느(他)

	15세기	16세기	17세기	18세기	19세기
년ㄱ	10(석)	1	1(家언)	–	–
녀느	69(석)	5	4	1(어내)	–

#91	15C	16C	17C	18C	19C
년ㄱ(12) 13.2%	1447 ······················ 1632				
녀느(79) 86.8%	1447 ································ 1737				

142* 녑(脅, 옆)

	15세기	16세기	17세기	18세기	19세기
녑	23(訓解)	6	17	1	1(매일)
녚	–	–	4(신속, 家언)	–	–
녑ㅎ	–	–	12(신속)	15	6(예성로스)
녑ㅍ	–	–	12(신속)	4	3(예성로스)

#104	15C	16C	17C	18C	19C
녑(48) 46.2%	1446 ·· 1898				
녚(4) 3.8%			1617–1632		
녑ㅎ(33) 31.7%			1617 ···················· 1887		
녑ㅍ(19) 18.3%			1617 ···················· 1887		

143* 녁

	15세기	16세기	17세기	18세기	19세기
녁ㄱ	4(석)	–	6	1(지장)	–
녁	271(석)	48	166	15	6(신약)
녁ㅎ	1(牧)	11	21	10(속명)	–
녘	–	–	54(杜重)	–	–

#614	15C	16C	17C	18C	19C
녀ㄱ(11) 1.8%	1447 ········	········	········	1752	
녁(506) 82.4%	1447 ········	········	········	········	1900
녀ㅎ(43) 7.0%	1467 ········	········	········	1787	
녘(54) 8.8%			1632		

144* 노래(歌)

	15세기	16세기	17세기	18세기	19세기
놀애	169(석)	23	113	4(어내)	–
롤애	–	1(類合)	1(杜重)	–	–
놀래	–	–	13(杜重)	6	3(이천)
노래	–	–	20(杜重)	47	89(신약)
노ᄅᆡ	–	–	–	14(女四)	88(신약)
놀ᄅᆡ	–	–	–	1(十九)	–
놀ᄋᆡ	–	–	–	1(경신)	2(예성로스)

#595	15C	16C	17C	18C	19C
놀애(309) 51.9%	1447 ········	········	········	1737	
롤애(2) 0.3%		1576 ········	1632		
놀래(22) 3.7%			1632 ········	········	1894
노래(156) 26.2%			1632 ········	········	1900
노ᄅᆡ(102) 17.1%				1736 ········	1900
놀ᄅᆡ(1) 0.2%				1772	
놀ᄋᆡ(3) 0.5%				1796 ········	1887

145* 노릇

	15세기	16세기	17세기	18세기	19세기
노ᄅᆞᆺ	76(석)	10	11	1	18(신약)
노릇	–	1(小언)	1	1	80(독립)
노롯	–	–	16(老)	18	5(여소)

#238	15C	16C	17C	18C	19C
노ᄅᆞᆺ(116) 48.7%	1447 ········	········	········	········	1900
노릇(83) 34.9%		1587 ········	········	········	1896
노롯(39) 16.4%			1670 ········	········	18xx

146* 노연(使長, 윗사람)

	15세기	16세기	17세기	18세기	19세기
노연	–	4(번老)	1	1(지장)	–
뇌연	–	–	1(朴重)	–	–

#7	15C	16C	17C	18C	19C
노연(6) 85.7%		1517 ………		1752	
뇌연(1) 14.3%			1677		

147* 노을(霞)

	15세기	16세기	17세기	18세기	19세기
ᄂᆞ올	2(석, 月)	–	–	–	–
노을	–	1(字會)	–	–	2(예성로스)
노올	–	1(類合)	3	6(蒙類解)	–

#15	15C	16C	17C	18C	19C
ᄂᆞ올(2) 13.3%	1447–1459				
노을(3) 20.0%		1527 ………			1887
노올(10)[30] 66.7%		1576 ………		1790	

148* 누룩(麴)

	15세기	16세기	17세기	18세기	19세기
누룩	4(救方)	3	4	1	61(신약)
누록	–	–	12(杜重)	2	7(예성로스)
누륵	–	–	1(유합영)	–	1(규합)

#96	15C	16C	17C	18C	19C
누룩(73) 76.0%	1466 ………				1900
누록(21) 21.9%			1632 ………		1887
누륵(2) 2.1%			1700 ………		1869

30) 『이조어사전』에 '노ᄋᆞᆯ'을 표제항으로 등재하고 1576년 『新增類合』의 예문(노ᄋᆞᆯ 하 霞 〈類合 上4〉)을 들었으나, 『新增類合』의 원문에는 '노올'로 표기되어 있다.

149* ᄂᆞᆺ티(重脣漁)

	15세기	16세기	17세기	18세기	19세기
ᄂᆞᆺ티	–	–	2(譯)	2(方言)	–
ᄂᆞᆺ치	–	–	–	1(蒙類解)	–

#5	15C	16C	17C	18C	19C
ᄂᆞᆺ티(4) 80.0%			1690 …	1778	
ᄂᆞᆺ치(1) 20.0%				1790	

150* 느릅(楡)

	15세기	16세기	17세기	18세기	19세기
느릅	17(救方)	13	18	1(同文)	–
르릅	–	–	1(譯)	1(方言)	–
느름	–	–	–	2(蒙類解)	3(사민)

#56	15C	16C	17C	18C	19C
느릅(49) 87.5%	1466 …			1748	
르릅(2) 3.6%			1690 …	1778	
느름(5) 8.9%				1790 …	1889

151* 느티(槐)

	15세기	16세기	17세기	18세기	19세기
누튀	–	1(광천)	–	–	–
느틔	–	–	2(譯)	1	1(남원)
느ᄐᆡ	–	–	–	–	1(남원)

#6	15C	16C	17C	18C	19C
누튀(1) 16.7%		1575			
느틔(4) 66.7%			1690 …		1864
느ᄐᆡ(1) 16.7%					1864

152* 다람쥐(鼯)

	15세기	16세기	17세기	18세기	19세기
ᄃᆞ라미	1(杜초)	2	4	2(方言)	–
다람쥐	–	–	–	–	2(남원)
다람쥐	–	–	–	–	3(국한)

#14	15C	16C	17C	18C	19C
ᄃᆞ라미(9)[31] 64.3%	1481 ………………………………………………			1778	
다람ᄌᆔ(2) 14.3%					1864
다람쥐(3) 21.4%					1895

153* 다래(楆棗)

	15세기	16세기	17세기	18세기	19세기
ᄃᆞ래	1(杜초)	1	4	3(蒙類解)	–
다ᄅᆡ	–	–	–	–	1(광재)

#10	15C	16C	17C	18C	19C
ᄃᆞ래(9) 90.0%	1481 ………………………………………………			1790	
다ᄅᆡ(1) 10.0%					18xx

154* 다리(髢)

	15세기	16세기	17세기	18세기	19세기
ᄃᆞᆯ외	–	3(번小)	1(東醫)	–	–
ᄃᆞᄅᆡ	–	–	–	2(譯補, 蒙類解)	–
ᄃᆞᆯᄅᆡ	–	–	1(譯)	–	–
ᄃᆞᆯᄂᆡ	–	–	–	8(加髢)	–
다리	–	–	–	–	1(국한)

#16	15C	16C	17C	18C	19C
ᄃᆞᆯ외(4) 25.0%		1518 …………	1613		
ᄃᆞᄅᆡ(2) 12.5%				1775－1790	
ᄃᆞᆯᄅᆡ(1) 6.3%			1690		
ᄃᆞᆯᄂᆡ(8) 50.0%				1788	
다리(1) 6.3%					1895

---

31) 'ᄃᆞ라ᄆᆡ' 같은 'ㅣ'탈락형도 'ᄃᆞ라미'에 합산하여 빈도를 계산하였다.

ᄃᆞ라ᄆᆡ	-	-	1(胎諺)	-	-

155* 다북쑥(蓬)

	15세기	16세기	17세기	18세기	19세기
다봊	6(杜초)	–	10(杜重)	–	–
다봇	24(杜초)	–	30(杜重)	–	–
다복	–	–	–	–	–
다복뿍	–	3(字會)	4(유합영)	–	–
다볻	–	–	3(杜重)	–	–
다북쑥	–	–	–	1(同文)	–
다복쑥	–	–	–	1(倭)	4(국한)
다북뿍	–	–	–	1(蒙類解)	–

#87	15C	16C	17C	18C	19C
다봊(16) 18.4%	1481 ···		1632		
다봇(54) 62.1%	1481 ···		1632		
다복(0)[32] 0.0%					
다복뿍(7) 8.0%		1527 ···	1700		
다볻(3) 3.4%			1632		
다북쑥(1) 1.1%				1748	
다복쑥(5) 5.7%				1781 ···	1895
다북뿍(1) 1.1%				1790	

156* 다섯(五)

	15세기	16세기	17세기	18세기	19세기
다ᄉᆞᆺ	535(석)	140	310	148	72(신약)
다슷	–	1(小언)	2	2	11(예성로스)
다섯	–	–	–	1(譯補)	15(매일)
다ᄉᆞᆺㅅ	–	–	–	1(明義)	42(신약)

#1280	15C	16C	17C	18C	19C
다ᄉᆞᆺ(1205) 94.1%	1447 ···				1900
다슷(16) 1.3%		1587 ···			1887
다섯(16) 1.3%				1775 ···	1898
다ᄉᆞᆺㅅ(43) 3.4%				1777 ···	1900

---

32) '다복'의 15세기 예문은 부사 '다복다보기'(1회)와 형용사 '다복다복ᄒᆞ-'(1회)이다.

157* 다시마(海帶)

	15세기	16세기	17세기	18세기	19세기
다ᄉᆞ마	3(救간)	1	3	4	2(淸老)
다스마	–	–	–	1(老重)	2(한불)
다사마	–	–	–	–	1(의종)[33]

#17	15C	16C	17C	18C	19C
다ᄉᆞ마(13) 76.5%	1489 ······				18xx
다스마(3) 17.6%				1795 ······	1880
다사마(1) 5.9%					1868

158* 다짐(誓約)

	15세기	16세기	17세기	18세기	19세기
다딤	1(內)	2	5	3(어내)	–
다짐	–	–	–	15(譯補)	6(독립)

#32	15C	16C	17C	18C	19C
다딤(11) 34.4%	1475 ······			1737	
다짐(21) 65.6%				1775 ······	1896

159* 단지(罐)

	15세기	16세기	17세기	18세기	19세기
단디	–	2(字會)	–	1(계주)	–
단지	–	–	–	3(譯補, 蒙類解)	–

#6	15C	16C	17C	18C	19C
단디(3) 50.0%		1527 ······		1757	
단지(3) 50.0%				1775–1790	

---

33) 19세기 초(1800–1834) 『柳氏物名考』에 "海帶 生石上 柔靭而長 다사마 〈柳物 三草〉"로 나타나나, 디지털화된 텍스트에 『柳氏物名考』가 포함되지 않아 검색에 반영되지 못하였다.

160* 달팽이(蝸)

	15세기	16세기	17세기	18세기	19세기
ᄃᆞᆯ파니	1(救方)	–	–	–	–
ᄃᆞᆯ팡이	1(救간)	–	–	–	–
ᄃᆞᆯ판이	–	1(類合)	–	–	–
ᄃᆞᆯ팡이	–	–	6(東醫)	4	2(독립)
달팡리	–	–	–	–	1(몽유편)
달팡이	–	–	–	–	2(한불)

#18	15C	16C	17C	18C	19C
ᄃᆞᆯ파니(1) 5.6%	1466				
ᄃᆞᆯ팡이(1) 5.6%	1489				
ᄃᆞᆯ판이(1) 5.6%		1576			
ᄃᆞᆯ팡이(12) 66.7%			1613 ·········	·········	1896
달팡리(1) 5.6%					1810
달팡이(2) 11.1%					1880

161* 닭(鷄)

	15세기	16세기	17세기	18세기	19세기
ᄃᆞᆰ	184(月)	40	118	72	88(신약)
닭	–	1(三강동경)	1	2	30(신심소)

#536	15C	16C	17C	18C	19C
ᄃᆞᆰ(502) 93.7%	1459 ·········	·········	·········	·········	1900
닭(34) 6.3%		15xx ·········	·········	·········	1896

162* 담비(獾)

	15세기	16세기	17세기	18세기	19세기
담뵈	1(용)	1(字會)	–	–	–
담뷔	–	–	1(東醫)	5	2(한불)
담븨	–	–	1(譯)	2	3(한불)

#16	15C	16C	17C	18C	19C
담뵈(2) 12.5%	1447 ·········	1527			
담뷔(8) 50.0%			1613 ·········	·········	1880
담븨(6) 37.5%			1690 ·········	·········	1880

163* 대청(大廳)

	15세기	16세기	17세기	18세기	19세기
대텽	–	4(번小)	–	–	–
대텽	–	7(二倫)	–	2	18(독립)
대청	–	–	1(곽씨)	4	13(매일)
대청	–	–	–	–	2(매일)

#51	15C	16C	17C	18C	19C
대텽(4) 7.8%		1518			
대텽(27) 52.9%		1518 ········	········	········	1896
대청(18) 35.3%			16xx ········	········	1898
대청(2) 3.9%					1898

164* 대추(棗)

	15세기	16세기	17세기	18세기	19세기
대초	35(救方)	4	5	1	8(사민)
대쵸	–	4(번老)	31	14	5(독립)
대츄	–	–	5(痘要)	–	1(독립)

#113	15C	16C	17C	18C	19C
대초(53) 46.9%	1466 ········	········	········	········	1889
대쵸(54) 47.8%		1517 ········	········	········	1896
대츄(6) 5.3%			1608 ········	········	1896

165* 대패(推鉋, 鏟)

	15세기	16세기	17세기	18세기	19세기
ᄃᆡ패	–	1(類合)	1	1	3(광재)
ᄃᆡ파	–	–	1(譯)	3(蒙類解)	–
대패	–	–	–	2(方言, 蒙類解)	–
대파	–	–	–	1(倭)[34]	–

---

34) 1779년 『漢淸文鑑』에 "推鉋 대파 〈漢 10:34〉"로 나타나나, 디지털화된 텍스트에 『漢淸文鑑』이 포함되지 않아 검색에 반영되지 못하였다.

#13	15C	16C	17C	18C	19C
ᄃᆡ패(6) 46.1%		1576 ······			18xx
ᄃᆡ파(4) 30.8%			1690 ······	1790	
대패(2) 15.4%				1778–1790	
대파(1) 7.7%				1781	

166* 댓무(蔔)

	15세기	16세기	17세기	18세기	19세기
댓무ᅀᅮ	17(月)	4(字會)	–	–	–
댄무ᄋᆞ	–	1(牛方)	–	–	–
댓무우	–	1(類合)	10	7(老重)	–
댄무우	–	–	4(痘要)	2(濟衆)	–

#46	15C	16C	17C	18C	19C
댓무ᅀᅮ(21) 45.7%	1459 ······	1527			
댄무ᄋᆞ(1) 2.2%		1541			
댓무우(18) 39.1%		1576 ······		1795	
댄무우(6) 13%			1608 ······	1799	

167* 도가니(坩堝)

	15세기	16세기	17세기	18세기	19세기
도관	–	3(字會)	2	7	2(매일)
도간	–	–	2(胎諺)	–	1(여소)
도관이	–	–	–	–	2(몽유편, 한불)
도간이	–	–	–	–	2(광재)

#21	15C	16C	17C	18C	19C
도관(14) 66.7%		1527 ······			1898
도간(3) 14.3%			1608 ······		18xx
도관이(2) 9.5%					1810–1880
도간이(2) 9.5%					18xx

168* 도꼬마리(蒼耳)

	15세기	16세기	17세기	18세기	19세기
됫고마리	11(救方, 救간)	–	–	–	–
돗귀마리	4(救간)	–	–	–	–
돗고마리	–	1(字會)	–	3	2(의종)
도ᄭᅩ마리	–	–	1(譯)	–	–
독고마리	–	–	–	–	3(규합, 국한)

#25	15C	16C	17C	18C	19C
됫고마리(11) 44.0%	1466–1489				
돗귀마리(4) 16.0%	1489				
돗고마리(6) 24.0%		1527 ………			1868
도ᄭᅩ마리(1) 4.0%			1690		
독고마리(3) 12.0%					1869–1895

169* 도끼(斧)

	15세기	16세기	17세기	18세기	19세기
돗귀	6(月)	1(三강동경)	–	–	–
도최	8(능)	–	2(杜重)	–	–
도ᄎᆡ	3(救方)	11	18	11	3(감응)
돗긔	1(三강런던)	1	1	3(五倫)	–
독긔	–	–	1(譯)	2	12(신약)
도츼	–	–	–	1(어내)	–
도ᄭᅴ	–	–	–	2(주천)	1(신심소)

#88	15C	16C	17C	18C	19C
돗귀(7) 8.0%	1459 ………	15xx			
도최(10) 11.4%	1461 ………		1632		
도ᄎᆡ(46) 52.3%	1466 ………				1852
돗긔(6) 6.8%	1481 ………			1797	
독긔(15) 17.0%			1690 ………		1900
도츼(1) 1.1%				1737	
도ᄭᅴ(3) 3.4%				1752 ………	1896

170* 도롱뇽(蜴, 蝘, 蜓)

	15세기	16세기	17세기	18세기	19세기
되룡	–	2(字會)	–	–	–
되롱	–	–	1(譯)	–	–
되롱룡	–	–	–	1(同文)	–
되룡	–	–	–	1(方言)	–
되룡농	–	–	–	–	1(몽유편)
도롱룡	–	–	–	–	2(한불, 국한)
되룡룡	–	–	–	–	1(광재)

#9	15C	16C	17C	18C	19C
되룡(2) 22.2%		1527			
되롱(1) 11.1%			1690		
되롱룡(1) 11.1%				1748	
되룡(1) 11.1%				1778	
되룡농(1) 11.1%					1810
도롱룡(2) 22.2%					1880–1895
되룡룡(1) 11.1%					18xx

171* 도리깨(耞)

	15세기	16세기	17세기	18세기	19세기
도리채	–	1(字會)	3	5	1(한불)
도리ᄢᅢ	–	–	–	2(方言)	2(국한)
도리ᄢᆡ	–	–	–	–	2(광재)

#16	15C	16C	17C	18C	19C
도리채(10) 62.5%		1527 ………	………	………	1880
도리ᄢᅢ(4) 25.0%				1778 ………	1895
도리ᄢᆡ(2) 12.5%					18xx

172* 도마뱀(蠑螈)

	15세기	16세기	17세기	18세기	19세기
도마ᄇᆡ얌	–	2(字會)	2	1	2(사민)
도마ᄇᆞ얌	–	–	–	2(同文)	1(몽유편)
도마ᄇᆡ암	–	–	–	2(十九)	1(한불)
도마바얌	–	–	–	–	1(광재)

#14	15C	16C	17C	18C	19C
도마빅얌(7) 50.0%		1527 ········			1889
도마ㅂ얌(3) 21.4%				1748 ········	1810
도마빅암(3) 21.4%				1772 ········	1880
도마바얌(1) 7.1%					18xx

173* 도적(賊)

	15세기	16세기	17세기	18세기	19세기
도즉	206(석)	137	43(杜重)	–	–
도즉	–	7(번老)	–	6(인과곡)	–
도적	–	23(광천)	1176	417	637(신약)

#2652	15C	16C	17C	18C	19C
도즉(386) 14.6%	1447 ········		1632		
도즉(13) 0.5%		1517 ········		1796	
도적(2253) 85.0%		1575 ········			1900

174* 돌(石)

	15세기	16세기	17세기	18세기	19세기
돌	66(訓解)	20	60	66	395(신약)
돌ㅎ	165(석)	18	143	18	31(쥬교)

#982	15C	16C	17C	18C	19C
돌(607)[35] 61.8%	1446 ········				1900
돌ㅎ(375) 38.2%	1447 ········				1897

175* 두더지(鼴)

	15세기	16세기	17세기	18세기	19세기
두디쥐	–	1(字會)	1(東醫)	–	–
두더쥐	–	–	1(譯)	4	3(국한)
두더쥐	–	–	–	–	2(광재)

---

35) 모음이 후행하는 경우에도 ㅎ말음이 탈락된 '돌'로 나타난 예는 1721년 『오륜전비언해』 "돌을 〈伍倫7:40b〉"부터 나타난다.

#12	15C	16C	17C	18C	19C
두디쥐(2) 16.7%		1527 ······	1613		
두더쥐(8) 66.7%			1690 ······	······	1895
두더ᄌᆔ(2) 16.7%					18xx

176* 두릅(搖頭菜)

	15세기	16세기	17세기	18세기	19세기
둘홉	–	–	3(東醫)	1(濟衆)	–
두롭	–	–	1(朴重)	–	–
둘옵	–	–	1(譯)	1(方言)	–
들홉	–	–	–	1(濟衆)	–
두룹	–	–	–	–	4(몽유편, 국한)
둘흡	–	–	–	–	2(의종)

#14	15C	16C	17C	18C	19C
둘홉(4) 28.6%			1613 ······	1799	
두롭(1) 7.1%			1677		
둘옵(2) 14.3%			1690 ······	1778	
들홉(1) 7.1%				1799	
두룹(4) 28.6%					1810–1895
둘흡(2) 14.3%					1868

177* 뒤(後)

	15세기	16세기	17세기	18세기	19세기
뒤ㅎ	68(석)	40	135	172	94(신약)
뒤	7(석)	16	28	22	270(신약)

#852	15C	16C	17C	18C	19C
뒤ㅎ(509) 59.7%	1447 ······	······	······	······	1900
뒤(343)[36] 40.3%	1447 ······	······	······	······	1900

36) 모음이 후행하는 경우에도 ㅎ말음이 탈락된 '뒤'로 나타난 예는 17세기 『현풍곽씨언간』 "뒤에 〈곽씨90-8〉"부터 나타난다.

178* 뒤축/뒤꿈치(跟)

	15세기	16세기	17세기	18세기	19세기
뒤축	1(法화)	–	–	1	1(국한)
뒤측	2(救간)	2	5	6	1(한불)

#19	15C	16C	17C	18C	19C
뒤축(3) 15.8%	1463 ························				1895
뒤측(16) 84.2%	1489 ························				1880

179* 들(野)

	15세기	16세기	17세기	18세기	19세기
드르ㅎ	21(석)	5	22	1(어내)	–
들ㅎ	2(救方)	5	7	26	3(성경직해)
들	–	3(類合)	2	1	13(신약)
드ᄅᆞ	–	1(石千)	–	2(송천)	–

#114	15C	16C	17C	18C	19C
드르ㅎ(49) 43.0%	1447 ························			1737	
들ㅎ(43) 37.7%	1466 ························				1892
들(19) 16.7%		1576 ························			1900
드ᄅᆞ(3) 2.6%		1583 ························		1730	

180* 들(野)

	15세기	16세기	17세기	18세기	19세기
ᄆᆡㅎ	151(法화)	1	152(杜重)	–	–
ᄆᆡ	5(杜초)	1(字會)	–	–	–

#310	15C	16C	17C	18C	19C
ᄆᆡㅎ(304) 98.1%	1463 ························		1632		
ᄆᆡ[37](6) 1.9%	1481 ········	1527			

37) 후대에는 '들'로 바뀌어 어휘교체가 되었기 때문인지 '메'로 변화한 예는 보이지 않는다. 다만 "네발 가진 ᄶᅡ 즘싱과 멧 즘싱과 곤츙과 〈1887예수성교전서 로스〉"와 같이 '메'(메+ㅅ)로 변화한 예가 하나 보인다. 'ᄆᆡ'로 시작하는 음절은 3,710여 개인데 이 중 'ㅎ'이 없이 '野'의 의미로 쓰인 예는 찾지 못했다. 이처럼 전후대에 걸친 비교항이 없을 경우, 찾아질

181* 들굴(叢, 査, 등걸)

	15세기	16세기	17세기	18세기	19세기
들굴	13(杜초)	–	20(杜重)	–	–
들궐	–	4(字會, 類合)	–	–	–
들걸	–	–	1(語錄초)	–	–

#38	15C	16C	17C	18C	19C
들굴(33) 86.8%	1481 ……		1632		
들궐(4) 10.5%		1527–1576			
들걸(1)[38] 2.6%			1657 ……	1728	

182* 들깨(蘇子)

	15세기	16세기	17세기	18세기	19세기
두리ᄭᅢ	1(月)	–	–	–	–
두리ᄢᅢ	1(救간)	–	–	–	–
듧ᄭᅢ	–	1(字會)	2	1(朴新)	–
들ᄢᅢ	–	–	1(東醫)	–	–
들ᄭᅢ	–	–	3(救荒윤)	3	1(국한)

#14	15C	16C	17C	18C	19C
두리ᄭᅢ(1) 7.1%	1459				
두리ᄢᅢ(1) 7.1%	1489				
듧ᄭᅢ(4) 28.6%		1527 ……		1765	
들ᄢᅢ(1) 7.1%			1613		
들ᄭᅢ(7) 50.0%			1660 ……		1895

183* 등에(蝱)

	15세기	16세기	17세기	18세기	19세기
등위	1(능)	–	–	–	–
등의	–	–	2(譯)	3(蒙類解)	–

때까지는 본 조사에서 제외할 수밖에 없을 듯하다.

38) 1728년 편찬되어 필사본으로 전해지다가 1948년 간행된 오장환본(吳長煥本) 『靑丘永言』에 "밤나무 서근 들걸에 〈靑丘 古時調 싀어마님〉"로 나타나나, 디지털화된 텍스트에 『靑丘永言』이 포함되지 않아 검색에 반영되지 못하였다.

#6	15C	16C	17C	18C	19C
둥위(1) 16.7%	1461				
둥의(5) 83.3%			1690 ···········	1790	

184* 따비(耒)

	15세기	16세기	17세기	18세기	19세기
따보	–	2(字會)	2(杜重)	–	–
따부	–	1(類合)	–	2(十九)	–
따븨	–	–	–	–	1(광재)

#8	15C	16C	17C	18C	19C
따보(4) 50.0%		1527 ···········	1632		
따부(3) 37.5%		1572 ···········	···········	1772	
따븨(1) 12.5%					18xx

185* 따오기(鵞)

	15세기	16세기	17세기	18세기	19세기
다와기	–	1(字會)	1	3(倭)	–
다왁이	–	–	–	1(어내)	–
다오기	–	–	–	–	1(몽유편)
따옥이	–	–	–	–	1(한불)
다옥이	–	–	–	–	–[39]

#8	15C	16C	17C	18C	19C
다와기(5) 62.5%		1527 ···········	···········	1781	
다왁이(1) 12.5%				1737	
다오기(1) 12.5%					1810
따옥이(1) 12.5%					1880
다옥이(0) 0.0%					18xx

39) 19세기 초(1800–1834) 『柳氏物名考』에 "朱鷺 다옥이 〈柳物一 羽蟲〉"로 나타나나, 디지털화된 텍스트에 『柳氏物名考』가 포함되지 않아 검색에 반영되지 못하였다.

186* 땅(地)

	15세기	16세기	17세기	18세기	19세기
ᄯᅡ	455(訓解)	72	62	81	153(신약)
ᄯᅡᇂ	1281(석)	237	627	321	433(신약)
ᄯᆞᇂ	2(능)	1	–	5	176(매일)
ᄯᅡᆼᄒ	–	–	8(신속, 여훈)	–	–
ᄯᅡᆼ	–	–	1(곽씨)	1	158(신약)
ᄯᆞ	–	–	–	1(十九)	31(이언)
ᄯᆞᆼ	–	–	–	–	5(군영, 매일)

#4111	15C	16C	17C	18C	19C
ᄯᅡ(823) 20.0%	1446 ·········				1900
ᄯᅡᇂ(2899) 70.5%	1447 ·········				1900
ᄯᆞᇂ(184) 4.5%	1461 ·········				1898
ᄯᅡᆼᄒ(8) 0.2%			1617–1658		
ᄯᅡᆼ(160) 3.9%			16xx ·········		1900
ᄯᆞ(32) 0.8%				1772 ·········	1883
ᄯᆞᆼ(5) 0.1%					1881–1898

187* 때(垢)

	15세기	16세기	17세기	18세기	19세기
ᄣᆡ	172(석)	11	23	7	1(이천)
ᄯᆡ	–	–	–	6(주천)	6(독립)

#226	15C	16C	17C	18C	19C
ᄣᆡ(214) 94.7%	1447 ·········				1894
ᄯᆡ(12) 5.3%				1752 ·········	1896

188* 때(時)

	15세기	16세기	17세기	18세기	19세기
ᄢᅢ	16(訓解)	16	32(권념)	–	–
ᄯᅢ	–	–	53(家언)	959	1776(신약)
ᄯᆡ	–	–	12(계녀서)	58	1650(매일)

#4572	15C	16C	17C	18C	19C
ᄢᅢ(64) 1.4%	1446 ·········		1637		
ᄯᅢ(2788) 61.0%			1632 ·········		1900

ᄯᅴ(1720) 37.6% 16xx 1898

189* 뜰(庭)

	15세기	16세기	17세기	18세기	19세기
ᄠᅳᆯㅎ	37(月)	20	35	3	1(太平)
ᄠᅳᆯ	12(杜초)	17	16	5	1(太平)
ᄯᅳᆯㅎ	–	–	12(杜重)	13	6(閑中)
ᄯᅳᆯ	–	–	1(산성)	9	9(독립)

#197	15C	16C	17C	18C	19C
ᄠᅳᆯㅎ(96) 48.7%	1459				18xx
ᄠᅳᆯ(51) 25.9%	1481				18xx
ᄯᅳᆯㅎ(31) 15.7%			1632		18xx
ᄯᅳᆯ(19) 9.6%			163x		1896

190* 뜻(意)

	15세기	16세기	17세기	18세기	19세기
ᄠᅳᆮ	2700(석)	367	478	55	18(太平)
ᄠᅳᆮㄷ	–	9(百聯)	6(자취)	–	–
ᄠᅳᆺ	–	1(주역)	27	150	12(이천)
ᄯᅳᆮ	–	–	8(杜重)	38(五倫)	–
ᄯᅳᆺ	–	–	53(산성)	638	818(신약)
ᄯᅳᆺㄷ	–	–	1(癸丑)	1	2(예셩로스)
ᄯᅳᆺㅅ	–	–	1(계녀서)	–	417(신약)
ᄠᅳᆺㄷ	–	–	–	1(어내)	–
ᄯᅳᆺ-ㅣ	–	–	–	5(女四, 유양주)	–
ᄯᅳᆺ+ㅣ	–	–	–	12(女四)	1(여수)
ᄯᅳᆺㅈ+ㅣ	–	–	–	3(종덕)	5(여수)
ᄯᅳᆺㅈ-ㅣ	–	–	–	2(경신)	16(매일)

#5845	15C	16C	17C	18C	19C
ᄠᅳᆮ(3618) 61.9%	1447				18xx
ᄠᅳᆮㄷ(15) 0.3%		1576	1635		
ᄠᅳᆺ(190) 3.3%		1588			1894
ᄯᅳᆮ(46) 0.8%			1632	1797	
ᄯᅳᆺ(1509) 25.8%			163x		1900

ᄯᅳᆺㄷ(4) 0.1% 16xx ········ 1887

ᄯᅳᆺㅅ(418) 7.2% 16xx ········ 1900

ᄠᅳᆺㄷ(1) 0.0% 1737

ᄯᅳᆺ-ㅣ(5) 0.1% 1736-1792

ᄯᅳᆺ+ㅣ(13)[40] 0.2% 1736 ········ 1889

ᄯᅳᆺㅈ+ㅣ(8) 0.1% 1758 ········ 1889

ᄯᅳᆺㅈ-ㅣ(18) 0.3% 1796 ········ 1898

191* 띠(茅)

	15세기	16세기	17세기	18세기	19세기
뒤	3(訓解, 救方)	–	–	–	–
ᄠᅱ	19(杜초)	2	30	2(方言)	–
ᄯᅱ	–	–	–	8(同文)	1(광재)

#65 15C 16C 17C 18C 19C

뒤(3) 4.6% 1446-1466

ᄠᅱ(53) 81.5% 1481 ········ 1778

ᄯᅱ(9) 13.8% 1748 ········ 18xx

192* 마누라

	15세기	16세기	17세기	18세기	19세기
마노라	1(三강런던)	1	47	2	17(남원)
마누라	–	–	–	–	4(한불, 치명)

#72 15C 16C 17C 18C 19C

마노라(68) 94.4% 1481 ········ 1864

마누라(4) 5.6% 1880-1895

193* 마늘

	15세기	16세기	17세기	18세기	19세기
마ᄂᆞᆯ	74(救方)	14	43	11	6(훈아)
마늘	–	–	–	–	5(규합, 독립)

---

40) "곳(處)" 항의 주석 14 참조.

#153　15C　16C　17C　18C　19C

마ᄂᆞᆯ(148) 96.7%　1466 ………… 1894

마늘(5) 3.3%　1869−1896

194* 마디(節)

	15세기	16세기	17세기	18세기	19세기
ᄆᆞᄃᆡ	62(석)	27	32	13	10(시편)
ᄆᆞ듸	−	−	1(痘要)	2	1(여소)
마데	−	−	−	−	1(한불)
마듸	−	−	−	−	7(매일)

#156　15C　16C　17C　18C　19C

ᄆᆞᄃᆡ(144) 92.3%　1447 ………… 1898

ᄆᆞ듸(4) 2.6%　1608 ………… 18xx

마데(1) 0.6%　1880

마듸(7) 4.5%　1898

195* 마루(棟, 宗)

	15세기	16세기	17세기	18세기	19세기
ᄆᆞᆯㄹ	24(석)	7	9(杜重)	−	−
ᄆᆞᄅᆞ	23(月)	9	12	13	1(이천)
ᄆᆞ르	−	−	1(譯)	−	−

#99　15C　16C　17C　18C　19C

ᄆᆞᆯㄹ(40) 40.4%　1447 ………… 1632

ᄆᆞᄅᆞ(58) 58.6%　1459 ………… 1894

ᄆᆞ르(1) 1.0%　1690

196* 마름(芰)

	15세기	16세기	17세기	18세기	19세기
말왐	33(능)	4	38(杜重)	−	−
말암	−	−	5(杜重, 譯)	−	−
마람	−	−	2(譯)	−	2(太平)
말ᄋᆞᆷ	−	−	−	1(倭)	−

#85	15C	16C	17C	18C	19C
말왐(75) 88.2%	1461 ···		1632		
말암(5) 5.9%			1632–1690		
마람(4) 4.7%			1690 ···		18xx
말ᄋᆞᆷ(1) 1.2%				1781	

197* 마소

	15세기	16세기	17세기	18세기	19세기
ᄆᆞ쇼	7(月)	5	10	5	3(淸老)
ᄆᆞᆯ쇼	1(三강런던)	–	–	–	–
마쇼	–	–	1(老)	1	3(사민)

#36	15C	16C	17C	18C	19C
ᄆᆞ쇼(30) 83.3%	1459 ···				18xx
ᄆᆞᆯ쇼(1) 2.8%	1481				
마쇼(5) 13.9%			1670 ···		1889

198* 마을[41)]

	15세기	16세기	17세기	18세기	19세기
ᄆᆞᅀᆞᆶ	105(석)	34(百聯)	–	–	–
ᄆᆞᅀᆞᆯ	10(月)	21	1(신속)	–	–
ᄆᆞᄋᆞᆶ	1(杜초)	20	80	7	5(太平)
마을	–	3(광천)	1	24	76(신약)
ᄆᆞᄋᆞᆯ	–	6(類合)	10	15	2(쥬교)
ᄆᆞ읋	–	3(속三중)	2(신속)		
ᄆᆞ을	–	1(속三중)	–	16	10(중남포)

#453	15C	16C	17C	18C	19C
ᄆᆞᅀᆞᆶ(139) 30.7%	1447 ···	1576			

41) 『이조어사전』에 의하면 18세기(1723년)에 간행된 『百聯抄解』에 'ᄆᆞᅀᅳᆯ'이 나타난다. 본 사전은 16세기(1576년) 간행된 『百聯抄解』를 디지털화된 텍스트로 하였으며, 해당 부분은 'ᄆᆞᅀᆞᆯ'로 나타난다.

ᄆᆞᅀᆞᆯ(32) 7.0% 1459 1617

ᄆᆞᄋᆞᆯㅎ(113) 24.9% 1481 .... 18xx

마을(104) 23.0% 1575 1900

ᄆᆞᄋᆞᆯ(33) 7.3% 1576 1897

ᄆᆞ을ㅎ(5) 1.1% 1581 1617

ᄆᆞ을(27) 6.0% 1581 1897

199* 마을(官廳)

	15세기	16세기	17세기	18세기	19세기
마ᅀᆞᆯ	26(月)	15	1(老)	–	–
마ᅀᅳᆯ	–	2(번小, 字會)	–	–	–
마을	–	3(광천)	4	33	112(신약)
마ᄋᆞᆯ	–	6(類合)	38	15	14(쥬교)
마알	–	–	1(신속)	–	–

#270	15C	16C	17C	18C	19C
마ᅀᆞᆯ(42) 15.6%	1459		1670		
마ᅀᅳᆯ(2) 0.7%		1518–1527			
마을(152) 56.3%		1575			1900
마ᄋᆞᆯ(73) 27%		1576			1897
마알(1) 0.4%			1617		

200* 마음

	15세기	16세기	17세기	18세기	19세기
ᄆᆞᅀᆞᆷ	3783(석)	759	3(朴重)	–	–
ᄆᆞᅀᅳᆷ	18(석)	25	3	2(普勸해)	–
ᄆᆞᄋᆞᆷ	2(杜초)	140	713	1473	2198(신약)
마음	–	3(안락태자)	2	12	179(매일)
ᄆᆞ음	–	–	3(신속)	118	369(매일)
ᄆᆞ옴	–	–	1(杜重)	–	–
ᄆᆞ슴	–	–	–	–	1(歌曲)

#9807	15C	16C	17C	18C	19C
ᄆᆞᅀᆞᆷ(4545) 46.3%	1447		1677		
ᄆᆞᅀᅳᆷ(48) 0.5%	1447			1776	

ᄆᆞᅀᆞᆷ(4526) 46.2% 1481 ······ 1900
마음(196) 2.0% 1576 ······ 1898
ᄆᆞ음(490) 5.0% 1617 ······ 1898
ᄆᆞ옴(1) 0.01% 1632
ᄆᆞ슴(1) 0.01% 1876

201* 마흔(四十)

	15세기	16세기	17세기	18세기	19세기
마ᄉᆞᆫ	64(석)	10(번老)	–	–	–
만ᄉᆞᆫ	–	1(번朴)	–	–	–
마ᄋᆞᆫ	–	5(小언)	12(여훈)	–	–
마은	–	4(순천)	16	–	2(예성로스)
마흔	–	–	–	20(同文)	17(매일)

#151	15C	16C	17C	18C	19C
마ᄉᆞᆫ(74) 49.0%	1447 ······	1517			
만ᄉᆞᆫ(1) 0.7%		1517			
마ᄋᆞᆫ(17) 11.3%		1587 ······	1658		
마은(22) 14.6%		15xx ······	······	······	1887
마흔(37) 24.5%				1748 ······	1898

202* 막대/막대기

	15세기	16세기	17세기	18세기	19세기
막다히	31(석)	6	4(杜重)	–	–
막대	63(永嘉)	27	69	47	8(쥬교)
막ᄃᆡ	–	–	1(병자)	1	13(예성로스)
막ᄃᆡ기	–	–	–	–	2(독립)

#272	15C	16C	17C	18C	19C
막다히(41) 15.1%	1447 ······	······	1632		
막대(214) 78.7%	1464 ······	······	······	······	1897
막ᄃᆡ(15) 5.5%			163x ······	······	1887
막ᄃᆡ기(2) 0.7%					1896

203* 말미

	15세기	16세기	17세기	18세기	19세기
말ᄆᆡ	22(석)	7	21(杜重)	–	–
말믜	–	1(광천)	1	3	3(국한)
말미	–	1(순천)	3(新語)	–	–

#62	15C	16C	17C	18C	19C
말ᄆᆡ(50) 80.6%	1447 ········		1632		
말믜(8) 12.9%		1575 ········			1895
말미(4) 6.5%		15xx ········	1676		

204* 말씀

	15세기	16세기	17세기	18세기	19세기
말ᄊᆞᆷ	145(석)	8(蒙송광사)	–	–	–
말ᄉᆞᆷ	268(능)	303	180	450	1266(신약)
말솜	–	19(번老)	8(유합영)	–	–
말슴	–	–	–	–	4(歌曲, 국문정리)

#2651	15C	16C	17C	18C	19C
말ᄊᆞᆷ(153) 5.8%	1447 ········	1577			
말ᄉᆞᆷ(2467) 93.1%	1461 ········				1900
말솜(27) 1.0%		1517 ········	1700		
말슴(4) 0.2%					1876–1897

205* 망아지

	15세기	16세기	17세기	18세기	19세기
ᄆᆞ야지	1(杜초)	1	1(杜重)	–	–
ᄆᆡ야지	2(杜초)	2	4	4(倭)	–
ᄆᆞᆼ아지	–	–	1(시경)	–	–
ᄆᆡ아지	–	–	7(杜重)	3	1(한불)

#27	15C	16C	17C	18C	19C
ᄆᆞ야지(3) 11.1%	1481 ········		1632		
ᄆᆡ야지(12) 44.4%	1481 ········			1781	
ᄆᆞᆼ아지(1) 3.7%			1613		
ᄆᆡ아지(11) 40.7%			1632 ········		1880

206* 망울

	15세기	16세기	17세기	18세기	19세기
ᄆᆞᆼᄋᆞᆯ	–	–	3(痘要, 胎諺)	–	–
ᄆᆞᆼ올ᄅᆞ	–	–	1(馬인)	–	–
망울	–	–	1(馬언)	1	3(규합)

#9	15C	16C	17C	18C	19C
ᄆᆞᆼᄋᆞᆯ(3) 33.3%			1608		
ᄆᆞᆼ올ᄅᆞ(1) 11.1%			16xx		
망울(5) 55.6%			16xx ········	········	1869

207* 매듭

	15세기	16세기	17세기	18세기	19세기
ᄆᆡᄃᆞᆸ	2(月)	–	2	1(오륜전비)	–
ᄆᆡ듭	–	–	–	1(蒙類解)	3(국한)

#9	15C	16C	17C	18C	19C
ᄆᆡᄃᆞᆸ(5) 55.6%	1459 ········	········	········	1721	
ᄆᆡ듭(4) 44.4%				1790 ········	1895

208* 매미

	15세기	16세기	17세기	18세기	19세기
ᄆᆡ야미	26(救方)	5	14	2(濟衆)	–
ᄆᆞ얌이	–	–	2(譯)	–	–
ᄆᆡ암이	–	–	–	1(方言)	2(한불)
ᄆᆡ아미	–	–	–	–	1(의종)
매암이	–	–	–	–	1(국한)

#54	15C	16C	17C	18C	19C
ᄆᆡ야미(47)[42] 87.0%	1466 ········	········	········	1799	
ᄆᆞ얌이(2) 3.7%			1690		

---

42) 'ᄆᆡ야ᄆᆡ' 같은 'ㅣ'탈락형도 'ᄆᆡ야미'에 합산하여 빈도를 계산하였다.

ᄆᆡ야ᄆᆡ	17(救方)	-	6(杜重)	-	-

ᄆᆡ암이(3) 5.6% 1778 ········ 1880

ᄆᆡ아미(1) 1.9% 1868

매암이(1) 1.9% 1895

209* 매실

	15세기	16세기	17세기	18세기	19세기
ᄆᆡ실	10(救간)	2	3	5	2(규합)
매실	–	–	–	–	1(한불)

#23 15C 16C 17C 18C 19C

ᄆᆡ실(22) 95.7% 1489 ········ 1869

매실(1) 4.3% 1880

210* 매일

	15세기	16세기	17세기	18세기	19세기
ᄆᆡ실	1(救간)	12(번小)	–	–	–
ᄆᆡ일	–	10(三강동경)	42	5	326(협성)
매일	–	1(번小)	–	3	23(매일)

#423 15C 16C 17C 18C 19C

ᄆᆡ실(13) 3.1% 1489 ········ 1518

ᄆᆡ일(383) 90.5% 15xx ········ 1898

매일(27) 6.4% 1518 ········ 1898

211* 맨드라미

	15세기	16세기	17세기	18세기	19세기
만드라미	1(救간)	–	–	–	–
만ᄃᆞ라미	3(救간)	–	2(東醫)	–	–
만도람이	–	–	1(朴重)	2(蒙類解)	–
만도라미	–	–	1(譯)	1(同文)	–
ᄆᆡᆫ드람이	–	–	–	–	2(한불)
ᄆᆡᆫ도람이	–	–	–	–	1(광재)

#14 15C 16C 17C 18C 19C

만드라미(1) 7.1% 1489

만ᄃᆞ라미(5) 35.7% 1489 ······ 1613

만도람이(3) 21.4% 1677 ······ 1790

만도라미(2) 14.3% 1690 ······ 1748

ᄆᆡᆫ드랍이(2) 14.3% 1880

ᄆᆡᆫ도람이(1) 7.1% 18xx

212* 머구리(蛙, 개구리)

	15세기	16세기	17세기	18세기	19세기
머구리	4(法화)	8	4	4	12(성경직해)
머고리	1(南明)	–	–	1(蒙類解)	–

#34	15C	16C	17C	18C	19C
머구리(32) 94.1%	1463 ······				1892
머고리(2) 5.9%	1482 ······			1790	

213* 머귀(梧桐)

	15세기	16세기	17세기	18세기	19세기
머귀	32(月)	10	15	10	3(이천)
머괴	–	–	2(杜重, 譯)	–	–

#72	15C	16C	17C	18C	19C
머귀(70) 97.2%	1459 ······				1894
머괴(2) 2.8%			1632–1690		

214* 먼데

	15세기	16세기	17세기	18세기	19세기
먼듸	3(석)	3	6	2	7(척사윤음)
먼ᄃᆡ	35(月)	13	39	25	17(독립)
먼데	–	–	–	–	6(이언, 예성로스)

#156	15C	16C	17C	18C	19C
먼듸(21) 13.5%	1447 ······				1839
먼ᄃᆡ(129) 82.7%	1459 ······				1896
먼데(6) 3.8%					1883–1887

215* 먼저

	15세기	16세기	17세기	18세기	19세기
ᄆᆞᆫ져	649(석)	260	363	479	876(신약)
ᄆᆞᆫ저	11(牧)	4	7	2	8(신약)
먼져	–	–	–	3(종덕)	47(매일)
먼저	–	–	–	–	30(매일, 여소)

#2739	15C	16C	17C	18C	19C
ᄆᆞᆫ져(2627) 95.9%	1447	···	···	···	1900
ᄆᆞᆫ저(32) 1.2%	1467	···	···	···	1900
먼져(50) 1.8%				1758 ···	1898
먼저(30) 1.1%					1898–18xx

216* 먼지

	15세기	16세기	17세기	18세기	19세기
ᄆᆞᆫᄌᆡ	5(석)	–	–	9	1(남원)
ᄆᆞᆫ지	–	–	–	–	20(텬로, 신약)

#35	15C	16C	17C	18C	19C
ᄆᆞᆫᄌᆡ(15) 42.9%	1447	···	···	···	1864
ᄆᆞᆫ지(20) 57.1%					1894–1900

217* 메기

	15세기	16세기	17세기	18세기	19세기
메유기	–	3(번朴)	–	1(同文)	–
머여기	–	–	1(東醫)	1(濟衆)	–
머유기	–	–	2(朴重)	2	1(광재)

#11	15C	16C	17C	18C	19C
메유기(4) 36.4%		1517	···	1748	
머여기(2) 18.2%			1613 ···	1799	
머유기(5) 45.5%			1677	···	18xx

218* 메아리

	15세기	16세기	17세기	18세기	19세기
뫼ᅀᅡ리	19(月, 杜초)	–	–	–	–
뫼아리	–	–	1(杜重)	2(蒙類解)	–

#22	15C	16C	17C	18C	19C
뫼ᅀᅡ리(19) 86.4%	1459–1481				
뫼아리(3) 13.6%			1632 ······	1790	

219* 메주

	15세기	16세기	17세기	18세기	19세기
며조	–	6(救荒)	11	–	16(규합)
몌조	–	–	7(救荒윤)	2(方言)	–
메주	–	–	–	–	2(한불, 국한)

#44	15C	16C	17C	18C	19C
며조(33) 75.0%		1554 ······	······	······	1869
몌조(9) 20.5%			1660 ······	1778	
메주(2) 4.5%					1880–1895

220* 메추라기(鶉)

	15세기	16세기	17세기	18세기	19세기
모ᄎᆞ라기	2(杜초)	3	2(杜重)	–	–
뫼ᄎᆞ라기	–	–	2(東醫)	2(濟衆)	–
뫼초라기	–	–	1(朴重)	2	1(광재)
뫼초리	–	–	1(곽씨)	–	2(감응)
몯ᄎᆞᄅᆞ기	–	–	–	1(倭)	–

#19	15C	16C	17C	18C	19C
모ᄎᆞ라기(7) 36.8%	1481 ······	······	1632		
뫼ᄎᆞ라기(4) 21.1%			1613 ······	1799	
뫼초라기(4) 21.1%			1677 ······	······	18xx
뫼초리(3) 15.8%			16xx ······	······	1852
몯ᄎᆞᄅᆞ기(1) 5.3%				1781	

221* 며느리

	15세기	16세기	17세기	18세기	19세기
며느리	29(석)	34	–	24	20(여소)
며ᄂᆞᆯ이	1(曲)	–	–	–	–
며늘이	–	3(번小, 小언)	–	–	–
며ᄂᆞ리	–	23(순천)	44	37	61(신약)

#276	15C	16C	17C	18C	19C
며느리(107)[43] 38.8%	1447 ······				18xx
며ᄂᆞᆯ이(1) 0.4%	1447				
며늘이(3)[44] 1.1%		1518–1587			
며ᄂᆞ리(165)[45] 59.8%		15xx ······			1900

222* 며칠

	15세기	16세기	17세기	18세기	19세기
며츨	–	1(번朴)	1(新語)	–	–
몃츨	–	–	1(朴重)	2	1(독립)
몃출	–	–	1(朴重)	–	1(신약)
면츨	–	–	–	1(개첩)	–
몃칠	–	–	–	–	41(한불, 신약)

#50	15C	16C	17C	18C	19C
며츨(2) 4.0%		1517 ······	1676		
몃츨(4) 8.0%			1677 ······		1896
몃출(2) 4.0%			1677 ······		1900

---

43) '며느릐' 같은 'ㅣ'탈락형도 '며느리'에 합산하여 빈도를 계산하였다.

며느릐	7(內)	7	-	3(어내)	-

44) '며늘의' 같은 'ㅣ'탈락형도 '며늘이'에 합산하여 빈도를 계산하였다.

며늘의	-	2(번小, 小언)	-	-	-

45) '며ᄂᆞ릐, 며ᄂᆞᄅᆡ' 같은 'ㅣ'탈락형도 '며ᄂᆞ리'에 합산하여 빈도를 계산하였다.

며ᄂᆞ릐	-	1(번小)	-	1(女四)	-
며ᄂᆞᄅᆡ	-	-	10(병자)	-	-

몃츨(1) 2.0%				1748	
몃칠(41) 82.0%					1880–1900

223* 명아주(藜)

	15세기	16세기	17세기	18세기	19세기
도틔ᄋᆞ랒	2(三강런던)	–	–	–	–
도ᄐᆞ랒	25(杜초)	1	26(譯)	–	–
도ᄐᆞ랓	–	–	1(杜重)	–	–
도토랒	–	–	2(杜重)	–	–

#57	15C	16C	17C	18C	19C
도틔ᄋᆞ랒(2) 3.5%	1481				
도ᄐᆞ랒(52) 91.2%	1481	········	1690		
도ᄐᆞ랓(1) 1.8%			1632		
도토랒(2) 3.5%			1632		

224* 모기

	15세기	16세기	17세기	18세기	19세기
모ᄀᆡ	9(석)	2	5(杜重)	–	–
모긔	–	3(二倫)	10	10	11(성경직해)
모괴	–	–	3(朴重)	–	–
모기	–	–	–	–	1(정몽유어)

#54	15C	16C	17C	18C	19C
모ᄀᆡ(16) 29.6%	1447	········	1632		
모긔(34) 63%		1518	········	········	1892
모괴(3) 5.6%			1677		
모기(1) 1.9%					1884

225* 모꼬지

	15세기	16세기	17세기	18세기	19세기
몯ᄀᆞ지	–	7(번小)	1(신속)	–	–
못ᄀᆞ지	–	–	1(警民)	2(어내)	–
못거지	–	–	–	–	5(歌曲, 국한)

#16	15C	16C	17C	18C	19C
몯ᄀᆞ지(8) 50.0%		1518 ……	1617		
못ᄀᆞ지(3) 18.8%			1658 ……	1737	
못거지(5) 31.3%					1876–1895

226* 모래

	15세기	16세기	17세기	18세기	19세기
몰애	150(석)	14	69	3	1(이천)
몰래	–	–	4(痘要, 家언)	–	–
모래	–	–	23(家언)	23	14(신약)
모ᄅᆡ	–	–	–	–	46(남원, 매일)

#347	15C	16C	17C	18C	19C
몰애(237) 68.3%	1447 ……				1894
몰래(4) 1.2%			1608–1632		
모래(60) 17.3%			1632 ……		1900
모ᄅᆡ(46) 13.3%					1864–1898

227* 모래무지(鯊魚, 穿沙魚)

	15세기	16세기	17세기	18세기	19세기
모래므디	–	–	1(譯)	–	–
모래무지	–	–	–	2(方言, 蒙類解)	–
모ᄅᆡ무지	–	–	–	–	1(광재)

#4	15C	16C	17C	18C	19C
모래므디(1) 25.0%			1690		
모래무지(2) 50.0%				1778–1790	
모ᄅᆡ무지(1) 25.0%					18xx

228* 모레

	15세기	16세기	17세기	18세기	19세기
모뢰	–	2(번朴)	8	10(隣語)	–
모ᄅᆡ	–	9(순천)	13	4	3(독립)
모릐	–	–	–	2(朴新, 蒙類解)	–
모레	–	–	–	–	2(한불, 매일)

#53	15C	16C	17C	18C	19C
모뢰(20) 37.7%		1517 ······		1790	
모ᄅᆡ(29) 54.7%		15xx ······			1896
모릐(2) 3.8%				1765–1790	
모레(2) 3.8%					1880–1898

229* 모양

	15세기	16세기	17세기	18세기	19세기
모야ᇰ	2(석, 月)	–	–	–	–
모양	–	2(小언)	–	–	–
모양	–	5(순천)	2	36	595(신약)

#642	15C	16C	17C	18C	19C
모야ᇰ(2) 0.3%	1447–1459				
모양(2) 0.3%		1587			
모양(638) 99.4%		15xx ······			1900

230* 무

	15세기	16세기	17세기	18세기	19세기
무수	2(杜초)	3(간벽)	–	–	–
무우	–	1(小언)	5	5	5(독립)
무오	–	–	1(譯)	–	1(규합)

#23	15C	16C	17C	18C	19C
무수(5) 21.7%	1481 ······	1525			
무우(16) 69.6%		1587 ······			1896
무오(2) 8.7%			1690 ······		1869

231* 무릎

	15세기	16세기	17세기	18세기	19세기
무룦	18(석)	3	6(杜重)	–	–
무룹	17(석)	7	3	1	2(한불)
무릎	1(月)	–	–	1(方言)	–
무ᄅᆞᆸ	1(救간)	–	–	–	–
무롶	1(救간)	1(순천)	–	–	–
무릅	–	1(번老)	–	5	7(신약)
무롭	–	4(번小)	10	2(蒙類解)	–
무룹ㅍ	–	1(小언)	1(痘要)	–	–
무롭ㅍ	–	–	1(家언)	1(女四)	–
무릅ㅎ	–	–	1(산성)	3	3(성경직해)
무롭ㅎ	–	–	–	4(오륜전비)	3(텬로)
무룹ㅎ	–	–	–	2(경문속, 無寃)	–
무ᄅᆞᆸㅎ	–	–	–	1(武藝)	–
무릅ㅍ	–	–	–	–	1(예셩로스)

#113	15C	16C	17C	18C	19C
무룦(27) 23.9%	1447 ······		1632		
무룹(30) 26.5%	1447 ······				1880
무릎(2) 1.8%	1459 ······			1778	
무ᄅᆞᆸ(1) 0.9%	1489				
무롶(2) 1.8%	1489 ······	15xx			
무릅(13) 11.5%		1517 ······			1900
무롭(16) 14.2%		1518 ······		1790	
무룹ㅍ(2) 1.8%		1587 ······	1608		
무롭ㅍ(2) 1.8%			1632 ······	1736	
무릅ㅎ(7) 6.2%			163x ······		1892
무롭ㅎ(7) 6.2%				1721 ······	1894
무룹ㅎ(2) 1.8%				1763–1792	
무ᄅᆞᆸㅎ(1) 0.9%				1790	
무릅ㅍ(1) 0.9%					1887

232* 무서리

	15세기	16세기	17세기	18세기	19세기
므서리	–	–	1(譯)	–	–
무시리		–	–	1(方言)	1(歌曲)
무셔리	–	–	–	–	1(광재)

#4	15C	16C	17C	18C	19C
므서리(1) 25.0%			1690		
무서리(2) 50.0%				1778 ······	1876
무셔리(1) 25.0%					18xx

233* 무엇

	15세기	16세기	17세기	18세기	19세기
므슥	246(석)	21	20(杜重)	–	–
므스것	22(석)	21	12	8(捷蒙)	–
므슴	10(석)	6	11	22(老重)	–
므ᄉᆞ것	–	1(번老)	–	1(경문)	–
므엇	–	3(속三중)	33	54	33(신약)
무엇	–	1(속三중)	34	108	767(신약)
므솜	–	1(순천)	2(朴重)	–	–
므섯	–	37(三강동경)	77	87(老重)	–
무섯	–	3(三강동경)	2	29(老重)	–
무솜	–	–	–	3(오륜전비, 蒙老)	–
므ᄉᆞᆺ	–	–	–	1(어내)	–

#1676	15C	16C	17C	18C	19C
므슥(287) 17.1%	1447 ······	······	1632		
므스것(63) 3.8%	1447 ······	······	······	1790	
므슴(49) 2.9%	1447 ······	······	······	1795	
므ᄉᆞ것(2) 0.1%		1517 ······	······	1761	
므엇(123) 7.3%		1581 ······	······	······	1900
무엇(910) 54.3%		1581 ······	······	······	1900
므솜(3) 0.2%		15xx ······	1677		
므섯(201) 12%		15xx ······	······	1795	
무섯(34) 2.0%		15xx ······	······	1795	

무슴(3) 0.2% 1721–1790

므슷(1) 0.1% 1737

234* 무지개

	15세기	16세기	17세기	18세기	19세기
므지게	8(석)	6	14	5	1(太平)
무지게	–	–	1(산성)	11	8(치명)

#54	15C	16C	17C	18C	19C
므지게(34) 63.0%	1447 ······				18xx
무지게(20) 37.0%			16xx ······		1895

235* 물결

	15세기	16세기	17세기	18세기	19세기
믌결	186(曲)	14	116(杜重)	–	–
뭀결	1(月)	–	–	–	–
믈결	2(永嘉)	3	23	14	6(太平)
믓결	2(牧)	12	1(杜重)	–	–
믈껼	–	4(번老)	2	2(속명)	–
물결	–	–	–	6(女四)	73(신약)

#467	15C	16C	17C	18C	19C
믌결(316) 67.7%	1447 ······		1632		
뭀결(1) 0.2%	1459				
믈결(48) 10.3%	1464 ······				18xx
믓결(15) 3.2%	1467 ······		1632		
믈껼(8) 1.7%		1517 ······		1778	
물결(79) 16.9%				1736 ······	1900

236* 물고기

	15세기	16세기	17세기	18세기	19세기
믓고기	1(救方)	3(번小)	–	–	–
믌고기	10(救方)	–	7	1(方言)	–
믈ᄭᅩ기	–	1(小언)	–	–	–
믈고기	–	2(小언)	8	6	2(몽유편)
뭀고기	–	–	1(杜重)	–	–
물고기	–	–	2(서궁)	3	37(신약)

#84	15C	16C	17C	18C	19C
믓고기(4) 4.8%	1466 ········	1518			
믌고기(18)[46] 21.4%	1466 ········	········	········	1778	
믈ᄭᅩ기(1) 1.2%		1587			
믈고기(18) 21.4%		1587 ········	········	········	1810
뭀고기(1) 1.2%			1632		
물고기(42) 50.0%			16xx ········	········	1900

237* 물방울

	15세기	16세기	17세기	18세기	19세기
믌방올	2(南明)	–	–	–	–
믌방올	–	–	1(譯)	–	–
믈방올	–	–	–	2(同文, 蒙類解)	–
믈방ㅅ올	–	–	–	1(蒙類解)	–
물방울	–	–	–	1(無寃)	9(성경직해)
물방올	–	–	–	–	1(협성)

#17	15C	16C	17C	18C	19C
믌방올(2) 11.8%	1482				
믌방올(1) 5.9%			1690		
믈방올(2) 11.8%				1748–1790	

---

46) ‘믌고ᄀᆞ’ 같은 ‘ㅣ’탈락형도 ‘믌고기’에 합산하여 빈도를 계산하였다.

믌고기	3(救간)	-	1(杜重)	-	-

물방ㅅ올(1) 5.9% 1790

물방울(10) 58.8% 1792 ··· 1892

물방올(1) 5.9% 1898

238* 므즉(近處)

	15세기	16세기	17세기	18세기	19세기
므즉	–	1(번老)	–	–	–
마작	–	–	8(家언)	1(老重)	–
마즘	–	–	–	–	1(淸老)

#11	15C	16C	17C	18C	19C
므즉(1) 9.1%		1517			
마작(9) 81.8%			1632 ···	1795	
마즘(1) 9.1%					18xx

239* 미늘

	15세기	16세기	17세기	18세기	19세기
미늘	2(救方)	–	–	1	2(국한)
미ᄂᆞᆯ	–	1(무예제보)	1	2	1(한불)

#10	15C	16C	17C	18C	19C
미늘(5) 50.0%	1466 ···				1895
미ᄂᆞᆯ(5) 50.0%		159x ···			1880

240* 미역

	15세기	16세기	17세기	18세기	19세기
머육	3(救간)	4	6	8	2(의종)
머욕	–	–	1(譯)	1(方言)	–

#25	15C	16C	17C	18C	19C
머육(23) 92.0%	1489 ···				1868
머욕(2) 8.0%			1690 ···	1778	

241* 밀기울

	15세기	16세기	17세기	18세기	19세기
밄기울	4(救간)	–	–	–	–
밀기울	–	–	2(東醫)	–	2(규합)
밀기올	–	–	3(譯)	1(方言)	–

#12	15C	16C	17C	18C	19C
밄기울(4) 33.3%	1489				
밀기울(4) 33.3%			1613 ········	········	1869
밀기올(4) 33.3%			1690 ········	1778	

242* 바늘

	15세기	16세기	17세기	18세기	19세기
바ᄂᆞᆯ	42(용)	9	22	29	8(신약)
바늘	1(救方)	–	1	1	22(신심소)

135	15C	16C	17C	18C	19C
바ᄂᆞᆯ(110) 81.5%	1447 ········	········	········	········	1900
바늘(25) 18.5%	1466 ········	········	········	········	1896

243* 바다

	15세기	16세기	17세기	18세기	19세기
바ᄅᆞᆯ	188(석)	14	39(杜重)	–	–
바다ㅎ	7(月)	2	14	20	101(신약)
바ᄅᆡ	–	–	3(杜重)	–	–

#388	15C	16C	17C	18C	19C
바ᄅᆞᆯ(241) 62.1%	1447 ········	········	1632		
바다ㅎ(144) 37.1%	1459 ········	········	········	········	1900
바ᄅᆡ(3) 0.8%			1632		

244* 바닥

	15세기	16세기	17세기	18세기	19세기
바당	3(法화)	1(分온)	–	–	–
바당	–	–	7(東醫)	–	2(사민)
바닥	–	–	–	2(無寃)	12(신약)

#27	15C	16C	17C	18C	19C
바당(4) 14.8%	1463	1542			
바당(9) 33.3%			1613		1889
바닥(14) 51.9%				1792	1900

245* 바디(筬)

	15세기	16세기	17세기	18세기	19세기
ᄇᆞᄃᆡ	2(救간)	1	5	4(蒙類解)	–
바듸	–	–	–	–	3(독립, 광재)

#15	15C	16C	17C	18C	19C
ᄇᆞᄃᆡ(12) 80.0%	1489			1790	
바듸(3) 20.0%					1896–18xx

246* 바위

	15세기	16세기	17세기	18세기	19세기
바회	38(석)	8	41	15	20(신약)
바우	–	–	–	–	3(독립)
바위	–	–	–	–	5(독립, 매일)
바휘	–	–	–	–	1(광재)

#131	15C	16C	17C	18C	19C
바회(122) 93.1%	1447				1900
바우(3) 2.3%					1896
바위(5) 3.8%					1896–1898
바휘(1) 0.8%					18xx

247* 바지

	15세기	16세기	17세기	18세기	19세기
바디	–	10(순천)	6(朴重)	–	–
바지	–	–	1(癸丑)	8	19(매일)

#44	15C	16C	17C	18C	19C
바디(16) 36.4%		15xx ········	1677		
바지(28) 63.6%			16xx ········	········	1898

248* 바퀴

	15세기	16세기	17세기	18세기	19세기
바회	6(月)	3	2	2(無寃)	–
박회	–	–	1(家언)	10	13(이언)
바쾨	–	–	1(譯)	–	–
박휘	–	–	–	–	9(이언, 매일)

#47	15C	16C	17C	18C	19C
바회(13) 27.7%	1459 ········	········	········	1792	
박회(24) 51.1%			1632 ········	········	1883
바쾨(1) 2.1%			1690		
박휘(9) 19.1%					1883–1898

249* 바탕

	15세기	16세기	17세기	18세기	19세기
바탕	3(月)	3(字會)	–	–	–
바탕	–	1(類合)	9	8	12(매일)
밧탕	–	–	–	–	4(歌曲, 매일)

#40	15C	16C	17C	18C	19C
바탕(6) 15.0%	1459 ········	1527			
바탕(30) 75.0%		1576 ········	········	········	1898
밧탕(4) 10.0%					1876–1898

250* 반디(螢)

	15세기	16세기	17세기	18세기	19세기
반되	13(訓解)	1	12(譯)	–	–
반듸	–	–	–	–	3(사민, 광재)

#29	15C	16C	17C	18C	19C
반되(26) 89.7%	1446 ·········		1690		
반듸(3) 10.3%					1889–18xx

251* 발바닥

	15세기	16세기	17세기	18세기	19세기
밠바당	10(月, 南明)	–	–	–	–
밧바당	12(救간)	–	–	–	–
발바당	–	–	7(痘要)	3	1(남원)
발바닥	–	–	–	3(無寃)	–

#36	15C	16C	17C	18C	19C
밠바당(10) 27.8%	1459–1482				
밧바당(12) 33.3%	1489				
발바당(11) 30.6%			1608 ·········		1864
발바닥(3) 8.3%				1792	

252* 발톱

	15세기	16세기	17세기	18세기	19세기
밠톱	6(救方)	–	–	–	–
바톱	3(杜초)	–	2(杜重)	–	–
발톱	3(救간)	–	3	10	13(협성)

#40	15C	16C	17C	18C	19C
밠톱(6) 15.0%	1466				
바톱(5) 12.5%	1481 ·········		1632		
발톱(29) 72.5%	1489 ·········				1898

253* 밤중

	15세기	16세기	17세기	18세기	19세기
밤ᄶᅲᇰ	–	7(번老, 分온)	–	–	–
밤ᅏᅲᇰ	–	3(二倫)	4(老)	–	–
밤듕	–	–	–	4(三譯)	11(남원)
밤즁	–	–	–	2(隣語)	20(신약)
밤중	–	–	–	–	1(국한)

#52	15C	16C	17C	18C	19C
밤ᄶᅲᇰ(7) 13.5%		1517–1542			
밤ᅏᅲᇰ(7) 13.5%		1518 ········	1670		
밤듕(15) 28.8%				1703 ········	1864
밤즁(22) 42.3%				1790 ········	1900
밤중(1) 1.9%					1895

254* 방석

	15세기	16세기	17세기	18세기	19세기
방셕	1(석)	–	–	–	–
방셕	–	–	–	4(譯補)	4(규합)
방석	–	–	–	–	2(규합, 국한)

#11	15C	16C	17C	18C	19C
방셕(1) 9.1%	1447				
방셕(8) 72.7%				1775 ········	1869
방석(2) 18.2%					1869–1895

255* 방앗공이

	15세기	16세기	17세기	18세기	19세기
방ᄒᆞᆺ고	5(석, 杜초)	–	–	–	–
방ᄒᆞᆺ고	–	1(類合)	3(譯)	–	–
방하고	–	–	1(杜重)	–	–
방ᄒᆡᆺ고	–	–	1(杜重)	–	–

#11	15C	16C	17C	18C	19C
방ᄒᆞᆺ고(5) 45.5%	1447–1481				
방ᄒᆞᆺ고(4) 36.4%		1576 ········	1690		

방ᄒᆞ고(1) 9.1% 1632

방ᄒᆡᆺ고(1) 9.1% 1632

256* 방울

	15세기	16세기	17세기	18세기	19세기
바ᄋᆞᆯ	13(석, 永嘉)	–	–	–	–
방ᄋᆞᆯ	15(月)	2(字會)	–	–	–
방올	–	2(번小)	9	14(老重)	–
방울	–	–	3(譯)	1	17(독립)

#76	15C	16C	17C	18C	19C
바ᄋᆞᆯ(13) 17.1%	1447–1464				
방ᄋᆞᆯ(17) 22.4%	1459	1527			
방올(25) 32.9%		1518	....	1795	
방울(21) 27.6%			1690	....	1896

257* 배꼽

	15세기	16세기	17세기	18세기	19세기
ᄇᆡᆺ복	66(月)	7	11	1(오륜전비)	–
ᄇᆡᆺ곱	–	–	–	3(無寃)	–
ᄇᆡᄭᅩᆸ	–	–	–	1(濟衆)	1(의종)

#90	15C	16C	17C	18C	19C
ᄇᆡᆺ복(85) 94.4%	1459	....	....	1721	
ᄇᆡᆺ곱(3) 3.3%				1792	
ᄇᆡᄭᅩᆸ(2) 2.2%				1799	1868

258* 배알(腸)

	15세기	16세기	17세기	18세기	19세기
ᄇᆡᄋᆞᆶ	4(月, 法화)	–	–	–	–
ᄇᆡ알	1(救方)	–	–	–	–

#5	15C	16C	17C	18C	19C
ᄇᆡᄋᆞᆶ(4) 80.0%	1459–1463				
ᄇᆡ알(1) 20.0%	1466				

259* 배추

	15세기	16세기	17세기	18세기	19세기
ᄇᆡᄎᆞ	2(內)	2	1	–	7(규합)
ᄇᆡ치	–	2(字會)	18	4	3(독립)

#39	15C	16C	17C	18C	19C
ᄇᆡᄎᆞ(12) 30.8%	1475 ······				1869
ᄇᆡ치(27) 69.2%		1527 ······			1896

260* 뱀

	15세기	16세기	17세기	18세기	19세기
ᄇᆞ얌	19(訓解)	1	1	5(蒙類解)	–
ᄇᆡ얌	66(月)	10	31	11	53(쥬교)
ᄇᆡ염	–	1(경민중)	–	–	–
ᄇᆞ염	–	–	1(신속)	–	–
바얌	–	–	–	2(지장)	–

#201	15C	16C	17C	18C	19C
ᄇᆞ얌(26) 12.9%	1446 ······			1790	
ᄇᆡ얌(171) 85.1%	1459 ······				1897
ᄇᆡ염(1) 0.5%		1579			
ᄇᆞ염(1) 0.5%			1617		
바얌(2) 1.0%				1752	

261* 뱁새

	15세기	16세기	17세기	18세기	19세기
볍새	1(杜초)	5	6	–	1(몽유편)
뱝새	–	–	–	3(同文)	1(한불)

#17	15C	16C	17C	18C	19C
볍새(13) 76.5%	1481 ······				1810
뱝새(4) 23.5%				1748 ······	1880

262* 버릇

	15세기	16세기	17세기	18세기	19세기
ᄇᆡᄒᆞᆺ	21(석, 개법)	–	–	–	–
ᄇᆡᄒᆞᆽ	–	1(번小)	–	–	–

#22	15C	16C	17C	18C	19C
ᄇᆡᄒᆞᆺ(21) 95.5%	1447–1500				
ᄇᆡᄒᆞᆽ(1) 4.5%		1518			

263* 버선(襪)

	15세기	16세기	17세기	18세기	19세기
보션	4(內)	11	21	8	10(매일)
보선	–	–	–	–	2(歌曲)
버선	–	–	–	–	1(여소)

#57	15C	16C	17C	18C	19C
보션(54) 94.7%	1475 ······				1898
보선(2) 3.5%					1876
버선(1) 1.8%					18xx

264* 버섯

	15세기	16세기	17세기	18세기	19세기
버슷	12(救方)	5	7	4(蒙類解)	–
버섯	–	–	–	1(無寃)	–

#29	15C	16C	17C	18C	19C
버슷(28) 96.6%	1466 ······			1790	
버섯(1) 3.4%				1792	

265* 버짐(癬)

	15세기	16세기	17세기	18세기	19세기
버즘	2(法화)	1	1	3	1(광재)
버줌	–	–	2(痘要)	–	–
버좀	–	–	1(譯)	1(方言)	–
버짐	–	–	–	–	1(국한)

#13	15C	16C	17C	18C	19C
버즘(8) 61.5%	1463 ······				18xx
버줌(2) 15.4%			1608		
버좀(2) 15.4%			1690 ······	1778	
버짐(1) 7.7%					1895

266* 번개

	15세기	16세기	17세기	18세기	19세기
번개	–	1(龜)	3	5	14(쥬교)
번기	–	–	–	–	38(감응, 신약)

#61	15C	16C	17C	18C	19C
번개(23) 37.7%		1569 ······			1897
번기(38) 62.3%					1852–1900

267* 벌레

	15세기	16세기	17세기	18세기	19세기
벌에	99(석)	16	5(杜重)	–	–
벌게	–	1(龜)	–	–	–
버레	–	–	2(癸丑)	13	37(매일)
베레	–	–	–	1(倭)	–

#174	15C	16C	17C	18C	19C
벌에(120) 69%	1447 ······		1632		
벌게(1) 0.6%		1569			
버레(52) 29.9%			16xx ······		1898
베레(1) 0.6%				1781	

268* 벙어리

	15세기	16세기	17세기	18세기	19세기
버워리	4(석)	2(字會)	–	–	–
벙어리	–	1(小언)	4	12	77(신약)

#100	15C	16C	17C	18C	19C
버워리(6) 6.0%	1447 ······	1527			
벙어리(94) 94.0%		1587 ······			1900

269* 베개

	15세기	16세기	17세기	18세기	19세기
벼개	35(月)	15	53	13(五倫)	–
베개	–	–	–	–	1(정몽유어)

#117	15C	16C	17C	18C	19C
벼개(116) 99.1%	1459 ···			1797	
베개(1) 0.9%					1884

270* 베짱이

	15세기	16세기	17세기	18세기	19세기
뵈ᄧᆞᆼ이	19(杜초, 救간)	–	–	–	–
뵈ᄧᅡᆼ이	–	–	3(東醫)	1(朴新)	–
뵙장이	–	–	1(譯)	1(同文)	–
뵈ㅅ장이	–	–	–	1(方言)	–
뵈ᄶᅡᆼ이	–	–	–	–	2(한불)

#28	15C	16C	17C	18C	19C
뵈ᄧᆞᆼ이(19) 67.9%	1481–1489				
뵈ᄧᅡᆼ이(4) 14.3%			1613 ···	1765	
뵙장이(2) 7.1%			1690 ···	1748	
뵈ㅅ장이(1) 3.6%				1778	
뵈ᄶᅡᆼ이(2) 7.1%					1880

271* 보니(穀裏皮)

	15세기	16세기	17세기	18세기	19세기
보ᄆᆡ	1(杜초)	–	–	–	–
보ᄂᆡ	–	–	1(杜重)	–	–
보믜	–	–	–	1(同文)	–
봄의	–	–	–	1(譯補)	–

#4	15C	16C	17C	18C	19C
보ᄆᆡ(1) 25.0%	1481				
보ᄂᆡ(1) 25.0%			1632		
보믜(1) 25.0%				1748	
봄의(1) 25.0%				1775	

272* 보조개

	15세기	16세기	17세기	18세기	19세기
보죠개	–	1(字會)	2	4(蒙類解)	–
보조ᄀᆡ	–	–	–	–	1(한불)

#8	15C	16C	17C	18C	19C
보죠개(7) 87.5%		1527 ······	······	1790	
보조ᄀᆡ(1) 12.5%					1880

273* 복숭아

	15세기	16세기	17세기	18세기	19세기
복셩화	43(救方)	2(分온)	–	–	–
복셩화	2(救간)	2	16	8	5(규합)
복셩	–	–	4(杜重, 유합칠)	–	–
복쇼아	–	–	1(譯)	5(無寃)	–
복쇼와	–	–	2(譯)	–	–
복숑아	–	–	5(납약)	–	6(쥬교)
복숭아	–	–	–	–	1(국한)

#102	15C	16C	17C	18C	19C
복셩화(45) 44.1%	1466 ······	1542			
복셩화(33) 32.4%	1489 ······	······	······	······	1869
복셩(4) 3.9%			1632–1664		
복쇼아(6) 5.9%			1690 ······	1792	
복쇼와(2) 2.0%			1690		
복숑아(11) 10.8%			16xx ······	······	1897
복숭아(1) 1.0%					1895

274* 부스럼

	15세기	16세기	17세기	18세기	19세기
브ᅀᅳ름	66(圓)	5(字會)	–	–	–
브ᅀᅳ럼	–	1(속三)	–	–	–
부으름	–	–	1(馬언)	7(隣語)	–

#80	15C	16C	17C	18C	19C
브스름(71) 88.8%	1465 ······	1527			
브스럼(1) 1.3%		1514			
부으름(8) 10.0%			16xx ······	1790	

275* 부엌

	15세기	16세기	17세기	18세기	19세기
브섭	17(訓解, 杜초)	–	–	–	–
브석	14(杜초)	4(字會)	–	–	–
브섭	1(杜초)	–	1(杜重)	–	–
브억	–	1(類合)	9	1(조훈)	–
브억ㄱ	–	–	1(杜重)	–	–
브업	–	–	14(杜重)	–	–

#63	15C	16C	17C	18C	19C
브섭(17) 27%	1446–1481				
브석(18) 28.6%	1481 ······	1527			
브섭(2) 3.2%	1481 ······	······	1632		
브억(11) 17.5%		1576 ······	······	1764	
브억ㄱ(1) 1.6%			1632		
브업(14) 22.2%			1632		

276* 부처

	15세기	16세기	17세기	18세기	19세기
부텨	4243(석)	291	25	160	2(매일)
부쳐	–	4(장수경)	8	16	65(쥬교)

#4814	15C	16C	17C	18C	19C
부텨(4721) 98.1%	1447 ······	······	······	······	1898
부쳐(93) 1.9%		15xx ······	······	······	1897

277* 부추

	15세기	16세기	17세기	18세기	19세기
염규	4(救方)	2	4(譯)	–	–
염교	19(救간)	1	4	–	1(광재)

#35	15C	16C	17C	18C	19C
염규(10) 28.6%	1466 ········	········	1690		
염교(25) 71.4%	1489 ········	········	········	········	18xx

278* 북

	15세기	16세기	17세기	18세기	19세기
붚	35(曲)	–	4(杜重)	–	–
북	–	–	11(練兵)	27	31(이천)

#108	15C	16C	17C	18C	19C
붚(39) 36.1%	1447 ········	········	1632		
북(69) 63.9%			1612 ········	········	1894

279* 비둘기

	15세기	16세기	17세기	18세기	19세기
비두리	9(月)	4	2(杜重)	–	–
비들기	–	–	1(유합칠)	6	29(협성)
비ᄃᆞᆯ기	–	–	1(朴重)	–	1(신약)
비돌기	–	–	4(譯)	2	3(예성로스)

#62	15C	16C	17C	18C	19C
비두리(15)[47] 24.2%	1459 ········	········	1632		
비들기(36) 58.1%			1664 ········	········	1898
비ᄃᆞᆯ기(2) 3.2%			1677 ········	········	1900
비돌기(9)[48] 14.5%			1690 ········	········	1887

---

47) '비두릐' 같은 'ㅣ'탈락형도 '비두리'에 합산하여 빈도를 계산하였다.

비두릐	1(月)	-	-	-	-

48) '비돌긔' 같은 'ㅣ'탈락형도 '비돌기'에 합산하여 빈도를 계산하였다.

비돌긔	-	-	1(譯)	-	-

280* 뾰루지/뾰두라지

	15세기	16세기	17세기	18세기	19세기
보도롯	2(法화)	–	3(痘要)	–	–
보도론ㅅ	–	–	1(신속)	–	–

#6	15C	16C	17C	18C	19C
보도롯(5) 83.3%	1463 ········	········	1608		
보도론ㅅ(1) 16.7%			1617		

281* 뿌리

	15세기	16세기	17세기	18세기	19세기
불휘	456(석)	37	103	33	35(의종)
불회	–	2(번朴)	16(朴重)	–	–
ᄲᅳᆯ휘	–	1(번小)	–	–	–
ᄲᅮᆯ휘	–	4(分온)	–	–	4(신약)
ᄲᅮᆯ희	–	1(小언)	–	1	11(신약)
불희	–	1(광천)	36	9	2(남원)
불ᄒᆡ	–	3(三강동경)	17	3(五倫)	–
블희	–	–	6(자취)	7	1(淸老)
블회	–	–	4(납약)	3(경문)	–
ᄲᅮ릐	–	–	–	1(어자)	1(歌曲)
ᄲᅮᆯᄒᆡ	–	–	–	–	2(규합)
ᄲᅮ리	–	–	–	–	49(歌曲, 매일)

#849	15C	16C	17C	18C	19C
불휘(664) 78.2%	1447 ········	········	········	········	1868
불회(18) 2.1%		1517 ········	1677		
ᄲᅳᆯ휘(1) 0.1%		1518			
ᄲᅮᆯ휘(8) 0.9%		1542 ········	········	········	1900
ᄲᅮᆯ희(13) 1.5%		1587 ········	········	········	1900
불희(48) 5.7%		1575 ········	········	········	1864
불ᄒᆡ(23) 2.7%		15xx ········	········	1797	
블희(14) 1.6%			1635 ········	········	18xx
블회(7) 0.8%			16xx ········	1761	
ᄲᅮ릐(2) 0.2%				1746 ········	1876

ᄊᆡᆯᄒᆡ(2) 0.2%	1869
쑤리(49) 5.8%	1876–1898

282* 사내

	15세기	16세기	17세기	18세기	19세기
ᄡᅡᄒᆡ	1(석)	–	–	–	–
ᄉᆞᆫ아ᄒᆡ	23(救간)	–	–	–	–
ᄉᆞ나ᄒᆡ	–	37(순천)	50	23	5(閑中)
ᄉᆞ나히	–	–	3(癸丑)	–	2(독립)
ᄉᆞ나희	–	–	17(납약)	26	1(清老)
사내	–	–	–	–	25(독립)

#213	15C	16C	17C	18C	19C
ᄡᅡᄒᆡ(1) 0.5%	1447				
ᄉᆞᆫ아ᄒᆡ(23) 10.8%	1489				
ᄉᆞ나ᄒᆡ(115) 54%		15xx ······	······	······	18xx
ᄉᆞ나히(5) 2.3%			16xx ······	······	1896
ᄉᆞ나희(44) 20.7%			16xx ······	······	18xx
사내(25) 11.7%					1896

283* 사람

	15세기	16세기	17세기	18세기	19세기
사ᄅᆞᆷ	4930(訓解)	2330	3841	3710	17716(신약)
사람	6(석)	10	27	35	198(매일)

#32803	15C	16C	17C	18C	19C
사ᄅᆞᆷ(32527) 99.2%	1446 ······	······	······	······	1900
사람(276) 0.8%	1447 ······	······	······	······	1898

284* 사마귀

	15세기	16세기	17세기	18세기	19세기
사마괴	1(法화)	3	–	–	1(광재)
샤마괴	–	–	2(譯)	3	1(몽유편)
샤마귀	–	–	–	2(方言)	2(한불)

#15	15C	16C	17C	18C	19C
사마괴(5) 33.3%	1463 ···				18xx
샤마괴(6) 40.0%			1690 ···		1810
샤마귀(4) 26.7%				1778 ···	1880

285* 사위

	15세기	16세기	17세기	18세기	19세기
사회	8(석)	14	10	38	22(매일)
사위	–	–	–	–	2(감응, 매일)

#94	15C	16C	17C	18C	19C
사회(92) 97.9%	1447 ···				1898
사위(2) 2.1%					1852–1898

286* 사이

	15세기	16세기	17세기	18세기	19세기
싸ᅀᅵ	41(석)	1(번朴)	–	–	–
ᄉᆞᅀᅵ	424(석)	21(百聯)	–	–	–
싸이	–	2(小언)	3	4(지장)	–
ᄉᆞ시	–	16(법집)	–	–	–
사이	–	1(순천)	4	4	53(매일)

#574	15C	16C	17C	18C	19C
싸ᅀᅵ(42) 7.3%	1447 ···	1517			
ᄉᆞᅀᅵ(445) 77.5%	1447 ···	1576			
싸이(9) 1.6%		1587 ···		1752	
ᄉᆞ시(16) 2.8%		15xx			
사이(62) 10.8%		15xx ···			1898

287* 사흘

	15세기	16세기	17세기	18세기	19세기
사ᄋᆞᆯ	26(석, 救간)	–	–	–	–
사흘	–	2(正俗)	14	23	60(신약)
사ᄒᆞᆯ	–	11(三강동경)	58	2(지장)	–

#196	15C	16C	17C	18C	19C
사ᄋᆞᆯ(26) 13.3%	1447−1489				
사흘(99) 50.5%		1518			1900
사ᄒᆞᆯ(71) 36.2%		15xx		1752	

288* 새끼

	15세기	16세기	17세기	18세기	19세기
삿기	79(석)	24	77	28	20(신심소)
ᄉᆞᆺ기	−	−	−	−	5(감응, 사민)

#233	15C	16C	17C	18C	19C
삿기(228) 97.9%	1447				1896
ᄉᆞᆺ기(5) 2.1%					1852−1889

289* 새벽

	15세기	16세기	17세기	18세기	19세기
새배	84(圓)	26	273	6	11(太平)
새박	1(圓)	5	−	−	1(閑中)
새볘	−	−	2(신속)	21(五倫)	−
새벽	−	−	−	9(오륜전비)	25(신약)

#464	15C	16C	17C	18C	19C
새배(400) 86.2%	1465				18xx
새박(7) 1.5%	1465				18xx
새볘(23) 5%			1617	1797	
새벽(34) 7.3%				1721	1900

290* 생선

	15세기	16세기	17세기	18세기	19세기
ᄉᆡᆼ션	−	2(번老, 번小)	−	−	−
ᄉᆡᆼ션	−	2(순천)	14	2	68(신약)
생션	−	−	−	−	1(정몽유어)
생선	−	−	−	−	1(국한)

#90	15C	16C	17C	18C	19C
ᄉᆡᆼ션(2) 2.2%		1517−1518			

ᄉᆡᆼ션(86) 95.6% 15xx ······ 1900
생션(1) 1.1% 1884
생선(1) 1.1% 1895

291* 서까래

	15세기	16세기	17세기	18세기	19세기
혓가래	–	–	1(朴重)	–	2(한불)
셧가래	–	–	–	1(蒙類解)	1(한불)

#5 15C 16C 17C 18C 19C
혓가래(3) 60.0% 1677 ······ 1880
셧가래(2) 40.0% 1790 ······ 1880

292* 서른

	15세기	16세기	17세기	18세기	19세기
셜흔	90(석)	22	67	52	10(매일)
설흔	1(救간)	2	–	–	12(신약)

#256 15C 16C 17C 18C 19C
셜흔(241) 94.1% 1447 ······ 1898
설흔(15) 5.9% 1489 ······ 1900

293* 서울

	15세기	16세기	17세기	18세기	19세기
셔ᄫᅳᆯ	3(용)	–	–	–	–
셔울	21(月)	30	288	98	1109(신약)
셔울ㅎ	10(杜초)	2	14(杜重)	–	–
셔올	–	17(순천)	23	3	1(독립)

#1619 15C 16C 17C 18C 19C
셔ᄫᅳᆯ(3) 0.2% 1447
셔울(1546) 95.5% 1459 ······ 1900
셔울ㅎ(26) 1.6% 1481 ······ 1632
셔올(44) 2.7% 15xx ······ 1896

294* 셈

	15세기	16세기	17세기	18세기	19세기
혬	37(月)	10	6	21	18(신심소)
혀임	1(救간)	2(呂約일석)	–	–	–
혬	–	–	–	–	10(예성로스)
셈	–	–	–	–	1(淸老)

#106	15C	16C	17C	18C	19C
혬(92) 86.8%	1459 ······				1896
혀임(3) 2.8%	1489 ······	1574			
혬(10) 9.4%					1887
셈(1) 0.9%					18xx

295* 소금

	15세기	16세기	17세기	18세기	19세기
소곰	130(圓)	26	108	21	80(신약)
소금	1(救간)	1	17	9	15(매일)
쇼곰	–	–	–	–	5(이언, 독립)

#413	15C	16C	17C	18C	19C
소곰(365) 88.4%	1465 ······				1900
소금(43) 10.4%	1489 ······				1898
쇼곰(5) 1.2%					1883–1896

296* 소리

	15세기	16세기	17세기	18세기	19세기
소리	1023(석)	73	260	2	37(매일)
쏘ᄅᆡ	1(月)	–	–	–	–
쏘리	33(訓諺, 三강런던)	–	–	–	–
소ᄅᆡ	8(月)	88	245	276	747(신약)
소릐	–	1(小언)	2	5	3(국한)

#2804	15C	16C	17C	18C	19C
소리(1395) 49.8%	1447 ······				1898

쏘ᄅᆡ(1) 0.04% 1459

쏘리(33) 1.2% 1459－1481

소ᄅᆡ(1364) 48.6% 1459 ······ 1900

소릐(11) 0.4% 1587 ······ 1895

297* 소리개

	15세기	16세기	17세기	18세기	19세기
쇠로기	3(杜초)	3	4(杜重)	－	－
쇠록이	1(救간)	－	－	－	－
쇼로기	－	3(번小)	4	4(蒙類解)	－
쇄로기	－	－	1(杜重)	－	－
소리개	－	－	－	－	3(한불, 신약)
쇼로ᄀᆡ	－	－	－	－	2(예성로스)
소로기	－	－	－	－	1(광재)

#29	15C	16C	17C	18C	19C
쇠로기(10) 34.5%	1481 ······	······ 1632			
쇠록이(1) 3.4%	1489				
쇼로기(11) 37.9%		1518 ······	······	1790	
쇄로기(1) 3.4%			1632		
소리개(3) 10.3%					1880－1900
쇼로ᄀᆡ(2) 6.9%					1887
소로기(1) 3.4%					18xx

298* 소매

	15세기	16세기	17세기	18세기	19세기
ᄉᆞ매	21(月)	13	30	12	3(太平)
ᄉᆞᄆᆡ	1(法화)	1	－	4	13(歌曲)
소매	－	1(恩重)	11	2	5(국한)

#117	15C	16C	17C	18C	19C
ᄉᆞ매(79) 71.2%	1459 ······	······	······	······	18xx
ᄉᆞᄆᆡ(19) 15.7%	1463 ······	······	······	······	1876

소매(19) 12.9%　　1563 ………………………… 1895

299* 속

	15세기	16세기	17세기	18세기	19세기
솝	265(석)	20	5(杜重)	–	–
속	44(月)	17	110	157	627(신약)

#1245	15C	16C	17C	18C	19C
솝(290) 23.3%	1447 ………		1632		
속(955) 76.7%	1459 ………				1900

300* 손톱

	15세기	16세기	17세기	18세기	19세기
손톱	19(석)	–	5	19	12(협성)
솟톱	12(月)	–	2(杜重)	–	–
솟돕	3(능)	1(字會)	–	–	–
손돕	–	–	4(신속, 家언)	–	–

#77	15C	16C	17C	18C	19C
손톱(55) 71.4%	1447 ………				1898
솟톱(14) 18.2%	1459 ………		1632		
솟돕(4) 5.2%	1461 ………	1527			
손돕(4) 5.2%			1617–1632		

301* 송아지

	15세기	16세기	17세기	18세기	19세기
쇠야지	1(杜초)	1	1	4(倭)	–
쇼ᇰ아지	2(救간)	1(字會)	–	–	–
쇼야지	–	3(광천)	1	3(경문)	–
쇠아지	–	–	2(칠천)	2	1(이천)
숑아지	–	–	–	–	4(한불, 신약)

#26	15C	16C	17C	18C	19C
쇠야지(7) 26.9%	1481 ···			1781	
숑아지(3) 11.5%	1489 ···	1527			
쇼야지(7) 26.9%		1575 ···		1761	
쇠아지(5) 19.2%			1661 ···		1894
숑아지(4) 15.4%					1880–1900

302* 수레

	15세기	16세기	17세기	18세기	19세기
술위	264(석)	98	157	108	9(이천)
술의	–	1(번小)	2	36	9(淸老)
수뤼	–	1(小언)	4	9(사기호)	–
수ᄅᆡ	–	–	42(練兵)	29	11(매일)
수레	–	–	–	12(어훈)	21(시편)
술뤼	–	–	–	1(倭)	–

#814	15C	16C	17C	18C	19C
술위(636) 78.1%	1447 ···				1894
술의(48) 5.9%		1518 ···			18xx
수뤼(14) 1.7%		1587 ···		1784	
수ᄅᆡ(82) 10.1%			1612 ···		1898
수레(33) 4.1%				1756 ···	1898
술뤼(1) 0.1%				1781	

303* 숭늉

	15세기	16세기	17세기	18세기	19세기
슉닝	–	–	2(東醫)	1(몽어)	–
슝농	–	–	1(譯)	–	–
슝닝	–	–	1(痘經)	–	–

#5	15C	16C	17C	18C	19C
슉닝(3) 60.0%			1613 ···	1790	
슝농(1) 20.0%			1690		
슝닝(1) 20.0%			16xx		

304* 시골

	15세기	16세기	17세기	18세기	19세기
스ᄀᆞᄫᆞᆯ	1(용)	–	–	–	–
스ᄀᆞᆶ	1(永嘉)	–	–	–	–
스ᄀᆞ올	3(三강런던, 金삼)	–	–	–	–
스골	1(救간)	10(순천)	–	–	–
싀골	–	3(속三중)	7	25	68(신약)
싀곯	–	–	1(병자)	–	–

#120	15C	16C	17C	18C	19C
스ᄀᆞᄫᆞᆯ(1) 0.8%	1447				
스ᄀᆞᆶ(1) 0.8%	1464				
스ᄀᆞ올(3) 2.5%	1481–1482				
스골(11) 9.2%	1489 ········	15xx			
싀골(103) 85.8%		1581 ········	········	········	1900
싀곯(1) 0.8%			163x		

305* 시루

	15세기	16세기	17세기	18세기	19세기
시르	9(구급)	3	2	8	1(정몽유어)
시ᄅᆞ	–	2(간벽)	3	1(方言)	–
시루	–	–	–	–	6(몽유편, 국한)

#35	15C	16C	17C	18C	19C
시르(23) 65.7%	1466 ········	········	········	········	1884
시ᄅᆞ(6) 17.1%		1525 ········	········	1778	
시루(6) 17.1%					1810–1895

306* 시절

	15세기	16세기	17세기	18세기	19세기
시졀	30(內)	86	42	72	43(신약)
시절	–	59(속三)	23	1(어내)	–
시졀ㄹ	–	9(正俗, 법집)	–	–	–

#365	15C	16C	17C	18C	19C
시졀(273) 74.8%	1475 …………				1900
시절(83) 22.7%		1514 …………		1737	
시졀ㄹ(9) 2.5%		1518−15xx			

307* 싸라기

	15세기	16세기	17세기	18세기	19세기
ᄉᆞ라기	3(杜초)	1	3(杜重)	−	−
ᄡᆞ라기	−	−	1(杜重)	1(유함경)	−
ᄡᆞᆯ아기	−	−	−	1(譯補)	1(한불)

#11	15C	16C	17C	18C	19C
ᄉᆞ라기(7) 63.6%	1481 …………		1632		
ᄡᆞ라기(2) 18.2%			1632 …………	1783	
ᄡᆞᆯ아기(2) 18.2%				1775 …………	1880

308* 써레(耙耙)

	15세기	16세기	17세기	18세기	19세기
서ᄒᆞ레	−	1(字會)	−	−	−
ᄡᅥᄒᆞ레	−	−	−	1(蒙類解)	−
써ᄒᆞ레	−	−	−	2(주천, 方言)	−

#4	15C	16C	17C	18C	19C
서ᄒᆞ레(1) 25.0%		1527			
ᄡᅥᄒᆞ레(1) 25.0%				1790	
써ᄒᆞ레(2) 50.0%				1752−1778	

309* 쏘가리(鱖魚)

	15세기	16세기	17세기	18세기	19세기
소가리	−	1(字會)	1	2	1(의종)
소과리	−	−	2(譯)	−	1(몽유편)

#8	15C	16C	17C	18C	19C
소가리(5) 62.5%		1527 …………			1868
소과리(3) 37.5%			1690 …………		1810

310* 쓸개

	15세기	16세기	17세기	18세기	19세기
ᄡᆞᆯ게	4(金삼)	2	8	1(선조행장)	–
ᄡᆞᆯ개	–	–	2(馬언)	1(方言)	–
쓸게	–	–	–	2(三譯, 蒙類解)	–

#20	15C	16C	17C	18C	19C
ᄡᆞᆯ게(15) 75.0%	1482 ······			17xx	
ᄡᆞᆯ개(3) 15.0%			16xx ······	1778	
쓸게(2) 10.0%				1703–1790	

311* 아가위(棠)

	15세기	16세기	17세기	18세기	19세기
아가외	–	4(字會)	3	9	4(이천)
아가븨	–	–	–	1(송천)	–

#21	15C	16C	17C	18C	19C
아가외(20) 95.2%		1527 ······			1894
아가븨(1) 4.8%				1730	

312* 아교(阿膠)

	15세기	16세기	17세기	18세기	19세기
갓블	4(석, 杜초)	–	–	–	–
갓플	20(救方)	1	2(杜重)	–	–
갓ᄡᅳᆯ	–	1(字會)	1(유합영)		–
갓불	–	–	1(杜重)	–	–
갓풀	–	–	–	1(濟衆)	–

#31	15C	16C	17C	18C	19C
갓블(4) 12.9%	1447–1481				
갓플(23) 74.2%	1466 ······		1632		
갓ᄡᅳᆯ(2) 6.5%		1527 ······	1700		
갓불(1) 3.2%			1632		
갓풀(1) 3.2%				1799	

313* 아궁이(竈)

	15세기	16세기	17세기	18세기	19세기
아귀	–	–	1(譯)	–	1(신심소)
아궁이	–	–	–	1(朴新)	3(신약)

#6	15C	16C	17C	18C	19C
아귀(2) 33.3%			1690 ···	···	1896
아궁이(4) 66.7%				1765 ···	1900

314* 아들(子)

	15세기	16세기	17세기	18세기	19세기
아ᄃᆞᆯ	722(석)	241	265	458	883(신약)
아달	1(內)	–	1	–	479(매일)
아들	–	2(안락태자)	3	18	102(매일)
ᄋᆞ들	–	–	–	1(인과곡)	3(신심소)
ᄋᆞᄃᆞᆯ	–	–	–	41(경신)	63(신약)

#3283	15C	16C	17C	18C	19C
아ᄃᆞᆯ(2569) 78.3%	1447 ···	···	···	···	1900
아달(481) 14.7%	1475 ···	···	···	···	1898
아들(125) 3.8%		1576 ···	···	···	1898
ᄋᆞ들(4) 0.1%				1796 ···	1896
ᄋᆞᄃᆞᆯ(104) 3.2%				1796 ···	1900

315* 아무

	15세기	16세기	17세기	18세기	19세기
아모	149(석)	127	110	195	890(신약)
아므	–	1(二倫)	47	14	17(매일)

#1550	15C	16C	17C	18C	19C
아모(1471) 94.9%	1447 ···	···	···	···	1900
아므(79) 5.1%		1518 ···	···	···	1898

316* 아비(父)

	15세기	16세기	17세기	18세기	19세기
아비	361(석)	372	747	240	259(신약)
아빅	–	1(속三중)	1	–	1(한불)
아븨	–	–	–	–	5(경석, 이언)
아뷔	–	–	–	–	4(관성)

#1991	15C	16C	17C	18C	19C
아비(1979)[49] 99.4%	1447 ······				1900
아빅(3) 0.2%		1581 ······			1880
아븨(5) 0.3%					1882–1883
아뷔(4) 0.2%					1884

317* 아욱(葵)

	15세기	16세기	17세기	18세기	19세기
아옥	8(救方)	1	10	6	3(한불)
아혹	43(杜초)	1	6	1(朴新)	–

#79	15C	16C	17C	18C	19C
아옥(28) 35.4%	1466 ······				1880
아혹(51) 64.6%	1481 ······			1765	

---

49) '아비'에 속격조사 '-익/의' 혹은 여격조사 '-익게/의게'가 결합한 '아빅, 아븨, 아빅게, 아븨게'를 '아비'에 합산하여 빈도를 계산하였다. '아븨, 아븨게'에서 원순모음화가 적용된 '아뷔, 아뷔게'도 '아비'에 포함시켰다. 검색항 '아비' 중에서 '아빅', '아븨', '아뷔'의 수치를 편의상 제시하면 다음과 같다.

아빅	63(석)	35	18	1(어내)	-
아븨	-	34(속三)	103	44	3(감응)
아뷔	-	2(속三중)	-	11(三譯)	-

그런데 19세기에는 '아비'의 속격형이었던 '아빅, 아븨, 아뷔' 자체가 명사로 쓰이기도 하였다. '아빅'는 소수이지만 16세기 말과 17세기에도 각각 한 예씩 확인된다. 이렇게 그 자체가 명사로 쓰인 '아빅, 아븨, 아뷔'의 예는 '아비'에 합산하지 않고 따로 각각의 검색항으로 제시하였다.

318* 아이(兒)

	15세기	16세기	17세기	18세기	19세기
아히	230(석)	164	456	202	284(신약)
아희	–	2(번小)	10	72	140(매일)

#1560	15C	16C	17C	18C	19C
아히(1336) 85.6%	1447 ······				1900
아희(224) 14.4%		1518 ······			1898

319* 아침(朝)

	15세기	16세기	17세기	18세기	19세기
아츰	176(석)	130	187	137	89(신약)
앗츰	–	7(속三중)	1	2	3(매일)
아침	–	–	–	1(인과곡)	8(신약)

#741	15C	16C	17C	18C	19C
아츰(719) 97%	1447 ······				1900
앗츰(13) 1.8%		1581 ······			1898
아침(9) 1.2%				1796 ······	1900

320* 안(內)

	15세기	16세기	17세기	18세기	19세기
안ㅎ	580(석)	134	387	357	309(신약)
안	7(능)	9	38	41	637(신약)

#2499	15C	16C	17C	18C	19C
안ㅎ(1767) 70.7%	1447 ······				1900
안(732) 29.3%	1461 ······				1900

321* 암(雌)

	15세기	16세기	17세기	18세기	19세기
암ㅎ	7(月)	–	2(杜重)	–	–
암	3(月)	5	6	6	5(국한)

#34	15C	16C	17C	18C	19C
암ㅎ(9) 26.5%	1459		1632		
암(25) 73.5%	1459				1895

322* 어귀(牙, 口)

	15세기	16세기	17세기	18세기	19세기
어귀	7(救간)	1	18	16	22(국한)
어괴	–	–	1(胎諺)	–	–

#65	15C	16C	17C	18C	19C
어귀(64) 98.5%	1489				1895
어괴(1) 1.5%			1608		

323* 어깨(肩)

	15세기	16세기	17세기	18세기	19세기
엇게	67(석)	22	24	19	3(한불)
억게	–	–	2(家언)	–	2(독립)
엇기	–	–	–	8(十九)	11(신약)

#158	15C	16C	17C	18C	19C
엇게(135) 85.4%	1447				1880
억게(4) 2.5%			1632		1896
엇기(19) 12.0%				1772	1900

324* 어드메

	15세기	16세기	17세기	18세기	19세기
어드메	3(月)	–	2	–	7(歌曲)
어드매	–	–	–	1(선조행장)	–
어듸메	–	–	–	–	2(남원)

#15	15C	16C	17C	18C	19C
어드메(12) 80.0%	1459				1876
어드매(1) 6.7%				17xx	
어듸메(2) 13.3%					1864

325* 어디

	15세기	16세기	17세기	18세기	19세기
어듸	166(석)	65	72	38	61(매일)
어ᄃᆡ	4(月)	37	166	209	538(신약)

#1356	15C	16C	17C	18C	19C
어듸(402) 29.6%	1447 …………				1898
어ᄃᆡ(954) 70.4%	1459 …………				1900

326* 어제(昨日)

	15세기	16세기	17세기	18세기	19세기
어제	37(석)	28	151	141	48(매일)
어재	–	1(번老)	1	2	1(국한)

#410	15C	16C	17C	18C	19C
어제(405) 98.8%	1447 …………				1898
어재(5) 1.2%		1517 …………			1895

327* 어찌

	15세기	16세기	17세기	18세기	19세기
엇디	10(月)	736	907	1758	274(독립)
엇지	–	–	29(계녀서)	1043	3764(신약)

#8521	15C	16C	17C	18C	19C
엇디(3685) 43.2%	1459 …………				1896
엇지(4836) 56.8%			16xx …………		1900

328* 억새(羆王根草)

	15세기	16세기	17세기	18세기	19세기
어웍새	–	–	1(譯)	–	–
웍ᄉᆡ	–	–	–	–	1(광재)

#2	15C	16C	17C	18C	19C
어웍새(1) 50.0%			1690		
웍ᄉᆡ(1) 50.0%					18xx

329* 언제

	15세기	16세기	17세기	18세기	19세기
언제	13(석)	20	62	23	53(신약)
언직	–	–	1(譯)	12	1(독립)

#185	15C	16C	17C	18C	19C
언제(171) 92.4%	1447				1900
언직(14) 7.6%			1690		1896

330* 언치(屜子)

	15세기	16세기	17세기	18세기	19세기
언치	–	–	2(馬언)	5	4(독립)
언티	–	–	–	–	1(歌曲)

#12	15C	16C	17C	18C	19C
언치(11) 91.7%			16xx		1896
언티(1) 8.3%					1876

331* 얼굴(形, 型)

	15세기	16세기	17세기	18세기	19세기
얼굴	321(석)	72	136	46	44(매일)
얼골	–	–	17(胎諺)	71	181(신약)

#888	15C	16C	17C	18C	19C
얼굴(619) 69.7%	1447				1898
얼골(269) 30.3%			1608		1900

332* 얼마

	15세기	16세기	17세기	18세기	19세기
언마	28(석)	9	14	57	28(성경직해)
언머	2(月)	50	84	112	28(淸老)

#412	15C	16C	17C	18C	19C
언마(136) 33.0%	1447				1892
언머(276) 67.0%	1459				18xx

333* 얼음(氷)

	15세기	16세기	17세기	18세기	19세기
어름	88(訓解)	33	54	25	34(매일)
어ᄅᆞᆷ	–	4(小언)	13	14	2(한불)

#267	15C	16C	17C	18C	19C
어름(234) 87.6%	1446 ······				1898
어ᄅᆞᆷ(33) 12.4%		1587 ······			1880

334* 여뀌(蓼)

	15세기	16세기	17세기	18세기	19세기
엿귀	3(救方)	3	5(유합칠)	–	–
엿괴	–	1(類合)	–	–	–

#12	15C	16C	17C	18C	19C
엿귀(11) 91.7%	1466 ······		1664		
엿괴(1) 8.3%		1576			

335* 여든(八十)

	15세기	16세기	17세기	18세기	19세기
여든	11(석)	3	10	3	11(매일)
여ᄃᆞᆫ	1(三강런던)	2	13	5(老重)	–

#59	15C	16C	17C	18C	19C
여든(38) 64.4%	1447 ······				1898
여ᄃᆞᆫ(21) 35.6%	1481 ······			1795	

336* 여러

	15세기	16세기	17세기	18세기	19세기
여러ㅎ	14(능)	8	10	27	89(신약)
여러	–	1(속三중)	–	4	9(독립)

#162	15C	16C	17C	18C	19C
여러ㅎ(148) 91.4%	1461 ······				1900
여러(14) 8.6%		1581 ······			1896

337* 여섯(六)

	15세기	16세기	17세기	18세기	19세기
여슷	426(석)	51	34	10	6(매일)
여숫	1(圓)	51	136	70	95(신약)
여슷ㅅ	–	2(번小, 二倫)	–	–	–
여숫ㅅ	–	–	8(신속)	4	26(신약)
여읏	–	–	2(火砲)	–	–
여섯	–	–	–	3(경문)	24(매일)
여섯ㅅ	–	–	–	–	1(신심소)

#950	15C	16C	17C	18C	19C
여슷(527) 55.5%	1447				1898
여숫(353) 37.2%	1465				1900
여슷ㅅ(2) 0.2%		1518			
여숫ㅅ(38) 4%			1617		1900
여읏(2) 0.2%			1635		
여섯(27) 2.8%				1761	1898
여섯ㅅ(1) 0.1%					1896

338* 열(十)

	15세기	16세기	17세기	18세기	19세기
열ㅎ	125(석)	30	24	16	13(쥬교)
열	242(석)	86	220	103	119(신약)

#978	15C	16C	17C	18C	19C
열ㅎ(208) 21.3%	1447				1897
열(770) 78.7%	1447				1900

339* 오미자(五味子)

	15세기	16세기	17세기	18세기	19세기
오미ᄌᆞ	2(救간)	–	5	3	10(한불)
오미자	–	–	–	–	1(국한)

#21	15C	16C	17C	18C	19C
오미ᄌᆞ(20) 95.2%	1489				1880
오미자(1) 4.8%					1895

340* 오소리(猯)

	15세기	16세기	17세기	18세기	19세기
오ᅀᆞ리	–	1(字會)	2(譯)	–	–
오ᄉᆞ리	–	–	1(東醫)	4(濟衆)	–
오소리	–	–	–	1(倭)	3(의종)

#12	15C	16C	17C	18C	19C
오ᅀᆞ리(3) 25.0%		1527 ········	1690		
오ᄉᆞ리(5)[50] 41.7%			1613 ········	1799	
오소리(4) 33.3%				1781 ········	1868

341* 올챙이

	15세기	16세기	17세기	18세기	19세기
올창	1(訓解)	–	–	–	–
올창이	–	4(字會)	–	–	–
올창이	–	2(類合)	2	3	2(한불)
올챵이	–	–	–	–	3(몽유편, 독립)

#17	15C	16C	17C	18C	19C
올창(1) 5.9%	1446				
올창이(4) 23.5%		1527			
올창이(9) 52.9%		1576 ········	········	········	1880
올챵이(3) 17.6%					1810–1896

342* 왜가리

	15세기	16세기	17세기	18세기	19세기
오가리	1(月)	–	1	–	1(한불)
오과리	–	1(字會)	–	–	–
왜걸이	–	–	–	1(譯補)	–
왜거리	–	–	–	–	1(몽유편)
왜가리	–	–	–	–	3(한불, 광재)

50) '오ᄉᆞ릐' 같은 'ㅣ'탈락형도 '오ᄉᆞ리'에 합산하여 빈도를 계산하였다.

오ᄉᆞ릐	-	-	1(東醫)	-	-

#9	15C	16C	17C	18C	19C
오가리(3) 33.3%	1459 …………				1880
오과리(1) 11.1%		1527			
왜결이(1) 11.1%				1775	
왜거리(1) 11.1%					1810
왜가리(3) 33.3%					1880－18xx

343* 우렁이

	15세기	16세기	17세기	18세기	19세기
우롱이	－	－	2(東醫)	－	1(太平)
우렁이	－	－	－	2(方言)	6(국한)

#11	15C	16C	17C	18C	19C
우롱이(3) 27.3%			1613 …………		18xx
우렁이(8) 72.7%				1778 …………	1895

344* 우레(雷)

	15세기	16세기	17세기	18세기	19세기
울에	49(석)	9	29(杜重)	－	－
우레	－	1(恩重)	8	11	32(신약)

#139	15C	16C	17C	18C	19C
울에(87) 62.6%	1447 …………		1632		
우레(52) 37.4%		1563 …………			1900

345* 웃음(笑)

	15세기	16세기	17세기	18세기	19세기
우ᅀᅮᆷ	58(석)	8(小언)	－	－	－
우숨	－	1(百聯)	1	－	9(독립)
우솜	－	1(誡初)	1	1(女四)	－

#80	15C	16C	17C	18C	19C
우ᅀᅮᆷ(66) 82.5%	1447 …………	1587			
우숨(11) 13.8%		1576 …………			1896
우솜(3) 3.8%		1577 …………		1736	

346* 위(上)

	15세기	16세기	17세기	18세기	19세기
우ㅎ	1192(석)	239	755	499	899(신약)
우	106(석)	15	49	21	233(신약)

#4008	15C	16C	17C	18C	19C
우ㅎ(3584) 89.4%	1447 …………				1900
우(424) 10.6%	1447 …………				1900

347* 으뜸(元)

	15세기	16세기	17세기	18세기	19세기
으ᄯᅳᆷ	4(석)	–	1(유합칠)	–	–
읏듬	54(능)	49	58	88	112(신약)
읃듬	–	1(小언)	–	8(隣語)	–
읃ᄯᅳᆷ	–	–	–	1(왜어)	–

#376	15C	16C	17C	18C	19C
으ᄯᅳᆷ(5) 1.3%	1447 …………		1664		
읏듬(361) 96.0%	1461 …………				1900
읃듬(9) 2.4%		1587 …………		1790	
읃ᄯᅳᆷ(1) 0.3%				1781	

348* 이마(額)

	15세기	16세기	17세기	18세기	19세기
니마ㅎ	19(月)	6	11	2	1(太平)
니마	3(救方)	11	18	23	31(텬로)

#125	15C	16C	17C	18C	19C
니마ㅎ(39) 31.2%	1459 …………				18xx
니마(86) 68.8%	1466 …………				1894

349* 이불(衾)

	15세기	16세기	17세기	18세기	19세기
니블	27(석)	28	44	23	3(한불)
니불	1(內)	–	–	10	15(훈아)
이불	–	–	–	–	27(감응, 신약)

#178	15C	16C	17C	18C	19C
니블(125) 70.2%	1447 ………………………………………… 1880				
니불(26) 14.6%	1475 ………………………………………… 1894				
이불(27) 15.2%					1852–1900

350* 이제(今)

	15세기	16세기	17세기	18세기	19세기
이제	1727(석)	422	761	986	879(신약)
이졔	2(杜초)	6	2	22	360(신약)
이ᄌᆡ	–	–	4(杜重)	53	1(太平)

#5225	15C	16C	17C	18C	19C
이제(4775) 91.4%	1447 ………………………………………… 1900				
이졔(392) 7.5%	1481 ………………………………………… 1900				
이ᄌᆡ(58) 1.1%			1632 ……………… 18xx		

351* 이튿날

	15세기	16세기	17세기	18세기	19세기
이틄날	8(月)	–	–	–	–
이틆날	1(三강런던)	–	–	–	–
이틋날	2(杜초)	4	2	–	3(매일)
이튼날	–	9(번小)	22	30	75(치명)
이튿날	–	1(呂約화산)	1(癸丑)	–	–
이ᄐᆞᆫ날	–	3(순천)	40	3(十九)	–
잇ᄐᆞᆫ날	–	–	2(救荒윤)	2(名義)	–
잇튼날	–	–	4(救荒가)	9	17(매일)
잇흔날	–	–	–	8(三譯)	35(신약)
이튼ᄂᆞᆯ	–	–	–	1(方言)	1(과화)
이틋ᄂᆞᆯ	–	–	–	1(五倫)	–

#281	15C	16C	17C	18C	19C
이틄날(8) 2.8%	1459-1489			
이특ᇫ날(1) 0.4%	1481			
이틋날(8) 2.8%	1481 ···				1898
이튼날(136) 48.4%		1518 ···			1895
이튿날(2) 0.7%		156x ···	16xx	
이ᄐᆞᆫ날(46) 16.4%		15xx ···		1772
잇ᄐᆞᆫ날(4) 1.4%			1660 ···	1777
잇튼날(30) 10.7%			1686 ···		1898
잇흔날(43) 15.3%				1703 ···	1900
이튼ᄂᆞᆯ(2) 0.7%				1778 ···	1880
이틋ᄂᆞᆯ(1) 0.4%				1797

352* 인삼(人蔘)

	15세기	16세기	17세기	18세기	19세기
ᄉᆡᆫᄉᆞᆷ	2(救간)	2(번老)	–	–	–
인ᄉᆞᆷ	–	2(類合)	58	20	4(남원)

#88	15C	16C	17C	18C	19C
ᄉᆡᆫᄉᆞᆷ(4) 4.5%	1489 ···	1517		
인ᄉᆞᆷ(84) 95.5%		1576 ···			1864

353* 일곱(七)

	15세기	16세기	17세기	18세기	19세기
닐굽	350(석)	65	72	5	104(예셩문광)
닐곱	–	23(속三)	67	51	113(신약)
일곱	–	–	2(火砲)	2	158(신약)
일굽	–	–	–	–	19(예셩문광, 여소)

#1031	15C	16C	17C	18C	19C
닐굽(596) 57.8%	1447 ···				1887
닐곱(254) 24.6%		1514 ···			1900
일곱(162) 15.7%			1635 ···		1900
일굽(19) 1.8%					1887−18xx

354* 임금(王)

	15세기	16세기	17세기	18세기	19세기
님금	250(석)	251	178	297	285(신약)
님굼	1(杜초)	34	18	3(송천)	–
님군	–	1(石千)	19	112	318(신약)
임금	–	1(三강동경)	–	7	1(매일)
임군	–	–	–	–	28(감응, 매일)

#1804	15C	16C	17C	18C	19C
님금(1261) 69.9%	1447				1900
님굼(56) 3.1%	1481			1730	
님군(450) 24.9%		1583			1900
임금(9) 0.5%		15xx			1898
임군(28) 1.6%					1852–1898

355* 임자(主)

	15세기	16세기	17세기	18세기	19세기
님자ㅎ	19(석)	2	3(杜重)	–	–
님자	10(永嘉)	22	38	55	1(淸老)
님ᄌᆞ	–	–	1(신속)	5	45(쥬교)
님재ㅎ	–	–	2(杜重)	–	–
님쟈	–	–	1(老)	1	20(텬로)

#225	15C	16C	17C	18C	19C
님자ㅎ(24) 10.7%	1447		1632		
님자(126) 56.0%	1464				18xx
님ᄌᆞ(51) 22.7%			1617		1897
님재ㅎ(2) 0.9%			1632		
님쟈(22) 9.8%			1670		1894

356* 잇몸

	15세기	16세기	17세기	18세기	19세기
닛믜윰	2(救方)	1(小언)	–	–	–
닛믜임	–	1(字會)	–	–	–
닛무음	–	–	1(痘經)	1(蒙老)	–

#6	15C	16C	17C	18C	19C
닛믜음(3) 50.0%	1466 ········	1587			
닛믜임(1) 16.7%		1527			
닛무음(2) 33.3%			16xx ········	1790	

357* 잎(葉)

	15세기	16세기	17세기	18세기	19세기
닢	108(용)	3	52	1(대율)	–
닙	111(석)	10	55	16	37(신약)
닙ㅍ	–	10(번小)	14	1	8(예성문광)
닙ㅎ	–	1(救荒)	11	6	26(매일)

#470	15C	16C	17C	18C	19C
닢(164) 34.9%	1447 ········	········	········	1749	
닙(229) 48.7%	1447 ········	········	········	········	1900
닙ㅍ(33) 7.0%		1518 ········	········	········	1887
닙ㅎ(44) 9.4%		1554 ········	········	········	1898

358* 자(尺)

	15세기	16세기	17세기	18세기	19세기
자	6(訓解)	19	67	17	23(독립)
자ㅎ	48(석)	23	63	19	10(太平)

#295	15C	16C	17C	18C	19C
자(132) 44.7%	1446 ········	········	········	········	1896
자ㅎ(163) 55.3%	1447 ········	········	········	········	18xx

359* 자주색(紫)

	15세기	16세기	17세기	18세기	19세기
ᄌᆞ디	4(능)	14	5(譯)	–	–
ᄌᆞ지	–	–	4(癸丑)	7	3(한불)

#37	15C	16C	17C	18C	19C
ᄌᆞ디(23) 62.2%	1461 ········	········	1690		
ᄌᆞ지(14) 37.8%			16xx ········	········	1880

360* 잔치(宴)

	15세기	16세기	17세기	18세기	19세기
잔ᄎᆡ	–	7(번朴)	9	49	154(신약)
잔치	–	1(번小)	1	–	14(매일)
잔채	–	–	2(新語)	3	1(국한)
잔츼	–	–	–	2(어내)	–
잔체	–	–	–	–	12(예성로스)

#255	15C	16C	17C	18C	19C
잔ᄎᆡ(219) 85.9%		1517	······	······	1900
잔치(16) 6.3%		1518	······	······	1898
잔채(6) 2.4%			1676	······	1895
잔츼(2) 0.8%				1737	
잔체(12) 4.7%					1887

361* 잡은것(연장)

	15세기	16세기	17세기	18세기	19세기
자ᄫᆞᆫ것	1(三강런던)	–	–	–	–
자ᄇᆞᆫ것	–	2(번老)	1(譯)	–	–

#4	15C	16C	17C	18C	19C
자ᄫᆞᆫ것(1) 25.0%	1481				
자ᄇᆞᆫ것(3) 75.0%		1517	1690		

362* 장기(쟁기)

	15세기	16세기	17세기	18세기	19세기
잠개	18(曲)	3	2(杜重)	–	–
잠기	–	1(恩重)	–	–	–
장기	–	–	–	10(三譯)	7(독립)

#41	15C	16C	17C	18C	19C
잠개(23) 56.1%	1447	······	1632		
잠기(1) 2.4%		1563			
장기(17) 41.5%				1703	1896

363* 장마(霖)

	15세기	16세기	17세기	18세기	19세기
댱마	–	1(類合)	5	6	1(歌曲)
댱마ㆆ	–	–	1(馬언)	–	–
쟝마	–	–	–	10(譯補)	34(신약)
장마	–	–	–	–	3(매일)

#61	15C	16C	17C	18C	19C
댱마(13) 21.3%		1576 ······			1876
댱마ㆆ(1) 1.6%			16xx		
쟝마(44) 72.1%				1775 ······	1900
장마(3) 4.9%					1898

364* 장사치

	15세기	16세기	17세기	18세기	19세기
홍졍바지	19(曲)	–	–	–	–
홍졍와치	–	1(正俗)	–	–	–
홍졍바치	–	–	3(老)	1	1(광재)
홍졍밧치	–	–	–	1(譯補)	–

#26	15C	16C	17C	18C	19C
홍졍바지(19) 73.1%	1447				
홍졍와치(1) 3.8%		1518			
홍졍바치(5) 19.2%			1670 ······		18xx
홍졍밧치(1) 3.8%				1775	

365* 절(寺)

	15세기	16세기	17세기	18세기	19세기
뎔	35(訓解)	12	23	8	7(歌曲)
졀	–	1(법집)	3	5	27(매일)

#121	15C	16C	17C	18C	19C
뎔(85) 70.2%	1446 ······				1876
졀(36) 29.8%		15xx ······			1898

366* 접시(楪)

	15세기	16세기	17세기	18세기	19세기
뎝시	–	11(번老)	14	7	2(몽유편)
졉시	–	–	–	18(개첩)	11(독립)
접시	–	–	–	–	2(국한, 閑中)

#65	15C	16C	17C	18C	19C
뎝시(34) 52.3%		1517 …………	…………	…………	1810
졉시(29) 44.6%				1748 …………	1896
접시(2) 3.1%					1895–18xx

367* 주사위

	15세기	16세기	17세기	18세기	19세기
쇄ᄉᆞ	–	1(字會)	–	–	–
ᄉᆞ애	–	–	–	4(同文, 蒙類解)	–
ᄉᆞ이	–	–	–	1(譯補)	–
사ᄋᆞ	–	–	–	–[51]	–

#6	15C	16C	17C	18C	19C
쇄ᄉᆞ(1) 16.7%		1527			
ᄉᆞ애(4) 66.7%				1748–1790	
ᄉᆞ이(1) 16.7%				1775	
사ᄋᆞ(0) 0.0%				1779	

368* 주석(鍚)

	15세기	16세기	17세기	18세기	19세기
듀셕	2(金삼)	2	–	4	1(몽유편)
쥬셕	–	–	–	1(倭)	4(독립)

#14	15C	16C	17C	18C	19C
듀셕(9) 64.3%	1482 …………	…………	…………	…………	1810
쥬셕(5) 35.7%				1781 …………	1896

---

51) 1779년 『漢淸文鑑』에 "骰子 사ᄋᆞ 〈漢 9:16〉"로 나타나나, 디지털화된 텍스트에 『漢淸文鑑』이 포함되지 않아 검색에 반영되지 못하였다.

369* 지(김치)

	15세기	16세기	17세기	18세기	19세기
디히	1(杜초)	1	1(杜重)	–	–
디이	–	–	–	1(同文)	–[52]

#4	15C	16C	17C	18C	19C
디히(3) 75.0%	1481 ········		1632		
디이(1) 25.0%				1748 ········	18xx

370* 질그릇(陶)

	15세기	16세기	17세기	18세기	19세기
딜엇	3(月)	1(正俗)	–	–	–
딜것	–	1(石千)	–	4	1(이천)
질걷	–	–	–	1(倭)	–

#11	15C	16C	17C	18C	19C
딜엇(4) 36.4%	1459 ········	1518			
딜것(6) 54.5%		1583 ········			1894
질걷(1) 9.1%				1781	

371* 짚(稿)

	15세기	16세기	17세기	18세기	19세기
딥	5(月)	29	35	5(無寃)	
딮	2(救方)	3(번老)	–	–	–
딥ㅍ	–	7(번老)	8(老)	–	–
딥ㅎ	–	3(번老)	14	1(朴新)	–
집	–	–	–	1(주천)	4(국한)

#117	15C	16C	17C	18C	19C
딥(74) 63.2%	1459 ········			1792	

52) 19세기 초(1800–1834) 『柳氏物名考』에 "醃藏 디이 〈柳物 三草〉"로 나타나나, 디지털화된 텍스트에 『柳氏物名考』가 포함되지 않아 검색에 반영되지 못하였다.

딮(5) 4.3%　　1466 …… 1517
딥ㅍ(15) 12.8%　　1517 …… 1670
딥ㅎ(18) 15.4%　　1517 …… 1765
십(5) 4.3%　　1752 …… 1895

372* 처음(初)

	15세기	16세기	17세기	18세기	19세기
처ᅀᅥᆷ	828(석)	55(蒙송광사)	–	–	–
처엄	2(法화)	67	253	100	6(이천)
처음	–	1(안락태자)	35	216	431(신약)
처ᄋᆞᆷ	–	1(속三중)	1	5(明義)	–

#2001　15C　16C　17C　18C　19C
처ᅀᅥᆷ(883) 44.1%　　1447 …… 1577
처엄(428) 21.4%　　1463 …… 1894
처음(683) 34.1%　　1576 …… 1900
처ᄋᆞᆷ(7) 0.3%　　1581 …… 1777

373* 철릭

	15세기	16세기	17세기	18세기	19세기
텬릭	–	2(번老)	–	–	–
텰릭	–	9(번朴)	10	1(方言)	–

#22　15C　16C　17C　18C　19C
텬릭(2) 9.1%　　1517
텰릭(20) 90.9%　　1517 …… 1778

374* 철쭉

	15세기	16세기	17세기	18세기	19세기
텩튝	–	6(字會)	1(東醫)	–	–
텩튝	–	–	1(譯)	–	–

#8　15C　16C　17C　18C　19C
텩튝(7) 87.5%　　1527 …… 1613
텩튝(1) 12.5%　　1690

375* 추위

	15세기	16세기	17세기	18세기	19세기
치ᄫᅱ	2(석, 月)	–	–	–	–
치위	46(능)	10	64	22	15(독립)
추위	–	–	–	–	1(국한)

#160	15C	16C	17C	18C	19C
치ᄫᅱ(2) 1.3%	1447–1459				
치위(157) 98.1%	1461 ········				1896
추위(1) 0.6%					1895

376* 칡(葛)

	15세기	16세기	17세기	18세기	19세기
츩	23(救方)	5	23	9	16(한불)
츨	–	–	3(杜重, 유합영)	–	–

#79	15C	16C	17C	18C	19C
츩(76) 96.2%	1466 ········				1880
츨(3) 3.8%			1632–1700		

377* 칼(刀)

	15세기	16세기	17세기	18세기	19세기
갈ㅎ	117(석)	43	49(杜重)	–	–
갈	53(석)	43	19(譯)	–	–
칼	–	19(正俗)	99	327	382(신약)
칼ㅎ	–	7(龜)	85	15	9(쥬교)

#1267	15C	16C	17C	18C	19C
갈ㅎ(209) 16.5%	1447 ········		1632		
갈(115) 9.1%	1447 ········		1690		
칼(827) 65.3%		1518 ········			1900
칼ㅎ(116) 9.2%		1569 ········			1897

378* 코(鼻)

	15세기	16세기	17세기	18세기	19세기
고ㅎ	168(석)	18	17(杜重)	–	–
고	29(석)	14	5(유합영)	–	–
코	–	3(小언)	74	61	80(매일)
코ㅎ	–	–	27(辟新)	10	6(성경직해)

#512	15C	16C	17C	18C	19C
고ㅎ(203) 39.6%	1447	········	1632		
고(48) 9.4%	1447	········	1700		
코(218) 42.6%		1587	········	········	1898
코ㅎ(43) 8.4%			1653	········	1892

379* 코끼리(象)

	15세기	16세기	17세기	18세기	19세기
고키리	2(月)	4	1	–	1(이천)
코키리	–	–	1(譯)	6	2(훈아)
코기리	–	–	1(유합영)	–	2(남원)
코길이	–	–	–	1(주천)	2(독립)
코낄이	–	–	–	–	1(예성로스)

#24	15C	16C	17C	18C	19C
고키리(8)[53] 33.3%	1459	········	········	········	1894
코키리(9) 37.5%			1690	········	1894
코기리(3) 12.5%			1700	········	1864
코길이(3) 12.5%				1752	1896
코낄이(1) 4.2%					1887

53) '-키-'라는 어형은 '고 ㅎ+기'에서 생긴 것이며, 단순히 ㅋ>ㄱ처럼 격음화의 반대 경로가 일어난 것이 아니라, ㅎ종성이 소멸된 결과로 해석해야 할 것이다.

380* 탱알(紫菀, 개미취)

	15세기	16세기	17세기	18세기	19세기
ᄐᆡ알	1(救간)	–	–	–	–
ᄐᆡᆼ알	–	–	1(東醫)	1	2(의종)

#5	15C	16C	17C	18C	19C
ᄐᆡ알(1) 20.0%	1489				
ᄐᆡᆼ알(4) 80.0%			1613 ········	········	1868

381* 터럭(毛)

	15세기	16세기	17세기	18세기	19세기
터럭	140(석)	32	45	56	37(매일)
털럭	–	1(小언)	–	–	–
털억	–	2(小언)	–	2(주천)	–

#315	15C	16C	17C	18C	19C
터럭(310) 98.4%	1447 ········	········	········	········	1898
털럭(1) 0.3%		1587			
털억(4) 1.3%		1587 ········	········	1752	

382* 털(毛)

	15세기	16세기	17세기	18세기	19세기
터리	120(석)	4	51(杜重)	–	–
털	5(능)	8	36	69	148(신약)

#441	15C	16C	17C	18C	19C
터리(175) 39.7%	1447 ········	········	1632		
털(266) 60.3%	1461 ········	········	········	········	1900

383* 토끼(兎)

	15세기	16세기	17세기	18세기	19세기
톳기	20(月)	2	12	7	6(독립)
톳ᄀᆡ	15(능)	–	2(杜重)	–	–
톳긔	12(능)	1	7(譯)	–	–
톡기	–	–	–	–	15(남원, 매일)
툭기	–	–	–	–	1(한불)

#100	15C	16C	17C	18C	19C
톳기(47) 47.0%	1459 ·······				1896
톳긔(17) 17.0%	1461 ·······		1632		
톬긔(20) 20.0%	1461 ·······		1690		
톡기(15) 15.0%					1864−1898
툭기(1) 1.0%					1880

384* 틈(隙, 間)

	15세기	16세기	17세기	18세기	19세기
쁨	15(訓解)	−	2(杜重)	−	−
삠	10(석)	1	3(杜重)	−	−
슴	2(法화)	6	1(杜重)	−	−
틈	−	3(번朴)	36	51	82(신약)

#212	15C	16C	17C	18C	19C
쁨(17) 8.0%	1446 ·······		1632		
삠(14) 6.6%	1447 ·······		1632		
슴(9) 4.2%	1463 ·······		1632		
틈(172) 81.1%		1517 ·······			1900

385* 티끌(塵)

	15세기	16세기	17세기	18세기	19세기
드틀	268(석)	11	85(여훈)	−	−
듣글	137(月)	16	2	1(지장)	−
틧글	−	−	1(朴重)	5	1(감응)

#527	15C	16C	17C	18C	19C
드틀(364) 69.1%	1447 ·······		1658		
듣글(156) 29.6%	1459 ·······			1752	
틧글(7) 1.3%			1677 ·······		1852

386* 포기(叢)

	15세기	16세기	17세기	18세기	19세기
펴기	8(능)	5	12	3(倭)	–
펼기	–	–	4(신속, 유합영)	–	–
펵이	–	–	1(朴重)	1(朴新)	–
펴괴	–	–	–	4(同文, 蒙類解)	–
펴귀	–	–	–	1(五倫)	4(성경직해)

#43	15C	16C	17C	18C	19C
펴기(28) 65.1%	1461 ·· 1781				
펼기(4) 9.3%			1617–1700		
펵이(2) 4.7%			1677 ········ 1765		
펴괴(4) 9.3%				1748–1790	
펴귀(5) 11.6%				1797 ········ 1892	

387* 표범(豹)

	15세기	16세기	17세기	18세기	19세기
표엄	–	1(字會)	–	–	–
표범	–	1(類合)	2	7	8(독립)

#19	15C	16C	17C	18C	19C
표엄(1) 5.3%		1527			
표범(18) 94.7%		1576 ·· 1896			

388* 푸서리

	15세기	16세기	17세기	18세기	19세기
프ᅀᅥ리	5(月, 救간)	–	–	–	-
프서리	2(杜초)	–	3(杜重)	–	-
픐서리	2(杜초)	–	1(杜重)	–	-
플서리	–	–	2(杜重)	–	-
프어리	–	–	3(杜重)	–	-

#18	15C	16C	17C	18C	19C
프ᅀᅥ리(5) 27.8%	1459–1489				

프서리(5) 27.8% 1481 ………… 1632

픐서리(3) 16.7% 1481 ………… 1632

플서리(2) 11.1% 1632

프어리(3) 16.7% 1632

389* 푸성귀

	15세기	16세기	17세기	18세기	19세기
프ᅀᅥᆼ귀	2(月, 능)	–	–	–	–
프엉귀	–	–	2(杜重)	–	–

#4	15C	16C	17C	18C	19C
프ᅀᅥᆼ귀(2) 50.0%	1459–1461				
프엉귀(2) 50.0%			1632		

390* 풀(草)

	15세기	16세기	17세기	18세기	19세기
플	227(석)	47	167	34	42(매일)
풀	–	–	7(杜重)	42	108(신약)

#674 15C 16C 17C 18C 19C

플(517) 76.7% 1447 ………………………… 1898

풀(157) 23.3% 1632 ………… 1900

391* 하나(一)

	15세기	16세기	17세기	18세기	19세기
ᄒᆞ나ㅎ	830(석)	71	83	253	847(신약)
ᄒᆞ나	92(月)	26	66	39	553(신약)
ᄒᆞᆫ나ㅎ	9(杜초)	38	127	30	40(매일)
ᄒᆞᆫ나	2(六祖)	5	42	17	90(매일)

#3260 15C 16C 17C 18C 19C

ᄒᆞ나ㅎ(2084) 63.9% 1447 ………………………… 1900

ᄒᆞ나(776) 23.8% 1459 ………………………… 1900

ᄒᆞᆫ나ㅎ(244) 7.5% 1481 ………………………… 1898

ᄒᆞᆫ나(156) 4.8% 1496 ………………………… 1898

392* **하늘**(天)

	15세기	16세기	17세기	18세기	19세기
하늘ㅎ	500(석)	90	325	19	4(太平)
하늘	143(석)	105	205	455	739(신약)

#2585	15C	16C	17C	18C	19C
하늘ㅎ(938) 36.3%	1447				18xx
하늘(1647) 63.7%	1447				1900

393* **하루**(一日)

	15세기	16세기	17세기	18세기	19세기
ᄒᆞᄅᆞ	202(석)	52	134	68	15(감응)
ᄒᆞᆯᄅᆞ	46(석)	21	44	17	6(太平)

#605	15C	16C	17C	18C	19C
ᄒᆞᄅᆞ(471) 77.9%	1447				1852
ᄒᆞᆯᄅᆞ(134) 22.1%	1447				18xx

394* **하야로비**(鷺)

	15세기	16세기	17세기	18세기	19세기
하야로비	9(月)	4	8(譯)	–	–
해야로비	1(杜초)	1	1(杜重)	–	–
ᄒᆡ아로비	–	1(類合)	–	–	–
해아로비	–	–	1(東醫)	–	–
ᄒᆡ올아비	–	–	1(유합칠)	–	–
ᄒᆡ올이	–	–	1(유합영)	–	–
ᄒᆡ오라비	–	–	–	1(方言)	1(국한)
ᄒᆡ오리	–	–	–	–	3(歌曲, 광재)

#33	15C	16C	17C	18C	19C
하야로비(21) 63.6%	1459		1690		
해야로비(3) 9.1%	1481		1632		
ᄒᆡ아로비(1) 3.0%		1576			
해아로비(1) 3.0%			1613		
ᄒᆡ올아비(1) 3.0%			1664		
ᄒᆡ올이(1) 3.0%			1700		

히오라비(2) 6.1%　　1778 ········ 1895

히오리(3) 9.1%　　1876−18xx

395* 하품(欠)

	15세기	16세기	17세기	18세기	19세기
하외욤	6(救方)	4	3	1(어내)	−
하회옴	−	−	1(朴重)	−	−
하픠옴	−	−	1(譯)	2(蒙類解)	−
하픠음	−	−	−	2(경문)	2(남원)
하품	−	−	−	−	2(여수, 국한)

#24　15C　16C　17C　18C　19C

하외욤(14) 58.3%　1466 ········ 1737

하회옴(1) 4.2%　1677

하픠옴(3) 12.5%　1690 ········ 1790

하픠음(4) 16.7%　1761 ········ 1864

하품(2) 8.3%　1889−1895

396* 학질(瘧)

	15세기	16세기	17세기	18세기	19세기
고봄	3(능, 杜초)	−	−	−	−
고곰	−	5(字會)	13	1(方言)	−

#22　15C　16C　17C　18C　19C

고봄(3) 13.6%　1461−1481

고곰(19) 86.4%　1527 ········ 1778

397* 한숨

	15세기	16세기	17세기	18세기	19세기
한숨	7(석)	5	5	7	13(훈아)
흔숨	−	1(번朴)	1	2	1(한불)

#42　15C　16C　17C　18C　19C

한숨(37) 88.1%　1447 ········ 1894

흔숨(5) 11.9%　1517 ········ 1880

398* 할아비(祖)

	15세기	16세기	17세기	18세기	19세기
하나비	1(용)	12	7(유합영)	–	–
한아비	47(석)	8	54	12	5(독립)
하라비	–	–	2(신속)	1	3(척사윤음)
할아비	–	–	5(신속)	1	13(진리)

#171	15C	16C	17C	18C	19C
하나비(20) 11.7%	1447 ···	···	1700		
한아비(126) 73.7%	1447 ···	···	···	···	1896
하라비(6) 3.5%			1617 ···	···	1839
할아비(19) 11.1%			1617 ···	···	1895

399* 해삼(泥鰍)

	15세기	16세기	17세기	18세기	19세기
믜	–	–	8(곽씨)	–	1(한불)
히솜	–	–	–	1(倭)	1(광재)
뮈	–	–	–	–	2(한불, 광재)
히삼	–	–	–	–	3(한불)

#16	15C	16C	17C	18C	19C
믜(9) 56.3%			16xx ···	···	1880
히솜(2) 12.5%				1781 ···	18xx
뮈(2) 12.5%					1880–18xx
히삼(3) 18.8%					1880

400* 허물(過)

	15세기	16세기	17세기	18세기	19세기
허믈	276(석)	141	68	210	35(시편)
허물	1(永嘉)	–	9	64	310(신약)
험을	–	2(小언)	–	–	2(독립)

#1118	15C	16C	17C	18C	19C
허믈(730) 65.3%	1447 ···	···	···	···	1898
허물(384) 34.3%	1464 ···	···	···	···	1900
험을(4) 0.4%		1587 ···	···	···	1896

401* 허울

	15세기	16세기	17세기	18세기	19세기
헝울	24(능)	2(字會)	–	–	–
허ᇰ울	2(救간)	–	7(東醫)	–	–
험울	–	–	–	2(濟衆)	–

#37	15C	16C	17C	18C	19C
헝울(26) 70.3%	1461 …………	1527			
허ᇰ울(9) 24.3%	1489 …………	…………	1613		
험울(2) 5.4%				1799	

402* 허튀(臁)

	15세기	16세기	17세기	18세기	19세기
허튀	34(月)	10	10(杜重)	–	–
허틔	–	–	3(杜重)	–	1(몽유편)

#58	15C	16C	17C	18C	19C
허튀(54) 93.1%	1459 …………	…………	1632		
허틔(4) 6.9%			1632 …………	…………	1810

403* 헤엄(泳)

	15세기	16세기	17세기	18세기	19세기
헤욤	–	2(字會)	–	–	–
헤염	–	–	–	–	3(한불, 국한)
헤움	–	–	–	4(小兒)	–
헤음	–	–	–	3(蒙類解)	–

#12	15C	16C	17C	18C	19C
헤욤(2) 16.7%		1527			
헤염(3) 25.0%					1880–1895
헤움(4) 33.3%				1777	
헤음(3) 25.5%				1790	

404* 형제(兄弟)

	15세기	16세기	17세기	18세기	19세기
형뎨	–	51(번老, 경민중)	–	–	–
형뎨	–	47(二倫)	105	98	357(신약)
형졔	–	–	5(계녀서)	7	30(매일)

#700	15C	16C	17C	18C	19C
형뎨(51) 7.3%		1517–1579			
형뎨(607) 86.7%		1518 ······			1900
형졔(42) 6.0%			16xx ······		1898

405* 호미(鋤)

	15세기	16세기	17세기	18세기	19세기
호ᄆᆡ	7(訓解)	6	10	6	1(太平)
호믜	–	–	6(신속)	2	5(여소)

#43	15C	16C	17C	18C	19C
호ᄆᆡ(30) 69.8%	1446 ······				18xx
호믜(13) 30.2%			1617 ······		18xx

406* 혼자(獨)

	15세기	16세기	17세기	18세기	19세기
ᄒᆞᄫᆞᅀᅡ	5(용)	–	–	–	–
ᄒᆞ오ᅀᅡ	287(석)	5(蒙송광사)	–	–	–
호ᅀᅡ	–	2(속三)	–	–	–
호은자	–	2(번朴)	–	–	–
혼은자	–	1(번老)	–	–	–
호온자	–	11(二倫)	1	1(지장)	–
ᄒᆞ오아	–	–	58(杜重)	–	–
ᄒᆞ오와	–	–	6(杜重)	–	–
호오야	–	–	1(杜重)	–	–
홈자	–	–	–	4(方言, 老重)	–

#384	15C	16C	17C	18C	19C
ᄒᆞᄫᆞᅀᅡ(5) 1.3%	1447				
ᄒᆞ오ᅀᅡ(292) 76.0%	1447 ········	1577			
ᄒᆞᅀᅡ(2) 0.5%		1514			
호은자(2) 0.5%		1517			
혼은자(1) 0.3%		1517			
호온자(13) 3.4%		1518 ········	········	1752	
ᄒᆞ오아(58) 15.1%			1632		
ᄒᆞ오와(6) 1.6%			1632		
호오야(1) 0.3%			1632		
홈자(4) 1.0%				1778–1795	

407* 홑(單)

	15세기	16세기	17세기	18세기	19세기
ᄒᆞ옷	17(석)	1	2(시경)	–	–
ᄒᆞ옺	4(月)	–	2(杜重)	–	–
ᄒᆞ옻	–	–	2(杜重)	–	–

#28	15C	16C	17C	18C	19C
ᄒᆞ옷(20) 73.1%	1447 ········	········	1613		
ᄒᆞ옺(6) 19.2%	1459 ········	········	1632		
ᄒᆞ옻(2) 7.7%			1632		

408* 황제(皇帝)

	15세기	16세기	17세기	18세기	19세기
황뎨	–	10(三강동경)	–	–	–
황뎨	–	7(類合)	44	33	292(협성)
황졔	–	–	–	3(어자)	21(매일)

#410	15C	16C	17C	18C	19C
황뎨(10) 2.4%		15xx			
황뎨(376) 91.7%		1576 ········	········	········	1898
황졔(24) 5.9%				1746 ········	1898

409* 황화(荒貨)

	15세기	16세기	17세기	18세기	19세기
황호	–	10(번老)	–	–	–
황호	–	1(번老)	13	1(老重)	–

#25	15C	16C	17C	18C	19C
황호(10) 40.0%		1517			
황호(15) 60.0%		1517 ···	···	1795	

410* 휘파람

	15세기	16세기	17세기	18세기	19세기
슈피람	–	–	–	2(同文, 蒙類解)	–
슈ᄑᆞ름	–	–	–	1(倭)	–

#3	15C	16C	17C	18C	19C
슈피람(2) 66.7%				1748–1790	
슈ᄑᆞ름(1) 33.3%				1781	

411* 흙

	15세기	16세기	17세기	18세기	19세기
ᄒᆞᆰ	338(訓解)	59	169	19	2(신약)
흙	1(救간)	3	33	54	107(신약)

#785	15C	16C	17C	18C	19C
ᄒᆞᆰ(587) 74.8%	1446 ···	···	···	···	1900
흙(198) 25.2%	1489 ···	···	···	···	1900

용언

001* 가깝다[1)]

	15세기	16세기	17세기	18세기	19세기
갓가ᇦ-	52(석)	9(蒙빙발암)	–	–	–
갓갑-	41(석)	8	40	28	37(신약)
갓가오-	118(능)	49	68	105	274(신약)
갓ᄭᅡ오-	–	3(石千)	–	6	1(이천)
갓가우-	–	–	1(자취)	1	9(매일)

#850	15C	16C	17C	18C	19C
갓가ᇦ-(61) 50.6%	1447 ······	1535			
갓갑-(154) 49.4%	1447 ······	······	······	······	1900
갓가오-(614) 50.6%	1461 ······	······	······	······	1900
갓ᄭᅡ오-(10) 50.6%		1583 ······	······	······	1894
갓가우-(11) 50.6%			1635 ······	······	1898

002* 가난하다

	15세기	16세기	17세기	18세기	19세기
간난ᄒᆞ-	1(內)	10	5	56	54(신약)
가난ᄒᆞ-	76(內)	87	76	75	211(신약)

#651	15C	16C	17C	18C	19C
간난ᄒᆞ-(126) 19.4%	1475 ······	······	······	······	1900
가난ᄒᆞ-(525) 80.6%	1475 ······	······	······	······	1900

003* 가두다

	15세기	16세기	17세기	18세기	19세기
가도-	34(석)	19	25	46	44(신약)
가도혀-	2(杜초)	2	2(杜重)	–	–
가되이-	1(杜초)	–	1(警民)	–	–
가두-	–	1(三강동경)	2	–	363(협성)

1) 수식언 '가ᄭᅡ비' 참조.

#542	15C	16C	17C	18C	19C
가도-(168) 31.0%	1447	········	········	········	1900
가도혀-(6) 1.1%	1481	········	1632		
가되이-(2) 0.4%	1481	········	1658		
가두-(366) 67.5%		15xx	········	········	1898

004* 가르다

	15세기	16세기	17세기	18세기	19세기
갈-	17(曲)	9(몽육)	–	–	–
가르-	–	2(번老)	1	2	3(광재)

#34	15C	16C	17C	18C	19C
갈-(26) 76.5%	1447 ······	1567			
가르-(8) 23.5%		1517	········	········	18xx

005* 가멸다

	15세기	16세기	17세기	18세기	19세기
가ᅀᆞ며살-	2(석, 月)	–	–	–	–
가ᅀᆞ며-	3(석)	2(正俗)	–	–	–
가ᅀᆞ멸-	91(석)	32(類合)	–	–	–
가ᄋᆞ멸-	1(杜초)	8	17	1(송천)	–
가ᅀᅳ멸-	–	1(번小)	–	–	–
가ᅀᆞᆷ열-	–	5(呂約화산)	–	–	–
가ᄋᆞᆷ열-	–	13(小언)	7	23(老重)	–
가음열-	–	–	–	38(응진경)	66(쥬교)

#310	15C	16C	17C	18C	19C
가ᅀᆞ며살-(2) 33.5%	1447−1459				
가ᅀᆞ며-(5) 1.6%	1447 ······	1518			
가ᅀᆞ멸-(123) 39.7%	1447 ······	1576			
가ᄋᆞ멸-(27) 8.7%	1481	········	········	1730	
가ᅀᅳ멸-(1) 0.3%		1518			
가ᅀᆞᆷ열-(5) 13.9%		156x			
가ᄋᆞᆷ열-(43) 13.9%		1587	········	1795	
가음열-(104) 33.5%				17xx ······	1897

006* 가볍다

	15세기	16세기	17세기	18세기	19세기
가ᄇᆡ얗-	10(석, 牧)	–	–	–	–
가ᄇᆡ얍-	29(석)	2	17	5	2(이언)
가ᄇᆡ야오-	50(능)	14	39	17	5(독립)
가븨야오-	–	2(번小)	1	1(十九)	–
가븨여우-	–	2(恩重)	–	–	1(신심소)
가ᄇᆞ얍-	–	–	1(杜重)	–	16(시편)
가ᄇᆞ야오-	–	–	1(杜重)	1	10(신약)
가ᄇᆡ압-	–	–	1(馬언)	3	4(독립)
가븨엽-	–	–	–	1(方言)	1(신심소)

#236	15C	16C	17C	18C	19C
가ᄇᆡ얗-(10) 4.2%	1447–1467				
가ᄇᆡ얍-(55) 23.3%	1447 ········				1883
가ᄇᆡ야오-(125) 53.0	1461 ········				1896
가븨야오-(4) 1.7%		1518 ········		1772	
가븨여우-(3) 1.3%		1563 ········			1896
가ᄇᆞ얍-(17) 7.2%			1632 ········		1898
가ᄇᆞ야오-(12) 5.1%			1632 ········		1900
가ᄇᆡ압-(8) 3.4%			16xx ········		1896
가븨엽-(2) 0.8%				1778 ········	1896

007* 가시다(씻다, 고치다)

	15세기	16세기	17세기	18세기	19세기
가ᄉᆡ-	40(曲)	8	22(杜重)	–	–
가싀-	–	–	2(家언)	10	3(한불)

#85	15C	16C	17C	18C	19C
가ᄉᆡ-(70) 82.4	1447 ········		1632		
가싀-(15) 17.6%			1632 ········		1880

008* 가지다

	15세기	16세기	17세기	18세기	19세기
가지-	792(석)	457	635	647	1948(신약)
가디-	–	–	15(곽씨)	48	1(閑中)

#4543	15C	16C	17C	18C	19C
가지-(4479) 98.6%	1447 ···	···	···	···	1900
가디-(64) 1.4%			16xx ···	···	18xx

009* 가차하다

	15세기	16세기	17세기	18세기	19세기
가챠ᄒᆞ-	–	2(正俗)	–	3	2(閑中)
가차ᄒᆞ-	–	–	–	–	4(한불)

#11	15C	16C	17C	18C	19C
가챠ᄒᆞ-(7) 63.6%		1518 ···	···	···	18xx
가차ᄒᆞ-(4) 36.4%					1880

010* 간사하다

	15세기	16세기	17세기	18세기	19세기
간샤ᄒᆞ-	–	6(번小)	1	6	29(신약)
간샤롭-	–	3(呂約화산, 呂約일석)	–	–	–
간사롭-	–	1(경민중)	–	–	–
간사ᄒᆞ-	–	7(순천)	6	14	24(매일)
간ᄉᆞᄒᆞ-	–	–	–	6(응진경)	34(매일)
간샤시롭-	–	–	–	–	1(여소)

#138	15C	16C	17C	18C	19C
간샤ᄒᆞ-(42) 30.4%		1518 ···	···	···	1900
간샤롭-(3) 2.2%		156x–1574			
간사롭-(1) 0.7%		1579			
간사ᄒᆞ-(51) 37.0%		15xx ···	···	···	1898
간ᄉᆞᄒᆞ-(40) 29.0%				17xx ···	1898
간샤시롭-(1) 0.7%					18xx

011* 간수하다

	15세기	16세기	17세기	18세기	19세기
간슈ᄒᆞ-	31(석)	16	17	2	16(매일)
간ᄉᆞᄒᆞ-	3(內)	35	17	2(어내)	-
간수ᄒᆞ-	-	-	-	-	3(여수)

#142	15C	16C	17C	18C	19C
간슈ᄒᆞ-(82) 57.7%	1447 ······				1898
간ᄉᆞᄒᆞ-(57) 40.1%	1475 ······			1737	
간수ᄒᆞ-(3) 2.1%					1889

012* 간직하다

	15세기	16세기	17세기	18세기	19세기
간딕ᄒᆞ-	-	-	4(신속)	-	9(예성로스)
간직ᄒᆞ-	-	-	-	2(方言)	20(예성로스)
간직하-	-	-	-	-	1(예성문광)

#36	15C	16C	17C	18C	19C
간딕ᄒᆞ-(13) 36.1%			1617 ······		1887
간직ᄒᆞ-(22) 61.1%				1778 ······	1887
간직하-(1) 2.8%					1887

013* 같히다

	15세기	16세기	17세기	18세기	19세기
가티-	8(月)	6	5	5	2(예성로스)
갓티-	-	1(속三중)	3	9	7(예성로스)
갓치-	-	-	2(계녀서)	3	212(신약)
가치-	-	-	-	7(어자)	25(신약)

#295	15C	16C	17C	18C	19C
가티-(26) 8.8%	1459 ······				1887
갓티-(20) 6.8%		1581 ······			1887
갓치-(217) 73.6%			16xx ······		1900
가치-(32) 10.8%				1746 ······	1900

014* 감돌다

63	15세기	16세기	17세기	18세기	19세기
가ᇝ돌-	57(석, 勸供)	–	–	–	–
감ᄯᅩᆯ-	1(月)	–	–	–	–
감돌-	–	–	–	–	5(남원, 歌曲)

#63	15C	16C	17C	18C	19C
가ᇝ돌-(57) 90.5%	1447–1496				
감ᄯᅩᆯ-(1) 1.6%	1459				
감돌-(5) 7.9%					1864–1876

015* 감추다[2)]

	15세기	16세기	17세기	18세기	19세기
ᄀᆞ초-	89(석)	34	98	49	108(쥬교)
가초-	–	1(번朴)	–	2	3(감응)
가추-	–	–	–	–	1(여수)
가쵸-	–	–	–	–	2(독립)
ᄀᆞ추-	–	–	–	–	8(여소)
ᄀᆞᆫ초-	3(法화)	2(誡初)	–	–	–
감초-	–	–	–	11(어내)	44(신약)
감츄-	–	–	–	–	11(남원, 매일)
감쵸-	–	–	–	–	17(척사, 매일)
감추-	–	–	–	–	9(예성로스, 신심소)

#492	15C	16C	17C	18C	19C
ᄀᆞ초-(378) 76.8%	1447 ………………				1897
가초-(6) 1.2%		1517 ………………			1852
가추-(1) 0.2%					1889
가쵸-(2) 0.4%					1896
ᄀᆞ추-(8) 1.6%					18xx
ᄀᆞᆫ초-(5) 1.0%	1463 ……	1577			

---

2) ‘ᄀᆞ초-, ᄀᆞ추-, 가초-, 가쵸-, 가추-’까지는 ‘감추다’(은닉)와 ‘갖추다’(구비)가 구별되지 않는다.

감초-(55) 11.2% 1737 1900

감츄-(11) 2.2% 1864-1898

감쵸-(17) 3.5% 1881-1898

감추-(9) 1.8% 1887-1896

016* 강론하다

	15세기	16세기	17세기	18세기	19세기
강논ᄒᆞ-	-	1(小언)	3	7	8(독립)
강론ᄒᆞ-	-	1(小언)	-	4	114(신약)

#138 15C 16C 17C 18C 19C

강논ᄒᆞ-(19) 13.8% 1587 1896

강론ᄒᆞ-(119) 86.2% 1587 1900

017* 강직하다

	15세기	16세기	17세기	18세기	19세기
강딕ᄒᆞ-	-	2(二倫)	2	1(어내)	-
강직ᄒᆞ-	-	-	-	1(五倫)	12(매일)

#18 15C 16C 17C 18C 19C

강딕ᄒᆞ-(5) 27.8% 1518 1737

강직ᄒᆞ-(13) 72.2% 1797 1898

018* 갖추다

	15세기	16세기	17세기	18세기	19세기
ᄀᆞ초-	89(석)	34	98	49	108(쥬교)
가초-	-	1(번朴)	-	2	3(감응)
가추-	-	-	-	-	1(여수)
가쵸-	-	-	-	-	2(독립)
ᄀᆞ추-	-	-	-	-	8(여소)
ᄀᆞᆺ초-	-	-	4(癸丑)	24	22(신약)
갓초-	-	-	-	1(五倫)	17(증남포)
갓추-	-	-	-	-	8(남원, 예성로스)
갓쵸-	-	-	-	-	13(군영, 매일)
갓츄-	-	-	-	-	8(매일)

#492	15C	16C	17C	18C	19C
ᄀᆞ초-(378) 76.8%	1447	········	········	········	1897
가초-(6) 1.2%		1517	········	········	1852
가추-(1) 0.2%					1889
가쵸-(2) 0.4%					1896
ᄀᆞ추-(8) 1.6%					18xx
ᄀᆞᆽ초-(50) 10.2%			16xx	········	1900
갓초-(18) 3.7%				1797	1897
갓추-(8) 1.6%					1864−1887
갓쵸-(13) 2.6%					1881−1898
갓츄-(8) 1.6%					1898

019* 같다

	15세기	16세기	17세기	18세기	19세기
ᄀᆞᆮᄒᆞ-	3065(석)	105	150	28(隣語)	−
ᄀᆞᄐᆞ-	236(석)	238	375	202	22(이천)
갇ᄒᆞ-	1(牧)	−	−	−	−
갓티ᄒᆞ-	−	1(속三중)	−	−	−
ᄀᆞᆽᄐᆞ-	−	3(속三중)	141	237	179(매일)
ᄀᆞᆽᄒᆞ-	−	1(속三중)	44	137	1417(신약)
ᄀᆞᆮᄐᆞ-	−	103(법집)	89	9(행원)	−
갓ᄒᆞ-	−	−	2(계녀서)	−	68(매일)
갓ᄐᆞ-	−	−	−	2(경민음)	383(매일)
거ᄐᆞ-	−	−	−	1(五倫)	3(여소)
갓-	−	−	−	10(응진경)	147(신약)
가ᄐᆞ-	−	−	−	−	4(척사윤음, 국소)
것ᄐᆞ-	−	−	−	−	18(歌曲)

#7421	15C	16C	17C	18C	19C
ᄀᆞᆮᄒᆞ-(3348) 45.1%	1447	········	········	1790	
ᄀᆞᄐᆞ-(1073) 14.5%	1446	········	········	········	1894
갇ᄒᆞ-(1) 0.0%	1467				
갓티ᄒᆞ-(1) 0.0%		1581			
ᄀᆞᆽᄐᆞ-(560) 7.5%		1581	········	········	1898

ᄀᆞᆺᄒᆞ-(1599) 21.5% 1581 ······ 1900
ᄀᆞᆮᄐᆞ-(201) 2.7% 15xx ······ 1760
갓ᄒᆞ-(70) 0.9% 16xx ······ 1898
갓ᄐᆞ-(385) 5.2% 1762 ······ 1898
거ᄐᆞ-(4) 0.1% 1797 ······ 18xx
갓-(157) 2.1% 17xx ······ 1900
가ᄐᆞ-(4) 0.1% 1839-1895
것ᄐᆞ-(18) 0.2% 1876

020* 갚다

	15세기	16세기	17세기	18세기	19세기
갚-	86(석)	53	46	78	251(신약)
가ᄑᆞ-	72(月)	27	14	8	4(독립)
갑ᄑᆞ-	1(月)	13	10	8	68(매일)
갑ᄒᆞ-	-	3(속三)	11	103	344(신약)

#1200 15C 16C 17C 18C 19C
갚-(514) 42.8% 1447 ······ 1900
가ᄑᆞ-(125) 10.4% 1459 ······ 1896
갑ᄑᆞ-(100) 8.3% 1459 ······ 1898
갑ᄒᆞ-(461) 38.4% 1514 ······ 1900

021* (날씨가) 개다

	15세기	16세기	17세기	18세기	19세기
개-	14(月)	-	21	5	1(국한)
가이-	3(능)	-	1(杜重)	-	-
개이-	4(杜초)	-	10	1	1(신심소)

#61 15C 16C 17C 18C 19C
개-(41) 67.2% 1459 ······ 1895
가이-(4) 6.6% 1461 ······ 1632
개이-(16) 26.2% 1481 ······ 1896

022* 거느리다

	15세기	16세기	17세기	18세기	19세기
거느리-	41(석)	15	20	13	4(歌曲)
거느리치-	–	11(번小)	5(杜重)	–	–
거ᄂᆞ려치-	–	1(龜)	–	–	–
거늘이치-	–	1(小언)	–	–	–
거늘이-	–	1(小언)	–	4(十九)	–
거ᄂᆞ리-	–	7(三강동경)	52	89	126(신약)

#390	15C	16C	17C	18C	19C
거느리-(93) 23.8%	1447 ·········				1876
거느리치-(16) 4.1%		1518 ·········	1632		
거ᄂᆞ려치-(1) 0.3%		1569			
거늘이치-(1) 0.3%		1587			
거늘이-(5) 1.3%		1587 ·········		1772	
거ᄂᆞ리-(274) 70.3%		15xx ·········			1900

023* 거룩하다

	15세기	16세기	17세기	18세기	19세기
거륵ᄒᆞ-	–	–	3(新語)	16	296(신약)
거록ᄒᆞ-	–	–	–	8(普勸해)	19(텬로)
거룩ᄒᆞ-	–	–	–	–	29(독립, 매일)

#371	15C	16C	17C	18C	19C
거륵ᄒᆞ-(315) 84.9%			1676 ·········		1900
거록ᄒᆞ-(27) 7.3%				1776 ·········	1894
거룩ᄒᆞ-(29) 7.8%					1896–1898

024* 거리끼다

	15세기	16세기	17세기	18세기	19세기
거리씨-	33(석)	1	12	12	23(신약)
거릿기-	–	3(번小)	–	3	24(매일)
걸잇기-	–	1(小언)	–	–	–
걸리씨-	–	–	6(家언)	2(朴新)	–

#120	15C	16C	17C	18C	19C
거리씨-(81) 67.5%	1447 ······				1900
거릿기-(30) 25.0%		1518 ······			1898
걸잇기-(1) 0.8%		1587			
걸리씨-(8) 6.7%			1632 ······	1765	

025* 거릋다(구제하다)

	15세기	16세기	17세기	18세기	19세기
거리치-	20(석)	3	13(杜重)	–	–
거리츠-	2(月)	–	–	–	–
거리ㅊ-	10(月, 法화)	–	–	–	–
거릿-	1(法화)	–	–	–	–

#49	15C	16C	17C	18C	19C
거리치-(36) 73.5%	1447 ······		1632		
거리츠-(2) 4.1%	1459				
거리ㅊ-(10) 20.4%	1459–1463				
거릿-(1) 2.0%	1463				

026* 건너다

	15세기	16세기	17세기	18세기	19세기
걷내-	15(석, 金삼)	–	–	–	–
걷나-	55(석)	–	1(杜重)	–	–
건너-	89(용)	27	79	75	253(신약)
건내-	7(月)	–	3(杜重)	–	–
건내뛰-	20(月)	4	2(杜重)	–	–
건네뛰-	38(月)	–	1(杜重)	–	–
건나-	61(月)	2	33	–	2(매일)
걷내뛰-	35(月, 金삼)	–	–	–	–
걷너-	5(능)	–	1(杜重)	–	–
건네-	13(능)	1	4	12	27(예성로스)
걷나뛰-	14(金삼)	–	–	–	–
건네티-	–	1(번朴)	–	–	–
걷네-	–	1(正俗)	–	–	–
것나-	–	–	1(杜重)	–	–
것너-	–	–	1(杜重)	1	1(신심소)

#885	15C	16C	17C	18C	19C
걷내-(15) 1.7%	1447–1482				
걷나-(56) 6.3%	1447 ········		1632		
건너-(523) 59.1%	1447 ········				1900
건내-(10) 1.1%	1459 ········		1632		
건내쀠-(26) 2.9%	1459 ········		1632		
건네쀠-(39) 4.4%	1459 ········		1632		
건나-(98) 11.1%	1459 ········				1898
건내쀠-(35) 4.0%	1461–1482				
걷너-(6) 0.7%	1461 ········		1632		
건네-(57) 6.4%	1461 ········				1887
걷나쀠-(14) 1.6%	1482				
건네티-(1) 0.1%		1517			
걷네-(1) 0.1%		1518			
겻나-(1) 0.1%			1632		
겻너-(3) 0.3%			1632 ········		1896

027* 걸치다

	15세기	16세기	17세기	18세기	19세기
걸티-	2(救간)	3	4	7	1(歌曲)
걸치-	–	–	–	2(개첩)	4(매일)

#23	15C	16C	17C	18C	19C
걸티-(17) 73.9%	1489 ········				1876
걸치-(6) 26.1%				1748 ········	1898

028* 검다(黑)

	15세기	16세기	17세기	18세기	19세기
감-	8(曲)	5	–	3	1(이천)
검-	212(석)	63	282	118	150(신약)

#842	15C	16C	17C	18C	19C
감-(17) 2.0%	1447 ········				1894
검-(825) 98.0%	1447 ········				1900

029* 검붉다

	15세기	16세기	17세기	18세기	19세기
검븕-	3(杜초)	–	20	19	1(사민)
검ᄇᆞᆰ-	–	–	–	2(주천)	1(사민)

#46	15C	16C	17C	18C	19C
검븕-(43) 93.5%	1481 …………				1889
검ᄇᆞᆰ-(3) 6.5%				1752 …………	1889

030* 검푸르다

	15세기	16세기	17세기	18세기	19세기
감ᄑᆞᄅᆞ-	6(月, 南明)	–	–	–	–
검프르-	3(救方)	–	2	1(無寃)	–

#12	15C	16C	17C	18C	19C
감ᄑᆞᄅᆞ-(6) 50.0%	1459–1482				
검프르-(6) 50.0%	1466 …………			1792	

031* 게으르다

	15세기	16세기	17세기	18세기	19세기
게을ㅇ-	55(석)	11	16(杜重)	–	–
게으르-	52(석)	26	19	14	15(매일)
게을으-	–	4(번小)	–	4(名義)	–
게을ㄹ-	–	2(경민중)	–	3(兵指)	–
게어르-	–	–	3(권념)	19	5(신심소)
게얼ㄴ-	–	–	–	3(十九)	6(성경직해)
게얼으-	–	–	–	2(名義, 경신)	–
게을ㄴ-	–	–	–	1(名義)	3(매일)

#263	15C	16C	17C	18C	19C
게을ㅇ-(82) 31.2%	1447 …………		1632		
게으르-(126) 47.9%	1447 …………				1898
게을으-(8) 3.0%		1518 …………		1777	
게을ㄹ-(5) 1.9%		1579 …………		1787	
게어르-(27) 10.3%			1637 …………		1896
게얼ㄴ-(9) 3.4%				1772 …………	1892

게얼으-(2) 0.8% 1777-1796

게을ㄴ-(4) 1.5% 1777 ······ 1898

032* 겨루다

	15세기	16세기	17세기	18세기	19세기
겻고-	4(석)	2	1(老)	-	-
겻구-	19(석)	-	-	4(八兒)	-
겨로-	1(法화)	-	1	5(경신)	-
겨루-	1(杜초)	-	-	-	-
결우-	-	4(類合)	1	3	16(신약)
결오-	-	1(小언)	2	2(兵指)	-

#67	15C	16C	17C	18C	19C
겻고-(7) 10.4%	1447 ······ 1670				
겻구-(23) 34.3%	1447 ······ 1777				
겨로-(7) 10.4%	1463 ······ 1796				
겨루-(1) 1.5%	1481				
결우-(24) 35.8%		1576 ······ 1900			
결오-(5) 7.5%		1587 ······ 1787			

033* 겨르롭다(한가하다)

	15세기	16세기	17세기	18세기	19세기
겨르ᄅᆞᄫ-	1(석)	-	-	-	-
겨ᄅᆞᄅᆞᄫ-	2(月)	-	-	-	-
겨르ᄅᆞᆸ-	2(月, 金강)	-	-	-	-
겨르ᄅᆞ오-	24(능)	-	1(杜重)	-	-
겨르ᄅᆞ외-	16(法화)	-	1(杜重)	-	-
겨ᄅᆞᄅᆞ외-	3(杜초)	-	2(杜重)	-	-
겨ᄅᆞᆯᄒᆞ-	-	-	1(시경)	8	3(성경직해)

#64	15C	16C	17C	18C	19C
겨르ᄅᆞᄫ-(1) 1.6%	1447				
겨ᄅᆞᄅᆞᄫ-(2) 3.1%	1459				
겨르ᄅᆞᆸ-(2) 3.1%	1459-1464				
겨르ᄅᆞ오-(25) 39.1%	1461 ······ 1632				

겨르ᄅᆞ외-(17) 26.6%	1463 ··········· 1632	
겨ᄅᆞᄅᆞ외-(5) 7.8%	1481 ··········· 1632	
겨ᄅᆞᆯᄒᆞ-(12) 18.8		1613 ··········· 1892

034* 겪다

	15세기	16세기	17세기	18세기	19세기
겼-	6(석)	7	8	4	5(쥬교)
겻니-	2(月, 金강)	–	–	–	–
겻-	3(月)	–	–	4	2(쥬교)
격ㄱ-	–	–	1(煮硝)	1	27(매일)
격-	–	–	–	3(천의)	10(텬로)

#83	15C	16C	17C	18C	19C
겼-(30) 36.1%	1447 ···	···	···	···	1897
겻니-(2) 2.4%	1459–1464				
겻-(9) 10.8%	1459 ···	···	···	···	1897
격ㄱ-(29) 34.9%			1698 ···	···	1898
격-(13) 15.7%				1756 ···	1894

035* 견디다

	15세기	16세기	17세기	18세기	19세기
겨ᄂᆡ-	1(內)	–	3	3(蒙類解)	–
견듸-	3(杜초)	3	10	4	8(대죠션)
견ᄃᆡ-	4(杜초)	32	53	90	169(신약)

#383	15C	16C	17C	18C	19C
겨ᄂᆡ-(7) 1.8%	1475 ···	···	···	1790	
견듸-(28) 7.3%	1481 ···	···	···	···	1896
견ᄃᆡ-(348) 90.9%	1481 ···	···	···	···	1900

036* 계시다

	15세기	16세기	17세기	18세기	19세기
겨시-	875(석)	155	373	144	175(독립)
계시-	1(杜초)	13	22	139	772(신약)
겨오시-	–	–	82(癸丑)	108	144(척사윤음)

#3003	15C	16C	17C	18C	19C
겨시-(1722) 57.3%	1447 ······				1896
계시-(947) 31.5%	1481 ······				1900
겨오시-(334) 11.1%			16xx ······		1839

037* 고르다

	15세기	16세기	17세기	18세기	19세기
골오-	55(석)	7	6	3(호남육읍)	–
고ᄅᆞ-	99(석)	25	16	22	23(이천)
골아-	15(능, 金삼)	–	–	–	–
골라-	–	1(小언)	42	4	2(남원)
고르-	–	–	–	–	12(남원, 매일)

#332	15C	16C	17C	18C	19C
골오-(71) 21.4%	1447 ······			1794	
고ᄅᆞ-(185) 55.7%	1447 ······				1894
골아-(15) 4.5%	1461–1482				
골라-(49) 14.8%		1587 ······			1864
고르-(12) 3.6%					1864–1898

038* 고요하다

	15세기	16세기	17세기	18세기	19세기
괴외(ᄌᆞᆷᄌᆞᆷ)ᄒᆞ-	289(석)	48	45(杜重)	–	–
괴오ᄒᆞ-	–	2(번小)	4(杜重)	–	–
고요ᄒᆞ-	–	1(石千)	7	23	23(시편)
괴요ᄒᆞ-	–	–	–	3(오륜전비)	3(太平)

#448	15C	16C	17C	18C	19C
괴외(ᄌᆞᆷᄌᆞᆷ)ᄒᆞ-(382) 85.3%	1447 ······		1632		
괴오ᄒᆞ-(6) 1.3%		1518 ······	1632		
고요ᄒᆞ-(54) 12.1%		1583 ······			1898
괴요ᄒᆞ-(6) 1.3%				1721 ······	18xx

039* 고치다

	15세기	16세기	17세기	18세기	19세기
고티-	606(석)	176	557	188	11(이천)
곧티-	1(金삼)	7	3	6(인과곡)	-
고치-	-	1(龜)	26	109	215(매일)
곳티-	-	2(속三중)	29	10(無寃)	-
곳치-	-	-	9(계녀서)	34	588(신약)
곤티-	-	-	1(유합영)	-	-
곤치-	-	-	-	-	3(척사, 여수)
곤츠-	-	-	-	-	8(여소)

#2590	15C	16C	17C	18C	19C
고티-(1538) 59.4%	1447				1894
곧티-(17) 0.7%	1482			1796	
고치-(351) 13.6%		1569			1898
곳티-(41) 1.6%		1581		1792	
곳치-(631) 24.4%			16xx		1900
곤티-(1) 0.0%			1700		
곤치-(3) 0.1%					1881-1889
곤츠-(8) 0.3%					18xx

040* 고프다[3)]

	15세기	16세기	17세기	18세기	19세기
골프-	26(석)	8	2	6	1(이언)
골프-	-	2(번老)	7	1	2(이언)
고프-	-	1(龜)	5	1	2(매일)
고프-	-	-	52(救荒윤)	-	-
곱프-	-	-	-	1(어내)	18(독립)
곱흐-	-	-	-	1(호서대소)	11(신약)

3) '-아/어', '-오/우'계 어미가 결합하여 어간 말음을 식별할 수 없는 경우와 '골푸-', '고푸-' 형태는 모두 '골프-', '고프-' 항목에 포함시켰으며, '골프-', '고프-' 항목에는 어간 말음이 'ㅡ'인 경우만 포함시켰다.

#147	15C	16C	17C	18C	19C
골프–(43) 29.3%	1447 ······				1883
골프–(12) 8.2%		1517 ······			1883
고프–(9) 6.1%		1569 ······			1898
고프–(52) 35.4%			1660		
곱프–(19) 12.9%				1737 ······	1896
곱흐–(12) 8.2%				1783 ······	1900

041* 곱다(娟)

	15세기	16세기	17세기	18세기	19세기
고봉–	37(석, 三강런던)	–	–	–	–
고ᄋ–	13(석)	6	7	1(송천)	–
곱–	20(석)	11	18	10	27(매일)
고아–	2(능)	–	3(朴重)	–	–
고오–	37(능)	22	38	8	6(규합)
고와–	3(內)	3	3	6	6(성경직해)
고으–	–	4(번朴)	7	20	59(이천)
고우–	–	2(百聯)	2	–	1(閑中)

#382	15C	16C	17C	18C	19C
고봉–(37) 9.7%	1447–1481				
고ᄋ–(27) 7.1%	1447 ······			1730	
곱–(86) 22.5%	1447 ······				1898
고아–(5) 1.3%	1461 ······		1677		
고오–(111) 29.1%	1461 ······				1869
고와–(21) 5.5%	1475 ······				1892
고으–(90) 23.6%		1517 ······			1894
고우–(5) 1.3%		1576 ······			18xx

042* 괘씸하다

	15세기	16세기	17세기	18세기	19세기
과심ᄒ–	–	8(순천)	2	1(方言)	–
과씸ᄒ–	–	–	–	1(同文)	–
괘씸ᄒ–	–	–	–	–	1(독립)

#13	15C	16C	17C	18C	19C
과심ᄒᆞ-(11) 84.6%		15xx ········	········	1778	
과씸ᄒᆞ-(1) 7.7%				1748	
괘씸ᄒᆞ-(1) 7.7%					1896

043* 괴롭다

	15세기	16세기	17세기	18세기	19세기
고ᄅᆞ외-	9(法화)	–	6(杜重)	–	–
괴로오-	–	1(장수경)	1	43	42(신약)
고롭-	–	5(순천)	1	2	61(신약)
고로오-	–	15(순천)	13	2	446(신약)
고ᄅᆞ오-	–	–	1(杜重)	–	–
괴롭-	–	–	3(癸丑)	16	61(매일)
고로ᄋᆸ-	–	–	–	–	6(징보)

#734	15C	16C	17C	18C	19C
고ᄅᆞ외-(15) 2.0%	1463 ········	········	1632		
괴로오-(87) 11.9%		15xx ········	········	········	1900
고롭-(69) 9.4%		15xx ········	········	········	1900
고로오-(476) 64.9%		15xx ········	········	········	1900
고ᄅᆞ오-(1) 0.1%			1632		
괴롭-(80) 10.9%			16xx ········	········	1898
고로ᄋᆸ-(6) 0.8%					18xx

044* 구물거리다

	15세기	16세기	17세기	18세기	19세기
구믈어리-	4(金강)	2	1(杜重)	–	–
구믈거리-	–	1(類合)	–	–	–
구물거리-	–	–	–	–	1(훈아)

#9	15C	16C	17C	18C	19C
구믈어리-(7) 77.8%	1464 ········	········	1632		
구믈거리-(1) 11.1%		1576			
구물거리-(1) 11.1%					1894

045* 굴리다/구르다

	15세기	16세기	17세기	18세기	19세기
그우리/그울-	42(석, 救간)	–	–	–	–
그우니-	32(석, 개법)	–	–	–	–
굴리/구르-	5(석)	2	6	5	4(매일)
구우리/구울-	8(圓)	–	2	1	1(歌曲)
구으리/구을-	2(救方)	5	4(朴重)	–	–
구을리/구으르-	–	–	4(馬언)	6	1(淸老)

#130	15C	16C	17C	18C	19C
그우리/그울-(42) 32.3%	1447–1489				
그우니-(32) 24.6%	1447–1500				
굴리/구르-(22) 16.9%	1447 ········				1898
구우리/구울-(12) 9.2%	1465 ········				1876
구으리/구을-(11) 8.5%	1466 ········		1677		
구을리/구으르-(11) 8.5%			16xx ········		18xx

046* 굽다(燔)

	15세기	16세기	17세기	18세기	19세기
구버	1(月)	–	–	–	–
구워	12(救方)	1	9(救荒가)	–	–

#23	15C	16C	17C	18C	19C
구버-(1) 4.3%	1459				
구워-(22) 95.7%	1466 ········		1686		

047* 굽다(曲)

	15세기	16세기	17세기	18세기	19세기
곱-	27(석)	9	5	19	10(텬로)
굽-(구브러지/굽히-)	83(석)	24	42	70	85(신약)

#374	15C	16C	17C	18C	19C
곱-(70) 18.7%	1447 ········				1894
굽-(304) 81.3%	1447 ········				1900

048* 굽히다

	15세기	16세기	17세기	18세기	19세기
굽히-	1(救方)	1	1	12	31(신약)
굽피-	–	2(小언)		2	2(독립)

#52	15C	16C	17C	18C	19C
굽히-(46) 88.5%	1466 ·········				1900
굽피-(6) 11.5%		1587 ·········			1896

049* 그르다/그르치다

	15세기	16세기	17세기	18세기	19세기
그르ᄒᆞ-	19(석)	2	6(杜重)	–	–
그르ᄎᆞ-	8(月)	5	3(杜重)	–	–
그르-	18(月)	15	28	81	165(매일)
그ᄅᆞᄒᆞ-	–	3(번小, 小언)	–	–	–
그ᄅᆞ-	–	1(三강동경)	28	41	105(시편)
그릇ᄒᆞ-	–	–	2(계녀서)	32	25(매일)
그르치-	–	–	–	1(조훈)	2(이언)
그릇티-	–	–	–	5(普勸해, 無寃)	–
그릇치-	–	–	–	2(兵指)	23(매일)

#620	15C	16C	17C	18C	19C
그르ᄒᆞ-(27) 4.4%	1447 ·········		1632		
그르ᄎᆞ-(16) 2.6%	1459 ·········		1632		
그르-(307) 49.5%	1459 ·········				1898
그ᄅᆞᄒᆞ-(3) 0.5%		1518–1587			
그ᄅᆞ-(175) 28.2%		15xx ·········			1898
그릇ᄒᆞ-(59) 9.5%			16xx ·········		1898
그르치-(3) 0.5%				1764 ·········	1883
그릇티-(5) 0.8%				1776–1792	
그릇치-(25) 4.0%				1787 ·········	1898

050* 그슬리다

	15세기	16세기	17세기	18세기	19세기
그ᅀᅳ리-	15(月)	1(字會)	–	–	–
그슬리-	–	–	–	2(三譯, 蒙類解)	–
그으리-	–	–	–	7(譯補)	1(광재)
그을리-	–	–	–	–	1(太平)

#27	15C	16C	17C	18C	19C
그ᅀᅳ리-(16) 59.3%	1459	1527			
그슬리-(2) 7.4%				1703–1790	
그으리-(8) 29.63%				1775	18xx
그을리-(1) 3.7%					18xx

051* 그치다/끊다

	15세기	16세기	17세기	18세기	19세기
그츠/그치-	1015(석)	185	396	135	43(매일)
그치티-	3(석)	1	1(신속)	–	–
긋돋-	1(訓諺)	–	–	–	–
긋-	418(月)	45	87	14	21(독립)
긋ㅊ-	2(救方)	2	44	84	214(신약)
귿-	1(六祖)	–	68	19(隣語)	–
긇-	–	–	12(胎諺)	–	1(歌曲)
근츠/근치/근ᄎᆞ-	–	–	13(痘要)	1	21(독립)
ᄭᅳᆺㅊ-	–	–	6(癸丑)	15	17(신심소)
ᄭᅳᆫ츠/ᄭᅳᆫ치/ᄭᅳᆫᄎᆞ-	–	–	2(痘經)	16	17(매일)
ᄭᅳᆭ-	–	–	6(산성)	56	121(신약)
긋티-	–	–	–	27(어내, 인과곡)	–

#3130	15C	16C	17C	18C	19C
그츠/그치-(1774) 56.7%	1447				1898
그치티-(5) 0.2%	1447		1617		
긋돋-(1) 0.0%	1459				
긋-(585) 18.7%	1459				1896
긋ㅊ-(346) 11.1%	1466				1900

근-(88) 2.8% 1496 ········· 1790

긚-(13) 0.4% 1608 ········· 1876

근츠/근치/근ᄎᆞ-(35) 1.1% 1608 ········· 1896

ᄉᆞᆺᄎᆞ-(38) 1.2% 16xx ········· 1896

ᄉᆞᆫ츠/ᄉᆞᆫ치/ᄉᆞᆫᄎᆞ-(35) 1.1% 16xx ········· 1898

ᄉᆞᆭ-(183) 5.8% 16xx ········· 1900

긋티-(27) 0.9% 1737-1796

052* 급제하다

	15세기	16세기	17세기	18세기	19세기
급뎨ᄒᆞ-	-	21(三강동경)	8	19	19(협셩)
급졔ᄒᆞ-	-	-	-	9(죵덕)	33(매일)
급제ᄒᆞ-	-	-	-	2(譯類解)	-

#111	15C	16C	17C	18C	19C
급뎨ᄒᆞ-(67) 60.4%		15xx ·········			1898
급졔ᄒᆞ-(42) 37.8%				1758 ·········	1898
급제ᄒᆞ-(2) 1.8%				1790	

053* 급하다

	15세기	16세기	17세기	18세기	19세기
과ᄀᆞᄅᆞ-	15(法화)	7	2	1(어내)	-
과그르-	-	1(번老)	2(老)	-	-
급ᄒᆞ-	-	7(순천)	42	88	163(매일)

#328	15C	16C	17C	18C	19C
과ᄀᆞᄅᆞ-(25) 7.6%	1463 ·········			1737	
과그르-(3) 0.9%		1517 ·········	1670		
급ᄒᆞ-(300) 91.5%		15xx ·········			1898

054* 기다리다

	15세기	16세기	17세기	18세기	19세기
기드리-	202(석)	27	15	16(普勸해)	–
기들우-	34(永嘉)	22	42(杜重)	–	–
기ᄃᆞ리-	1(圓)	19	81	341	295(신약)
기들오-	17(牧)	11	14	1(어내)	–
기ᄃᆞᆯ우-	–	2(번小)	1(杜重)	–	–
기ᄃᆞᆯ오-	–	6(번小)	9(老)	–	–
기들이-	–	4(小언)	–	–	–
기도로-	–	3(三강동경)	13	2(개첩)	–
기다리-	–	1(순천)	–	10	241(매일)
기돌오-	–	–	3(家언)	–	–

#1433	15C	16C	17C	18C	19C
기드리-(260) 18.1%	1447 ………			1776	
기들우-(98) 6.8%	1464 ………		1632		
기ᄃᆞ리-(737) 51.4%	1465 ………				1900
기들오-(43) 3.0%	1467 ………			1737	
기ᄃᆞᆯ우-(3) 0.2%		1518 ………	1632		
기ᄃᆞᆯ오-(15) 1.0%		1518 ………	1670		
기들이-(4) 0.3%		1587			
기도로-(18) 1.3%		15xx ………		1748	
기다리-(252) 17.6%		15xx ………			1898
기돌오-(3) 0.2%			1632		

055* 기록하다

	15세기	16세기	17세기	18세기	19세기
긔록ᄒᆞ-	–	12(번小)	33	189	598(신약)
긔혹ᄒᆞ-[4]	–	–	–	1(천의)	–
기록ᄒᆞ-	–	–	–	–	4(독립)

4) '긔혹ᄒᆞ-'에서 '혹'의 ㅎ은 ㄹ의 오기일 가능성이 높다.

#837	15C	16C	17C	18C	19C
긔록ᄒᆞ-(832) 99.4%		1518 ········	········	········	1900
긔혹ᄒᆞ-(1) 0.1%				1756	
기록ᄒᆞ-(4) 0.5%					1896

056* 기쁘다

	15세기	16세기	17세기	18세기	19세기
기ᄲᅳ-	1(석)	-	-	-	-
깃브-	92(석)	35	60	38	327(신약)

#553	15C	16C	17C	18C	19C
기ᄲᅳ-(1) 0.2%	1447				
깃브-(552) 99.8%	1447 ········	········	········	········	1900

057* 기약하다

	15세기	16세기	17세기	18세기	19세기
기약ᄒᆞ-	-	-	-	-	3(매일)
긔약ᄒᆞ-	1(杜초)	13	9	30	45(매일)

#101	15C	16C	17C	18C	19C
기약ᄒᆞ-(3) 3.0%					1898
긔약ᄒᆞ-(98) 97.0%	1481 ········	········	········	········	1898

058* 김매다

	15세기	16세기	17세기	18세기	19세기
기슴ᄆᆡ-	-	5(속三)	-	-	-
기음ᄆᆡ-	-	4(類合)	14	8	3(성경직해)
기옴ᄆᆡ-	-	1(속三중)	-	-	-
기ᄋᆞᆷᄆᆡ-	-	-	1(杜重)	-	-

#36	15C	16C	17C	18C	19C
기슴ᄆᆡ-(5) 13.9%		1514			
기음ᄆᆡ-(29) 80.6%		1576 ········	········	········	1892
기옴ᄆᆡ-(1) 2.8%		1581			
기ᄋᆞᆷᄆᆡ-(1) 2.8%			1632		

059* 깊다/깊숙하다

	15세기	16세기	17세기	18세기	19세기
깊-	3(용)	–	–	1(조훈)	–
깁수위-	4(杜초)	–	5(杜重)	–	–
깁스위-	5(杜초)	–	4(杜重)	–	–
깁ㅍ-	–	9(龜)	13	20	54(이천)
깁ㅎ-	–	1(小언)	–	110	163(신약)

#392	15C	16C	17C	18C	19C
깊-(4) 1.0%	1447 ……			1764	
깁수위-(9) 2.3%	1481 ……		1632		
깁스위-(9) 2.3%	1481 ……		1632		
깁ㅍ-(96) 24.5%		1569 ……			1894
깁ㅎ-(274) 69.9%		1587 ……			1900

060* 꽂다

	15세기	16세기	17세기	18세기	19세기
곶-	5(月)	7	19	1(어내)	–
곷-	10(內)	17	20	6	1(이천)
ᄭᅩᆽ-	–	–	4(譯)	19	25(매일)
ᄭᅩᆾ-	–	–	–	9(三譯)	32(신약)

#175	15C	16C	17C	18C	19C
곶-(32) 18.3%	1459 ……			1737	
곷-(54) 30.9%	1475 ……				1894
ᄭᅩᆽ-(48) 27.4%			1690 ……		1898
ᄭᅩᆾ-(41) 23.4%				1703 ……	1900

061* 꾸짖다

	15세기	16세기	17세기	18세기	19세기
구짓-	25(석)	13	4	–	1(예성로스)
구짖-	102(석)	29	6	3	1(이천)
ᄭᅮ짖-	–	18(三강동경)	121	96	87(신약)
ᄭᅮ짓-	–	6(三강동경)	86	42	59(신약)
구진-	–	–	12(신속)	–	–
ᄭᅮ진-	–	–	61(신속)	5(蒙類解)	–

#777	15C	16C	17C	18C	19C
구짓-(43) 5.5%	1447 ·········				1887
구짖-(141) 18.1%	1447 ·········				1894
ᄭᅮ짖-(322) 41.4%		15xx ·········			1900
ᄭᅮ짓-(193) 24.8%		15xx ·········			1900
구짇-(12) 1.5%			1617		
ᄭᅮ짇-(66) 8.5%			1617 ·········	1790	

062* 끄다/꺼지다

	15세기	16세기	17세기	18세기	19세기
ᄢᅳ-	42(석)	4	4(杜重)	–	–
ᄢᅧ디-	102(석)	26	75(火砲)	–	–
ᄭᅧ디-	25(용)	1	8	1	2(예성로스)
ᄞᅳ-	–	1(三강동경)	1(병자)	–	–
ᄞᅧ디-	–	–	7(신속, 火砲)	–	–
ᄭᅳ-	–	–	20(癸丑)	7	21(신약)
ᄭᅧ지-	–	–	–	7(同文)	34(신약)
ᄞᅧ지-	–	–	–	1(譯補)	–

#389	15C	16C	17C	18C	19C
ᄢᅳ-(50) 12.9%	1447 ·········		1632		
ᄢᅧ디-(203) 52.2%	1447 ·········		1635		
ᄭᅧ디-(37) 9.5%	1447 ·········				1887
ᄞᅳ-(2) 0.5%		15xx ·········	16xx		
ᄞᅧ디-(7) 1.8%			1617–1635		
ᄭᅳ-(48) 12.3%			16xx ·········		1900
ᄭᅧ지-(41) 10.5%				1748 ·········	1900
ᄞᅧ지-(1) 0.3%				1775	

063* 끄르다

	15세기	16세기	17세기	18세기	19세기
그르-	54(月)	5	15	8	4(매일)
그ᄅᆞ-	–	2(石千)	26	7	6(이천)
글ᄅᆞ-	–	–	9(신속)	7	5(太平)

#148 15C 16C 17C 18C 19C

그르-(86) 58.1% 1459 1898

그ᄅᆞ-(41) 27.7% 1583 1894

글르-(21) 14.2% 1617 .... 18xx

064* 끓다/끓이다

	15세기	16세기	17세기	18세기	19세기
긇-	21(月)	8	5(東醫)	–	–
글히-	446(月)	20	12(杜重)	–	–
ᄭᅳᆯ히-	–	2(分온)	22	12	19(규합)
ᄭᅳᆶ-	–	2(分온)	12	25	15(독립)

#621 15C 16C 17C 18C 19C

긇-(34) 5.5% 1459 1613

글히-(478) 77.0% 1459 1632

ᄭᅳᆯ히-(55) 8.9% 1542 1869

ᄭᅳᆶ-(54) 8.7% 1542 1896

065* 끼치다

	15세기	16세기	17세기	18세기	19세기
기티/깉-	73(月)	22	55	18	1(太平)
ᄭᅵ티-	–	–	4(痘要)	7(無冤)	–
깃티-	–	–	2(新語)	6	4(예성로스)
ᄭᅵᆺ티-	–	–	2(痘經)	–	–
기치-	–	–	4(癸丑)	11	6(매일)
ᄭᅵ치-	–	–	3(산성)	5	51(신약)
긷치-	–	–	–	1(개첩)	–
깃치-	–	–	–	4(同文)	22(매일)
ᄭᅵᆺ치-	–	–	–	–	4(유팔도, 독립)
끼치-	–	–	–	–	29(여소)

#334 15C 16C 17C 18C 19C

기티/깉-(169) 50.6% 1459 .... 18xx

ᄭᅵ티-(11) 3.3% 1608 1792

깃티-(12) 3.6% 1676 ··· 1887

씻티-(2) 0.6% 16xx

기치-(21) 6.3% 16xx ··· 1898

씨치-(59) 17.7% 16xx ··· 1900

긷치-(1) 0.3% 1748

깃치-(26) 7.8% 1748 ··· 1898

씻치-(4) 1.2% 1882-1896

끼치-(29) 8.7% 18xx

066* 나누다

	15세기	16세기	17세기	18세기	19세기
ᄂᆞᆫ호-	512(석)	62	141	158	123(신약)
난호-	1(석)	-	3	35	121(신약)
논힐후-	-	3(번老)	1(朴重)	-	-
논호-	-	15(二倫)	9	1	64(신약)
ᄂᆞᆫ회-	-	-	2(杜重, 警民)	-	-
논일우-	-	-	1(老)	-	-
난회-	-	-	-	-	1(광재)

#1253	15C	16C	17C	18C	19C
ᄂᆞᆫ호-(996) 79.5%	1447 ···				1900
난호-(160) 12.8%	1447 ···				1900
논힐후-(4) 0.3%		1517 ···	1677		
논호-(89) 7.1%		1518 ···			1900
ᄂᆞᆫ회-(2) 0.2%			1632-1658		
논일우-(1) 0.1%			1670		
난회-(1) 0.1%					18xx

067* 나다니다

	15세기	16세기	17세기	18세기	19세기
나ᄃᆞᆫ니-	1(內)	-	1(杜重)	-	-
나든니-	1(杜초)	5	6	2	2(淸老)
나단니-	-	-	-	-	1(잠상)

#19	15C	16C	17C	18C	19C
다ᄃᆞᆫ니-(2) 10.5%	1475 ……		1632		
나ᄃᆞᆫ니-(16) 84.2%	1481 ……				18xx
나단니-(1) 5.3%					1886

068* 나르다

	15세기	16세기	17세기	18세기	19세기
나르-	4(능)	–	–	1	3(매일)
나ᄅᆞ-	2(圓)	–	4	1(三譯)	–

#15	15C	16C	17C	18C	19C
나르-(8) 53.3%	1461 ……				1898
나ᄅᆞ-(7) 46.7%	1465 ……			1703	

069* 나무라다

	15세기	16세기	17세기	18세기	19세기
나ᄆᆞ라-	6(月)	5	–	1(어내)	–
나므라-	–	1(번老)	5	6	3(독립)
나무라-	–	–	2(계녀서)	5	6(매일)
나므래-	–	–	–	1(普勸해)	–
나무래-	–	–	–	1(普勸해)	2(매일)
나모라-	–	–	–	1(隣語)	2(閑中)
나무ᄅᆡ-	–	–	–	–	4(매일)
나무르-	–	–	–	–	1(閑中)

#52	15C	16C	17C	18C	19C
나ᄆᆞ라-(12) 23.1%	1459 ……			1737	
나므라-(15) 28.8%		1517 ……			1896
나무라-(13) 25.0%			16xx ……		1898
나므래-(1) 1.9%				1776	
나무래-(3) 5.8%				1776 ……	1898
나모라-(3) 5.8%				1790 ……	18xx
나무ᄅᆡ-(4) 7.7%					1898
나무르-(1) 1.9%					18xx

070* 나무하다

	15세기	16세기	17세기	18세기	19세기
나모ᄒᆞ-	1(南明)	3	–	4(蒙類解)	–
남오ᄒᆞ-	–	1(小언)	–	–	–
나모하-	–	–	–	1(方言)	–
나무ᄒᆞ-	–	–	–	–	1(광재)

#11	15C	16C	17C	18C	19C
나모ᄒᆞ-(8) 72.7%	1482 ·········			1790	
남오ᄒᆞ-(1) 9.1%		1587			
나모하-(1) 9.1%				1778	
나무ᄒᆞ-(1) 9.1%					18xx

071* 나부끼다

	15세기	16세기	17세기	18세기	19세기
나봇기-	1(杜초)	–	1(杜重)	–	–
나ᄇᆞᆺ기-	1(杜초)	1	2(杜重)	–	–
나붓기-	–	–	–	–	2(太平)

#8	15C	16C	17C	18C	19C
나봇기-(2) 25.0%	1481 ·········		1632		
나ᄇᆞᆺ기-(4) 50.0%	1481 ·········		1632		
나붓기-(2) 25.0%					18xx

072* 나쁘다

	15세기	16세기	17세기	18세기	19세기
낟ᄇᆞ-	6(석)	4(類合)	–	–	–
낟브-	–	8(번老, 小언)	–	–	–
낟부-	–	–	1(新語)	3(개첩)	–
낫브-	–	–	6(병자)	2	1(閑中)
낫부-	–	–	–	–	3(남원)

#34	15C	16C	17C	18C	19C
낟ᄇᆞ-(10) 29.4%	1447 ·········	1576			
낟브-(8) 23.5%		1517–1587			

낟부–(4) 11.8%			1676 ········ 1748		
낫브–(9) 26.5%			16xx ········		18xx
낫부–(3) 8.8%					1864

073* 나솟다

17	15세기	16세기	17세기	18세기	19세기
ᄂᆞ솟–	9(法화)	1	6(杜重)	–	–
나솟–	–	–	–	1(양로)	–

#17	15C	16C	17C	18C	19C
ᄂᆞ솟–(16) 94.1%	1463 ········		1632		
나솟–(1) 5.9%				1795	

074* 나아가다

	15세기	16세기	17세기	18세기	19세기
내여가–	–	–	4(癸丑)	2(종덕)	–
나야가–	–	–	–	–	1(매일)

#7	15C	16C	17C	18C	19C
내여가–(6) 85.7%			16xx ········	1758	
나야가–(1) 14.3%					1898

075* 나오다(바치다)

	15세기	16세기	17세기	18세기	19세기
나ᅀᅩ–	43(석)	2(번朴)	–	–	–
나오–	1(석)	1	59	51	3(이언)
나소–	1(杜초)	–	2(권념)	–	–
나으–	–	–	1(癸丑)	2(경기홍충)	–

#166	15C	16C	17C	18C	19C
나ᅀᅩ–(45) 27.1%	1447 ········	1517			
나오–(115) 69.3%	1447 ········				1883
나소–(3) 1.8%	1481 ········		1637		
나으–(3) 1.8%			16xx ········	1783	

076* 나오다(나아오다)

	15세기	16세기	17세기	18세기	19세기
나소-	43(석)	4(蒙송광사)	–	–	–
나오-	38(석)	31	127	111	438(신약)
나으-	–	2(小언)	2	3	3(성경직해)

#802	15C	16C	17C	18C	19C
나소-(47) 5.9%	1447	1577			
나오-(745) 92.9%	1447				1900
나으-(10) 1.2%		1587			1892

077* 나직하다

	15세기	16세기	17세기	18세기	19세기
ᄂᆞᄌᆞᆨᄒᆞ-	21(法화)	3	22	5	2(閑中)
ᄂᆞᄌᆞᆺᄒᆞ-	–	5(번老)	–	–	–
ᄂᆞ즉ᄒᆞ-	–	–	1(老)	–	–
나즉ᄒᆞ-	–	–	–	–	1(남원)
나직ᄒᆞ-	–	–	–	–	1(독립)

#61	15C	16C	17C	18C	19C
ᄂᆞᄌᆞᆨᄒᆞ-(53) 86.9%	1463				18xx
ᄂᆞᄌᆞᆺᄒᆞ-(5) 8.2%		1517			
ᄂᆞ즉ᄒᆞ-(1) 1.6%			1670		
나즉ᄒᆞ-(1) 1.6%					1864
나직ᄒᆞ-(1) 1.6%					1896

078* 나타나다

	15세기	16세기	17세기	18세기	19세기
나담나-	1(月)	–	–	–	–
낱-	206(月)	18	3(유합영)	–	–
나타나-	10(月)	28	26	31	205(신약)
낫타나-	–	–	3(家언)	12	16(협성)
나타ᄂᆞ-	–	–	–	2(조훈)	9(독립)

#570	15C	16C	17C	18C	19C
나담나-(1) 0.2%	1459				
낱-(227) 39.8%	1459 ······	······	1700		
나타나-(300) 52.6%	1459 ······	······	······	······	1900
낫타나-(31) 5.4%			1632 ······	······	1898
나타ᄂᆞ-(11) 1.9%				1764 ······	1896

079* 나타내다

	15세기	16세기	17세기	18세기	19세기
나토오-	7(석)	5	–	5(인과곡)	–
나토-	820(석)	32	8	16	1(閑中)

#894	15C	16C	17C	18C	19C
나토오-(17) 1.9%	1447 ······	······	······	1796	
나토-(877) 98.1%	1447 ······	······	······	······	18xx

080* 낙닥하다(즐거워하다)

	15세기	16세기	17세기	18세기	19세기
락닥ᄒᆞ-	3(月)	–	–	–	–
낙닥ᄒᆞ-	–	2(誡初)	–	–	–

#5	15C	16C	17C	18C	19C
락닥ᄒᆞ-(3) 60%	1459				
낙닥ᄒᆞ-(2) 40%		1577			

081* 낚다

	15세기	16세기	17세기	18세기	19세기
낛ㄱ-	19(月)	–	8(杜重)	–	–
낛-	8(永嘉)	2	11	1(女四)	–
낚-	–	–	–	3(주천)	20(매일)

#72	15C	16C	17C	18C	19C
낛ㄱ-(27) 37.5%	1459 ······	······	1632		
낛-(22) 30.6%	1464 ······	······	······	1736	
낚-(23) 31.9%				1752 ······	1898

082* 난처하다

	15세기	16세기	17세기	18세기	19세기
난쳐ᄒᆞ-	–	–	–	2(名義)	10(쥬교)
난쳐하-	–	–	–	–	1(閑中)

#13	15C	16C	17C	18C	19C
난쳐ᄒᆞ-(12) 92.3%				1777 ········	1897
난쳐하-(1) 7.7%					18xx

083* 날뛰다

	15세기	16세기	17세기	18세기	19세기
ᄂᆞᆲ드-	–	1(번小)	3(신속)	–	–
ᄂᆞᆲᄯᅳ-	–	–	1(서궁)	–	–
ᄂᆞᆲ쒸-	–	–	–	2(明義, 蒙類解)	–

#7	15C	16C	17C	18C	19C
ᄂᆞᆲ드-(4) 57.1%		1518 ········	1617		
ᄂᆞᆲᄯᅳ-(1) 14.3%			16xx		
ᄂᆞᆲ쒸-(2) 28.6%				1777–1790	

084* 날래다

	15세기	16세기	17세기	18세기	19세기
ᄂᆞᆯ나-	32(석)	12	9	6	10(시편)
ᄂᆞᆯ라-	–	5(번小)	17	2	1(太平)
ᄂᆞᆯ내-	–	–	1(杜重)	1	1(독립)

#97	15C	16C	17C	18C	19C
ᄂᆞᆯ나-(69) 71.1%	1447 ········	········	········	········	1898
ᄂᆞᆯ라-(25) 25.8%		1518 ········	········	········	18xx
ᄂᆞᆯ내-(3) 3.1%			1632 ········	········	1896

085* 날카롭다

	15세기	16세기	17세기	18세기	19세기
ᄂᆞᆯ캏-	20(석, 月)	–	–	–	–
ᄂᆞᆯ캅-	8(석)	–	1	1(女四)	–
ᄂᆞᆯ카오-	59(法화)	5	9	1(女四)	–
날캅-	–	–	–	–	1(한불)
날카오-	–	–	–	–	1(텬로)
날카우-	–	–	–	–	2(매일)

#108	15C	16C	17C	18C	19C
ᄂᆞᆯ캏-(20) 18.5%	1447–1459				
ᄂᆞᆯ캅-(10) 9.3%	1447 ···········			1736	
ᄂᆞᆯ카오-(74) 68.5%	1463 ···········			1736	
날캅-(1) 0.9%					1880
날카오-(1) 0.9%					1894
날카우-(2) 1.9%					1898

086* 날호다(천천히 하다)

	15세기	16세기	17세기	18세기	19세기
날호-	21(석)	2	32	17	2(남원)
날회-	13(救方)	33	41	22	3(太平)
날희-	1(救간)	–	–	–	1(太平)

#188	15C	16C	17C	18C	19C
날호-(74) 39.4%	1447 ···········				1864
날회-(112) 59.6%	1466 ···········				18xx
날희-(2) 1.1%	1489 ···········				18xx

087* 남루하다

	15세기	16세기	17세기	18세기	19세기
남누ᄒᆞ-	–	–	–	1(蒙類解)	2(독립)
남루ᄒᆞ-	–	–	–	–	4(남원)

#7	15C	16C	17C	18C	19C
남누ᄒᆞ-(3) 42.9%				1790 ···········	1896

남루ᄒᆞ-(4) 57.1% 1864

088* 남짓하다

	15세기	16세기	17세기	18세기	19세기
남ᄌᆞᆺᄒᆞ-	2(救方)	-	-	-	-
남ᄌᆞᆨᄒᆞ-	37(救간)	2	11	2(五倫)	-
남즉ᄒᆞ-	-	3(번老)	13	17	4(歌曲)
남즛ᄒᆞ-	-	1(번老)	-	-	5(이언)

#97	15C	16C	17C	18C	19C
남ᄌᆞᆺᄒᆞ-(2) 2.1%	1466				
남ᄌᆞᆨᄒᆞ-(52) 53.6%	1489			1797	
남즉ᄒᆞ-(37) 38.1%		1517			1876
남즛ᄒᆞ-(6) 6.2%		1517			1883

089* 납작하다

	15세기	16세기	17세기	18세기	19세기
납쪽ᄒᆞ-	-	-	-	4(譯補)	-
납작ᄒᆞ-	-	-	-	-	1(한불)

#5	15C	16C	17C	18C	19C
납쪽ᄒᆞ-(4) 80.0%				1775	
납작ᄒᆞ-(1) 20.0%					1880

090* 낮추다

	15세기	16세기	17세기	18세기	19세기
ᄂᆞ초-	-	8(번小)	16	5	2(성경직해)
나초-	-	-	-	1(경신)	3(신약)
나추-	-	-	-	-	1(독립)

#36	15C	16C	17C	18C	19C
ᄂᆞ초-(31) 86.1%		1518			1892
나초-(4) 11.1%				1796	1900
나추-(1) 2.8%					1896

091* 낳다

	15세기	16세기	17세기	18세기	19세기
낳−	85(석)	27	35	76	110(신약)
낫ᇂ−	−	−	9(譯)	11	144(신약)

#497	15C	16C	17C	18C	19C
낳−(333) 67.0%	1447 ···				1900
낫ᇂ−(164) 33.0%			1690 ···		1900

092* 내기하다

	15세기	16세기	17세기	18세기	19세기
나기ᄒᆞ−	−	5(번朴)	4	6	3(성경직해)
내기ᄒᆞ−	−	−	−	1(경신)	3(독립)

#22	15C	16C	17C	18C	19C
나기ᄒᆞ−(18) 81.8%		1517 ···			1892
내기ᄒᆞ−(4) 18.2%				1796 ···	1896

093* 내다

	15세기	16세기	17세기	18세기	19세기
내ᅘᅧ−	6(석)	−	−	−	−
내−	1410(석)	311	790	514	962(신약)
내히−	1(杜초)	1	2	1	2(太平)
ᄂᆡ히−	−	−	−	−	7(매일)
내혀−	−	1(무예제보)	−	−	−

#4008	15C	16C	17C	18C	19C
내ᅘᅧ−(6) 0.1%	1447				
내−(3987) 99.5%	1447 ···				1900
내히−(7) 0.2%	1481 ···				18xx
ᄂᆡ히−(7) 0.2%					1898
내혀−(1) 0.0%		159x			

094* 내닫다

	15세기	16세기	17세기	18세기	19세기
나ᄃᆞᆮ-	5(석)	3	4(杜重)	–	–
내ᄃᆞᆮ-	11(석)	8	20	8	1(성경직해)
내ᄃᆞᆽ-	–	–	5(癸丑)	1(同文)	–
내닫-	–	–	–	–	3(성경직해)
ᄂᆡ닫-	–	–	–	–	15(감응)
ᄂᆡᄃᆞᆮ-	–	–	–	–	2(감응)

#86	15C	16C	17C	18C	19C
나ᄃᆞᆮ-(12) 14.0%	1447 ········		1632		
내ᄃᆞᆮ-(48) 55.8%	1447 ········				1892
내ᄃᆞᆽ-(6) 7.0%			16xx ········	1748	
내닫-(3) 3.5%					1892
ᄂᆡ닫-(15) 17.4%					1852
ᄂᆡᄃᆞᆮ-(2) 2.3%					1852

095* 내려지다

	15세기	16세기	17세기	18세기	19세기
ᄂᆞ려디-	6(杜초)	1	38	8	3(太平)
ᄂᆞ려지-	–	–	1(癸丑)	2	2(남원)

#61	15C	16C	17C	18C	19C
ᄂᆞ려디-(56) 91.8%	1481 ········				18xx
ᄂᆞ려지-(5) 8.2%			16xx ········		1864

096* 내리게 하다

	15세기	16세기	17세기	18세기	19세기
ᄂᆞ리오-	87(석)	7	101	139	32(쥬교)
ᄂᆞ리우-	6(月)	2	–	10	48(쥬교)

#432	15C	16C	17C	18C	19C
ᄂᆞ리오-(366) 84.7%	1447 ········				1897
ᄂᆞ리우-(66) 15.3%	1459 ········				1897

097* 내리다

	15세기	16세기	17세기	18세기	19세기
내리-	44(석)	9	13	11	30(신약)
ᄂᆞ리-	370(석)	75	419	372	609(신약)
ᄂᆡ리-	–	–	–	–	92(군영, 매일)

#2044	15C	16C	17C	18C	19C
내리-(107) 5.2%	1447 ·········				1900
ᄂᆞ리-(1845) 90.3%	1447 ·········				1900
ᄂᆡ리-(92) 4.5%					1881–1898

098* 내밀다

	15세기	16세기	17세기	18세기	19세기
내밀-	2(杜초)	–	9	14	16(신약)
ᄂᆡ밀-	–	–	–	–	12(군영, 증남포)

#53	15C	16C	17C	18C	19C
내밀-(41) 77.4%	1481 ·········				1900
ᄂᆡ밀-(12) 22.6%					1881–1897

099* 내치다

	15세기	16세기	17세기	18세기	19세기
내티-	33(석)	55	26	48(五倫)	–
내치-	–	1(순천)	5	25	12(신약)
냅드-	–	–	–	5(유중외, 五倫)	–

#210	15C	16C	17C	18C	19C
내티-(162) 77.1%	1447 ·········			1797	
내치-(43) 20.5%			16xx ·········		1900
냅드-(5) 2.4%				1782–1797	

100* 너르다

	15세기	16세기	17세기	18세기	19세기
너르−	2(능)	4	2	48	27(매일)
너ᄅᆞ−	−	2(번小)	13	12	74(쥬교)
널ᄋᆞ−	−	−	1(家언)	6	11(매일)
널르−	−	−	1(馬언)	−	−

#203	15C	16C	17C	18C	19C
너르−(83) 40.9%	1461 ········				1898
너ᄅᆞ−(101) 49.8%		1518 ········			1897
널ᄋᆞ−(18) 8.9%			1632 ········		1898
널르−(1) 0.5%			16xx		

101* 널이다(폐를 끼치다)

	15세기	16세기	17세기	18세기	19세기
널이−	−	5(번老)	3(朴重)	−	−
너리−	−	−	4(朴重, 譯)	−	−

#12	15C	16C	17C	18C	19C
널이−(8) 66.7%		1517 ········	1677		
너리−(4) 33.3%			1677−1690		

102* 넓다

	15세기	16세기	17세기	18세기	19세기
넙−	165(석)	35	34	37	29(매일)
넓−	−	1(안락태자)	−	4	62(매일)

#367	15C	16C	17C	18C	19C
넙−(300) 81.7%	1447 ········				1898
넓−(67) 18.3%		1576 ········			1898

103* 넓히다

	15세기	16세기	17세기	18세기	19세기
너피－	67(曲)	4	2(杜重)	－	－
널우－	－	1(類合)	－	－	－
넙피－	－	3(小언)	－	－	－
널피－	－	－	－	1(女四)	2(매일)

#80	15C	16C	17C	18C	19C
너피－(73) 91.3%	1447 ······		1632		
널우－(1) 1.3%		1576			
넙피－(3) 3.8%		1587			
널피－(3) 3.8%				1736 ······	1898

104* 넘기다(일부의 뜻은 위배하다)

	15세기	16세기	17세기	18세기	19세기
너므－	2(月)	1	－	1(어내)	－
넘그－	2(杜초)	－	2(杜重)	－	－
넘오－	－	1(小언)	－	－	－
넘구－	－	2(小언)	4	1(맹율)	－
넘우－	－	1(小언)	21	－	4(한불)

#42	15C	16C	17C	18C	19C
너므－(4) 9.5%	1459 ······			1737	
넘그－(4) 9.5%	1481 ······		1632		
넘오－(1) 2.4%		1587			
넘구－(7) 16.7%		1587 ······		1749	
넘우－(26) 61.9%		1587 ······			1880

105* 넘어가다

	15세기	16세기	17세기	18세기	19세기
너머가－	－	1(類合)	8	－	1(성경직해)
넘어가－	－	－	1(서궁)	1	21(매일)

#33	15C	16C	17C	18C	19C
너머가－(10) 30.3%		1576 ······			1892
넘어가－(23) 69.7%			16xx ······		1898

106* 넘어지다

	15세기	16세기	17세기	18세기	19세기
넘어디−	−	1(小언)	−	−	−
너머지−	−	−	−	5(경기홍충)	28(신약)
넘어지−	−	−	−	1(경기홍충)	13(신약)
너머디−	−	−	−	1(無寃)	1(太平)

#50	15C	16C	17C	18C	19C
넘어디−(1) 2.0%		1587			
너머지−(33) 66.0%				1783 ······	1900
넘어지−(14) 28.0%				1783 ······	1900
너머디−(2) 4.0%				1792 ······	18xx

107* 넘치다

	15세기	16세기	17세기	18세기	19세기
넘ᄯᅵ/넚디−	15(석)	8	3	2	2(예성로스)
넘ᄣᅵ−	10(능, 개법)	−	−	−	−
넘ᄠᅵ−	−	−	1(譯)	−	−
넘씨−	−	−	−	3(字恤)	−
넘치−	−	−	−	−	32(남원, 신약)

#76	15C	16C	17C	18C	19C
넘ᄯᅵ/넚디−(30) 39.5%	1447 ······				1887
넘ᄣᅵ−(10) 13.2%	1461−1500				
넘ᄠᅵ−(1) 1.3%			1690		
넘씨−(3) 3.9%				1783	
넘치−(32) 42.1%					1864−1900

108* 넣다

	15세기	16세기	17세기	18세기	19세기
녛−	256(석)	63	58	34	18(규합)
넣−	7(석)	1	11	47	266(신약)
넛ᄒ−	−	−	−	12(同文)	62(신약)
녓ᄒ−	−	−	−	−	1(매일)

#836	15C	16C	17C	18C	19C
넣-(429) 51.3%	1447 ……… 1869				
녛-(332) 39.7%	1447 ……… 1900				
넛ㅎ-(74) 8.9%				1748 ……… 1900	
녓ㅎ-(1) 0.1%					1898

109* 녀다(가다, 행하다)

	15세기	16세기	17세기	18세기	19세기
녀-	224(석)	31	98	1(八兒)	–
니-	110(석)	52	77	5	3(매일)
녜-	1(杜초)	9	38	13	14(歌曲)
녀ᄒᆞ-	–	1(순천)	1(杜重)	–	–

#678	15C	16C	17C	18C	19C
녀-(354) 52.2%	1447 ……… 1777				
니-(247) 36.4%	1447 ……… 1898				
녜-(75) 11.1%	1481 ……… 1876				
녀ᄒᆞ-(2) 0.3%		15xx ……… 1632			

110* 노닐다

	15세기	16세기	17세기	18세기	19세기
노닐-	67(석)	5	14	6	24(텬로)
노니-	7(月)	–	1(杜重)	–	–
노닐우-	–	–	2(老)	–	1(징보)

#127	15C	16C	17C	18C	19C
노닐-(116) 91.3%	1447 ……… 1894				
노니-(8) 6.3%	1459 ……… 1632				
노닐우-(3) 2.4%			1670 ……… 18xx		

111* 노랗다

	15세기	16세기	17세기	18세기	19세기
노ᄅᆞ-	4(月)	2	3	1(老重)	–
노랗-	1(救方)	–	–	–	–
노라ᄒᆞ-	1(六祖)	–	–	–	–
노ᄂᆞ-	–	1(字會)	–	–	–

#13	15C	16C	17C	18C	19C
노ᄅᆞ-(10) 76.9%	1459 ········	········	········	1795	
노랗-(1) 7.7%	1466				
노라ᄒᆞ-(1) 7.7%	1496				
노ᄂᆞ-(1) 7.7%		1527			

112* 노릇하다

	15세기	16세기	17세기	18세기	19세기
노릇(ᄒᆞ)-	–	–	1(老)	–	37(매일)
노롯(ᄒᆞ)-	–	–	8(朴重)	8	5(여소)

#59	15C	16C	17C	18C	19C
노릇(ᄒᆞ)-(38) 64.4%			1670 ········	········	1898
노롯(ᄒᆞ)-(21) 35.6%			1677 ········	········	18xx

113* 녹이다

	15세기	16세기	17세기	18세기	19세기
노기-	116(용)	9	20	3	2(太平)
녹이-	–	–	–	8(종덕)	20(쥬교)

#178	15C	16C	17C	18C	19C
노기-(150) 84.3%	1447 ········	········	········	········	18xx
녹이-(28) 15.7%				1758 ········	1897

114* 놀라다

	15세기	16세기	17세기	18세기	19세기
놀라-	206(석)	28	113	43	27(이천)
놀래-	19(法화)	–	14	4(十九)	–
놀라ᄒᆞ-	2(内)	–	1(杜重)	–	–
롤라-	–	3(번小)	4(권념)	–	–
놀나-	–	2(광천)	26	65	198(신약)
놀ᄂᆡ-	–	2(속三중)	1	1	43(매일)
놀ᄂᆞ-	–	–	–	–	2(삼성)
놀내-	–	–	9	3	30(신약)

#846	15C	16C	17C	18C	19C
놀라-(417) 49.3%	1447 ···········				1894
놀래-(37) 4.4%	1463 ···········			1772	
놀라ᄒᆞ-(3) 0.4%	1475 ···········		1632		
롤라-(7) 0.8%		1518 ···········	1637		
놀나-(291) 34.4%		1575 ···········			1900
놀ᄂᆡ-(47) 5.6%		1581 ···········			1898
놀ᄂᆞ-(2) 0.2%					1880
놀내-(42) 5.0%					1900

115* 누렇다

	15세기	16세기	17세기	18세기	19세기
누르-	217(석)	24	132	65	45(매일)
누르러-	13(月)	3	11	2	1(규합)
누러ᄒᆞ-	2(杜초)	–	5	1(경기홍충)	–
누ᄅᆞ-	–	2(百聯)	8	3	4(훈아)
눌으-	–	–	1(馬언)	–	–
누로-	–	–	49(납약)	1(十九)	–

#589	15C	16C	17C	18C	19C
누르-(483) 82.0%	1447 ···········				1898
누르러-(30) 5.1%	1459 ···········				1869
누러ᄒᆞ-(8) 1.4%	1481 ···········			1783	

누ᄅᆞ-(17) 2.9% 1576 ······ 1894

눌으-(1) 0.2% 16xx

누로-(50) 8.5% 16xx ······ 1772

116* 누르다

	15세기	16세기	17세기	18세기	19세기
눌ᄅᆞ-	33(석)	2	17	6(無寃)	–
누르-	22(석)	11	–	2	15(협성)
루르-	–	3(石千)	–	2	1(이천)
누로-	–	1(무예제보)	16	2	1(규합)
누ᄅᆞ-	–	–	3(신속)	13	12(신약)
눌으-	–	–	–	11(譯補)	13(매일)
눌우-	–	–	–	1(경신)	2(텬로)

#189	15C	16C	17C	18C	19C
눌ᄅᆞ-(58) 30.7%	1447 ······ 1792				
누르-(50) 26.5%	1447 ······ 1898				
루르-(6) 3.2%		1583 ······ 1894			
누로-(20) 10.6%		159x ······ 1869			
누ᄅᆞ-(28) 14.8%			1617 ······ 1900		
눌으-(24) 12.7%				1775 ······ 1898	
눌우-(3) 1.6%				1796 ······ 1894	

117* 누읏굴다(뒹굴다)

	15세기	16세기	17세기	18세기	19세기
누읏굴-	–	1(字會)	–	–	–
누우ᅀᅮᆯ-	–	–	1(朴重)	1(朴新)	–

#3	15C	16C	17C	18C	19C
누읏굴-(1) 33.3%		1527			
누우ᅀᅮᆯ-(2) 66.7%			1677 ······ 1765		

118* 눕다

	15세기	16세기	17세기	18세기	19세기
눟-	39(석)	4(蒙송광사)	–	–	–
눕-	27(月)	2	23	13	14(시편)
누우-	115(月)	43	161	94	156(신약)
누으-	–	1(誡初)	–	–	–

#692	15C	16C	17C	18C	19C
눟-(43) 6.2%	1447	1577			
눕-(79) 11.4%	1459				1898
누우-(569) 82.2%	1459				1900
누으-(1) 0.1%		1577			

119* 눕히다

	15세기	16세기	17세기	18세기	19세기
누이-	1(月)	6	11	23	18(신약)
뉘이-	9(法화)	–	2	4	8(매일)

#82	15C	16C	17C	18C	19C
누이-(59) 72.0%	1459				1900
뉘이-(23) 28.0%	1463				1898

120* 뉘우치다

	15세기	16세기	17세기	18세기	19세기
뉘읓-	56(석)	3(번小)	–	–	–
뉘읏브-	13(석)	1	1(杜重)	–	–
뉘읏-	6(杜초)	–	1(杜重)	–	–
뉘읏치-	–	1(번小)	–	3(인과곡)	–
뉘웃-	–	1(小언)	2	3(어훈)	–
뉘웇-	–	1(선조)	4	3(계주)	–
뉘읏쓰-	–	–	1(신속)	–	–
뉘읏츠-	–	–	1(산성)	12	8(성경직해)
뉘웃치-	–	–	1(계녀서)	18	70(신약)
뉘옷치-	–	–	–	4(어내)	1(매일)
뉘온치-	–	–	–	2(개첩)	–

#217	15C	16C	17C	18C	19C
뉘ᄋᆞᆾ-(59) 27.2%	1447 ······	1518			
뉘ᄋᆞᆺ브-(15) 6.9%	1447 ······	······	1632		
뉘ᄋᆞᇫ-(7) 3.2%	1481 ······	······	1632		
뉘ᄋᆞᆺ치-(4) 1.8%		1518 ······	······	1796	
뉘옷-(6) 2.8%		1587 ······	······	1756	
뉘옻-(8) 3.7%		1593 ······	······	1757	
뉘ᄋᆞᆺᄡᅳ-(1) 0.5%			1617		
뉘ᄋᆞᆺ츠-(21) 9.7%			16xx ······	······	1892
뉘ᄋᆞᆺ치-(89) 41.0%			16xx ······	······	1900
뉘옷치-(5) 2.3%				1737 ······	1898
뉘ᄋᆞᆫ치-(2) 0.9%				1748	

121* 느끼다

	15세기	16세기	17세기	18세기	19세기
늗기-	–	3(百聯)	2	2	1(이천)
늣기-	–	–	4(신속)	15	10(독립)

#37	15C	16C	17C	18C	19C
늗기-(8) 21.6%		1576 ······	······	······	1894
늣기-(29) 78.4%			1617 ······	······	1896

122* 늙다

	15세기	16세기	17세기	18세기	19세기
늙-	559(석)	153	626	176	298(신약)
늓-	–	–	2(杜重)	–	–

#1814	15C	16C	17C	18C	19C
늙-(1812) 99.9%	1447 ······	······	······	······	1900
늓-(2) 0.1%			1632		

123* 늦다

	15세기	16세기	17세기	18세기	19세기
느즈럽-	–	–	–	1(兵指)	1(예셩로스)
느지럽-	–	–	–	–	3(독립, 매일)

#5	15C	16C	17C	18C	19C
느즈럽-(2) 40.0%				1787 ········	1887
느지럽-(3) 60.0%					1896–1898

124* 늦추다

	15세기	16세기	17세기	18세기	19세기
느치-	2(용)	–	1(杜重)	–	–
느추-	1(內)	1	4	4(老重)	–
늣추-	–	1(속三)	–	4	2(셩경직해)
느초-	–	1(小언)	–	2	2(淸老)

#25	15C	16C	17C	18C	19C
느치-(3) 12.0%	1447 ········	········	1632		
느추-(10) 40.0%	1475 ········	········	········	1795	
늣추-(7) 28.0%		1514 ········	········	········	1892
느초-(5) 20.0%		1587 ········	········	········	18xx

125* 다르다

	15세기	16세기	17세기	18세기	19세기
달ㅇ-	380(석)	23	8	5(어내)	–
다ᄅᆞ-	998(석)	228	367	472	676(신약)
달ᄅᆞ-	1(圓)	2	8	2	2(사민)
다르-	–	9(번小)	12	202	1010(신약)
달ᄋᆞ-	–	2(맹자)	–	1(어내)	–
달으-	–	–	–	13(女四)	160(매일)

#4581	15C	16C	17C	18C	19C
달ㅇ-(416) 9.1%	1447 ········	········	········	1737	
다ᄅᆞ-(2741) 59.8%	1447 ········	········	········	········	1900

달ㄹ-(15) 0.3% 1465 … 1889
다르-(1233) 26.9% 1518 … 1900
달ᄋᆞ-(3) 0.1% 1590 … 1737
달으-(173) 3.8% 1736 … 1898

126* 다지르다(들이받다)

	15세기	16세기	17세기	18세기	19세기
다디르-	2(月)	2(유합)	–	–	–
다딜-[5]	24(救方)	5	18	9(無寃)	–
다디ᄅᆞ-	3(杜초)	1	2(杜重)	–	–
다지ᄅᆞ-	–	–	1(杜重)	–	1(성경직해)
다질어-	–	–	–	1(朴新)	13(신약)

#82 15C 16C 17C 18C 19C
다디르-(4) 4.9% 1459 … 1576
다딜-(56) 68.3% 1466 … 1792
다디ᄅᆞ-(6) 7.3% 1481 … 1632
다지ᄅᆞ-(2) 2.4% 1632 … 1892
다질어-(14) 17.1% 1765 … 1900

127* 더디다

	15세기	16세기	17세기	18세기	19세기
더듸-	43(月)	9	49	43	26(매일)
더디-[6]	–	–	1(家언)	–	1(사민)

#172 15C 16C 17C 18C 19C
더듸-(170) 98.8% 1459 … 1898
더디-(2) 1.2% 1632 … 1889

5) '다딜어, 다딜러, 다딜리(니)'의 세 가지 형태가 나타난다.
6) '더디게, 늦게'의 뜻을 지닌 파생부사형 '더디'는 15세기부터 상당수 출현한다.

128* 더럽히다

	15세기	16세기	17세기	18세기	19세기
더러빙-	19(月)	3(蒙빙발암)	–	–	–
더러이-	95(月)	23	141	45	54(진리)
더레이-	8(능)	–	2	2	1(명성경)
더럽히-	–	–	–	–	3(여수)

#396	15C	16C	17C	18C	19C
더러빙-(22) 5.6%	1459 ······ 1535				
더러이-(358) 90.4%	1459 ······ 1895				
더레이-(13) 3.3%	1461 ······ 1883				
더럽히-(3) 0.8%					1889

129* 던지다

	15세기	16세기	17세기	18세기	19세기
더디-	89(석)	50	40	52	10(예성로스)
더지-	–	1(순천)	5	35	288(신약)
던지-	–	–	–	–	85(신약)

#655	15C	16C	17C	18C	19C
더디-(241) 36.8%	1447 ······ 1887				
더지-(329) 50.2%		15xx ······ 1900			
던지-(85) 13.0%					1900

130* 뒤집다

	15세기	16세기	17세기	18세기	19세기
드위힐후-	28(능, 救方)	–	–	–	–
두르힐후-	1(능)	–	1(杜重)	–	–
두루힐후-	4(능)	1	2(杜重)	–	–
두위힐호-	1(杜초)	–	1(杜重)	–	–
두위힐후-	5(杜초)	–	6(杜重)	–	–
드위힐우-	–	1(七大)	–	–	–

#51	15C	16C	17C	18C	19C
드위힐후-(28) 54.9%	1461–1466				

두르힐후-(2) 3.9% 1461 ········ 1632
두루힐후-(7) 13.7% 1461 ········ 1632
두위힐호-(2) 3.9% 1481 ········ 1632
두위힐후-(11) 21.6% 1481 ········ 1632
드위힐우-(1) 2.0% 1569

131* 마르다

	15세기	16세기	17세기	18세기	19세기
ᄆᆞᄅᆞ-	98(月)	4	120	15	17(신약)
말ㄹ-	1(月)	–	–	–	19(신약)
ᄆᆞ르-	–	–	3(東醫)	17	15(독립)
말ㅇ-	–	–	–	1(인과곡)	18(독립)
마르-	–	–	–	2(경신)	17(독립)

#347	15C	16C	17C	18C	19C
ᄆᆞᄅᆞ-(254) 73.2%	1459 ········				1900
말ㄹ-(20) 5.8%	1459 ········				1900
ᄆᆞ르-(35) 10.1%			1613 ········		1896
말ㅇ-(19) 5.5%				1796 ········	1896
마르-(19) 5.5%				1796 ········	1896

132* 마주보다

	15세기	16세기	17세기	18세기	19세기
마조보-	–	–	2(杜重)	–	–
마주보-	–	–	–	–	1(예성로스)

#3	15C	16C	17C	18C	19C
마조보-(2) 66.7%			1632		
마주보-(1) 33.3%					1887

133* 마주치다

	15세기	16세기	17세기	18세기	19세기
마조치-	–	–	–	7(朴新)	4(신심소)
마주치-	–	–	–	–	1(예성로스)

#12	15C	16C	17C	18C	19C
마조치－(11) 91.7%				1765	········ 1896
마주치－(1) 8.3%					1887

134* 마초쯔다(고증하다)

	15세기	16세기	17세기	18세기	19세기
마초ᄡᆞ－	14(석)	5(小언)	－	－	－
마초ᄡᅳ－	2(杜초)	1	3	1(지장)[7]	－

#26	15C	16C	17C	18C	19C
마초ᄡᆞ－(19) 73.1%	1447 ········	1587			
마초ᄡᅳ－(7) 26.9%	1481 ········	········	········	1752	

135* 마치다

	15세기	16세기	17세기	18세기	19세기
마치－	17(용)	7	15	9	5(독립)
맛치－	－	－	－	28(종덕)	121(매일)

#202	15C	16C	17C	18C	19C
마치－(53) 26.2%	1447 ········	········	········	········	1896
맛치－(149) 73.8%				1758 ········	1898

136* 막히다

	15세기	16세기	17세기	18세기	19세기
마키－	20(月)	1	10	1(同文)	－
막키－	－	3(번小)	18	3	5(협성)
막히－	－	－	43(胎諺)	43	108(신약)

7) 이 용례의 원문은 다음과 같다. "ᄯᅩ 이 명죵ᄒᆞᆫ 사ᄅᆞᆷ미 앙화의 버믈어 ᄃᆡᄒᆞ야 ▶마초ᄡᅥ◀ 됴흔 ᄧᅡ히 늣씌 나게 ᄒᆞ리니 ᄒᆞ믈며 명죵ᄒᆞᆫ 〈地藏中, 16b〉". '－아/어'계 어미 결합형으로서, 원칙적으로는 어간이 '마초ᄡᅳ－'인지 '마초ᄡᆞ－'인지 알 수 없다. 그러나 어미의 이형태가 '－아'가 아니라 '－어'이므로 어간도 음성모음을 가진 '마초ᄡᅳ－'에 포함시켰다.

#255 15C 16C 17C 18C 19C

마키-(32) 12.5% 1459 ………… 1748

막키-(29) 11.4% 1518 ………… 1898

막히-(194) 76.1% 1608 ………… 1900

137* 만나다

	15세기	16세기	17세기	18세기	19세기
맞나-	4(曲, 月)	–	–	–	–
맛나-	539(석)	52	70	49	401(신약)
맛닐-	19(능)	–	20(杜重)	–	–
만나-	3(救方)	58	376	316	307(신약)
맏나-	–	1(안락태자)	6(신속)	–	–

#2221 15C 16C 17C 18C 19C

맞나-(4) 0.2% 1447–1459

맛나-(1111) 50.0% 1447 ………… 1900

맛닐-(39) 1.8% 1461 ………… 1632

만나-(1060) 47.7% 1466 ………… 1900

맏나-(7) 0.3% 1576 ………… 1617

138* 만들다

	15세기	16세기	17세기	18세기	19세기
밍ᄀᆞᆯ-	35(석)	84	224	18(普勸해)	–
민ᄃᆞᆯ-	–	6(번小)	57	90	87(이언)
ᄆᆞᆫᄃᆞᆯ-	–	10(번小)	36	20	282(신약)
밍글-	–	19(百聯)	148	65	9(신심소)
만들-	–	1(안락태자)	3	6	278(매일)
밍ᄃᆞᆯ-	–	1(小언)	109(馬언)	–	–
민들-	–	2(小언)	21	118	75(신심소)
민글-	–	–	4(警民)	5	6(예성로스)
민달-	–	–	–	–	4(규합)
맨들-	–	–	–	–	1(국소)

#1824 15C 16C 17C 18C 19C

밍ᄀᆞᆯ-(361) 19.8% 1447 ………… 1776

ᄆᆡᆫᄃᆞᆯ-(240) 13.2% 1518 ······ 1883

ᄆᆞᆫᄃᆞᆯ-(348) 19.1% 1518 ······ 1900

ᄆᆡᆼ글-(241) 13.2% 1576 ······ 1896

만들-(288) 15.8% 1576 ······ 1898

ᄆᆡᆼᄃᆞᆯ-(110) 6.0% 1587 ······ 16xx

ᄆᆡᆫ들-(216) 11.8% 1587 ······ 1896

ᄆᆡᆫ글-(15) 0.8% 1658 ······ 1887

ᄆᆡᆫ달-(4) 0.2% 1869

맨들-(1) 0.1% 1895

139* 만지다

	15세기	16세기	17세기	18세기	19세기
ᄆᆞᆫ지-	49(月)	16	25	21	77(신약)
ᄆᆞᆫ치-	–	–	2(신속)	–	–
만지-	–	–	–	1(五倫)	160(독립)
만즈-	–	–	–	–	7(歌曲)

#358 15C 16C 17C 18C 19C

ᄆᆞᆫ지-(188) 52.5% 1459 ······ 1900

ᄆᆞᆫ치-(2) 0.6% 1617

만지-(161) 45.0% 1797 ······ 1896

만즈-(7) 2.0% 1876

140* 말미암다

	15세기	16세기	17세기	18세기	19세기
말믜삼-	–	1(小언)	–	–	–
말믜암-	–	4(小언)	6	45	1(독립)
말ᄆᆡ암-	–	43(小언)	28	159	242(신약)
말ᄆᆡ삼-	–	6(맹자)	–	–	–
말미암-	–	1(맹자)	1	–	2(매일)

#539 15C 16C 17C 18C 19C

말믜삼-(1) 0.2% 1587

말믜암-(56) 10.4% 1587 ······ 1896

말ᄆᆡ암-(472) 87.6% 1587 ······ 1900

말ᄆᆡ삼-(6) 1.1%	1590

말미암-(4) 0.7%	1590 1898

141* 맛갊다(대답하다)

	15세기	16세기	17세기	18세기	19세기
맛ᄀᆞᆱ-	36(석)	–	1(杜重)	–	–
맛ᄀᆞᆲ-	1(능)	–	–	–	–

#38	15C	16C	17C	18C	19C
맛ᄀᆞᆱ-(37) 97.4%	1447	....	1632		
맛ᄀᆞᆲ-(1) 2.6%	1461				

142* 맛갑다(알맞다)

	15세기	16세기	17세기	18세기	19세기
맛가ᇦ-	4(석)	–	–	–	–
맛갑-	2(석)	–	–	–	1(매일)
맛가오-	2(法화)	–	–	–	–
맛ᄀᆞᆽ-	–	–	3(警民)	9	16(쥬교)
맛겻-	–	–	–	1(三譯)	1(淸老)
맛겻젓-	–	–	–	1(同文)	–

#40	15C	16C	17C	18C	19C
맛가ᇦ-(4) 10.0%	1447				
맛갑-(3) 7.5%	1447	....	....	....	1898
맛가오-(2) 5.0%	1463				
맛ᄀᆞᆽ-(28) 70.0%			1658	....	1897
맛겻-(2) 5.0%				1703	18xx
맛겻젓-(1) 2.5%				1748	

143* 맛나다

	15세기	16세기	17세기	18세기	19세기
맛나-	1(內)	3	2	–	2(셩경직해)
맏나-	–	2(小언)	1(신속)	–	–
만나-	–	1(小언)	20(여훈)	–	–
맛갓나-	–	–	2(신속)	–	–

#34	15C	16C	17C	18C	19C
맛나-(8) 23.5%	1475 ····				1892
맏나-(3) 8.8%		1587 ····	1617		
만나-(21) 61.8%		1587 ····	1658		
맛갓나-(2) 5.9%			1617		

144* 맛닫다(맞닥뜨리다)

	15세기	16세기	17세기	18세기	19세기
맛돌-	10(능)	24	5	1(三譯)	–
맛돋-	2(蒙)	5(蒙송광사)	–	–	–
맛달-	–	–	–	2(三譯)	–

#49	15C	16C	17C	18C	19C
맛돌-(40) 81.6%	1461 ····			1703	
맛돋-(7) 14.3%	1467 ····	1577			
맛달-(2) 4.1%				1703	

145* 맡기다

	15세기	16세기	17세기	18세기	19세기
마띠-	1(석)	–	–	–	–
맛디-	134(석)	47	17	39	7(歌曲)
맛기-	–	1(몽육)	3	5	167(신약)
맛티-	–	1(속三중)	–	19	10(예셩로스)
맏디-	–	–	3(신속)	1(개첩)	–
맛지-	–	–	–	40(三譯)	48(매일)
맏기-	–	–	–	1(隣語)	–
맏지-	–	–	–	7(개첩, 인어)	–
맛찌-	–	–	–	1(十九)	–

#552	15C	16C	17C	18C	19C
마띠-(1) 0.2%	1447				
맛디-(244) 44.3%	1447 ····				1876
맛기-(176) 31.9%		1567 ····			1900
맛티-(30) 5.4%		1581 ····			1887
맏디-(4) 0.7%			1617 ····	1748	

맛지-(88) 16.0% 1703 ······ 1898

맏기-(1) 0.2% 1748

맏지-(7) 1.3% 1748-1790

맛ᄶᅵ-(1) 0.2% 1772

146* (냄새를) 맡다

	15세기	16세기	17세기	18세기	19세기
맡-	7(석)	-	3(痘要)	-	-
마ퟔ-	-	1(分온)	-	-	-
마ퟱ-	-	-	1(朴重)	-	-

#12	15C	16C	17C	18C	19C
맡-(10) 83.3%	1447 ······		1608		
마ퟔ-(1) 8.3%		1542			
마ퟱ-(1) 8.3%			1677		

147* (일을) 맡다

	15세기	16세기	17세기	18세기	19세기
마ᇨ-	12(석)	27	11	7	3(국한)
마ퟱ-	-	-	1(신속)	3	68(매일)
맡-	-	-	-	2(兵指)	3(협성)

#137	15C	16C	17C	18C	19C
마ᇨ-(60) 43.8%	1447 ······				1895
마ퟱ-(72) 52.6%			1617 ······		1898
맡-(5) 3.6%				1787 ······	1898

148* 매무시하다

	15세기	16세기	17세기	18세기	19세기
ᄆᆡ뭊-	-	1(小언)	-	-	-
ᄆᆡ믖-	-	-	1(家언)	-	-

#2	15C	16C	17C	18C	19C
ᄆᆡ뭊-(1) 50%		1587			
ᄆᆡ믖-(1) 50%			1632		

149* 맵다

	15세기	16세기	17세기	18세기	19세기
ᄆᆡᇦ-	12(석, 三강런던)	–	–	–	–
ᄆᆡᆸ-	6(月)	3	3	3	6(歌曲)
ᄆᆡ우-	–	–	–	–	1(명성경)

#34	15C	16C	17C	18C	19C
ᄆᆡᇦ-(12) 35.3%	1447–1481				
ᄆᆡᆸ-(21) 61.8%	1459 ······				1876
ᄆᆡ우-(1) 2.9%					1883

150* 머금다

	15세기	16세기	17세기	18세기	19세기
머굼-	162(月)	11	10	1(어내)	–
머곰-	–	1(恩重)	1	–	1(太平)
먹움-	–	1(小언)	–	–	–
먹음-	–	1(효경)	2	23	17(매일)

#231	15C	16C	17C	18C	19C
머굼-(184) 79.7%	1459 ······			1737	
머곰-(3) 1.3%		1563 ······			18xx
먹움-(1) 0.4%		1587			
먹음-(43) 18.6%		1590 ······			1898

151* 머물다

	15세기	16세기	17세기	18세기	19세기
머믈ㅇ-	3(曲)	2	1	4	1(太平)
머믈-	6(月)	8	12	26	21(신약)
머믈오-	22(月)	1	17	4	4(太平)
머믈우-	53(月)	13	55	5	9(太平)
머믈ㄹ-	–	–	1(老)	22	1(군영)
머무로-	–	–	5(馬언)	16(경신)	–
머믈ㄴ-	–	–	–	10(종덕)	21(신약)

#343	15C	16C	17C	18C	19C
머믈ㅇ-(11) 3.2%	1447 ·········	·········	·········	·········	18xx
머믈-(73) 21.3%	1459 ·········	·········	·········	·········	1900
머믈오-(48) 14.0%	1459 ·········	·········	·········	·········	18xx
머믈우-(135) 39.4%	1459 ·········	·········	·········	·········	18xx
머믈ㄹ-(24) 7.0%			1670 ·········	·········	1881
머무로-(21) 6.1%			16xx ·········	1796	
머믈ㄴ-(31) 9.0%				1758 ·········	1900

152* 머믓거리다

	15세기	16세기	17세기	18세기	19세기
머믓ᄒᆞ-	1(金삼)	-	-	-	-
머믈츠-	1(六祖)	-	-	-	-
머믓거리-	-	-	1(譯)	1(어내)	-
머믓거리-	-	-	1(산성)	1	2(감응)

#8	15C	16C	17C	18C	19C
머믓ᄒᆞ-(1) 12.5%	1482				
머믈츠-(1) 12.5%	1496				
머믓거리-(2) 25.0%			1690 ·········	1737	
머믓거리-(4) 50.0%			16xx ·········	·········	1852

153* 먹이다

	15세기	16세기	17세기	18세기	19세기
머기-	175(석)	133	528	18	6(太平)
먹이-	-	13(속三중)	56	172	239(신약)

#1340	15C	16C	17C	18C	19C
머기-(860) 64.2%	1447 ·········	·········	·········	·········	18xx
먹이-(480) 35.8%		1581 ·········	·········	·········	1900

154* 멈추다

	15세기	16세기	17세기	18세기	19세기
머추-	1(용)	1	2	–	1(예성로스)
멈치-	–	–	1(新語)	1(개첩)	–
멈초-	–	–	–	2(호남민)	–
멈추-	–	–	–	–	2(성경직해)

#11	15C	16C	17C	18C	19C
머추-(5) 45.5%	1447 ········	········	········	········	1887
멈치-(2) 18.2%			1676 ········	1748	
멈초-(2) 18.2%				1783	
멈추-(2) 18.2%					1892

155* 멈춤하다

	15세기	16세기	17세기	18세기	19세기
머즉ᄒᆞ-	2(救간)	–	2	6(譯補)	–
머즉-	–	–	1(譯)	–	–
머즉하-	–	–	–	1(譯補)	–

#12	15C	16C	17C	18C	19C
머즉ᄒᆞ-(10) 83.3%	1489 ········	········	········	1775	
머즉-(1) 8.3%			1690		
머즉하-(1) 8.3%				1775	

156* 메벗다(어깨를 드러내다)

	15세기	16세기	17세기	18세기	19세기
메밧-	13(석, 月)	–	–	–	–
메왓-	16(月)	11	2	1(어내)	–
메앗-	–	–	–	1(女四)	–

#44	15C	16C	17C	18C	19C
메밧-(13) 29.5%	1447–1459				
메왓-(30) 68.2%	1459 ········	········	········	1737	
메앗-(1) 2.3%				1736	

157* 메우다

	15세기	16세기	17세기	18세기	19세기
메우-	11(月)	10	3	19	14(증남포)
몃고-	4(능)	–	–	–	–
몌우-	4(능)	1	5	5(無寃)	–
몌오-	7(능)	2	9	16(老重)	–
몃구-	5(永嘉)	1	1(杜重)	–	–
몍고-	–	–	1(家언)	–	–
몟귀-	–	–	2(杜重)	–	–

#120	15C	16C	17C	18C	19C
메우-(57) 47.5%	1459				1897
몃고-(4) 3.3%	1461				
몌우-(15) 12.5%	1461			1792	
몌오-(34) 28.3%	1461			1795	
몃구-(7) 5.8%	1464		1632		
몍고-(1) 0.8%			1632		
몟귀-(2) 1.7%			1632		

158* 모르다

	15세기	16세기	17세기	18세기	19세기
몰ㄹ-	150(석)	47	50	9	3(독립)
모ᄅᆞ-	258(석)	118	128	21	99(신약)
몰래-	6(月)	4	2	1	1(淸老)
모고	18(牧)	16	34	120(五倫)	–
몰ㅇ-	1(內)	–	–	–	–
몰오-	–	–	1(譯)	3	7(독립)
몰으-	–	–	–	–	75(규합, 매일)
몰우-	–	–	–	–	17(예셩로스)
몰아-	–	–	–	–	2(예셩로스)

#1221	15C	16C	17C	18C	19C
몰ㄹ-(259) 21.2%	1447				1896
모ᄅᆞ-(624) 51.1%	1447				1900

몰래-(14) 1.1% 1459 ········ 18xx

모로-(218) 17.9% 1467 ········ 1797

몰ㅇ-(1) 0.1% 1475

몰오-(11) 0.9% 1690 ········ 1896

몰으-(75) 6.1% 1869-1898

몰우-(17) 1.4% 1887

몰아-(2) 0.2% 1887

159* 모시다

	15세기	16세기	17세기	18세기	19세기
뫼시-	35(曲)	56	131	68	122(신약)
모시-	-	4(번小)	8	4	45(신약)
모셔-	-	-	2(유합영)	-	-

#475 15C 16C 17C 18C 19C

뫼시-(412) 86.7% 1447 ········ 1900

모시-(61) 12.8% 1518 ········ 1900

모셔-(2) 0.4% 1700

160* 모으다

	15세기	16세기	17세기	18세기	19세기
뫼호-	288(석)	48	51	6(兵指)	-
모도-	187(석)	39	23	49	31(매일)
몯오-	2(月)	-	-	-	-
모토-	1(金삼)	3	2(자취)	-	-
모호-	-	-	9(자취)	66	139(신약)
모으-	-	-	1(계녀서)	2	71(매일)

#1018 15C 16C 17C 18C 19C

뫼호-(393) 38.6% 1447 ········ 1787

모도-(329) 32.3% 1447 ········ 1898

몯오-(2) 0.2% 1459

모토-(6) 0.6% 1482 ········ 1635

모호-(214) 21.0% 1635 ········ 1900

모으-(74) 7.3% 16xx ········ 1898

161* 모자라다

	15세기	16세기	17세기	18세기	19세기
모ᄌᆞ래-	2(月)	–	–	–	–
모ᄌᆞ라-	4(月)	4	2	14	4(매일)
모ᄌᆞᄅᆡ-	–	–	–	–	2(예성로스)
모자라-	–	–	–	–	1(독립)

#33	15C	16C	17C	18C	19C
모ᄌᆞ래-(2) 6.1%	1459				
모ᄌᆞ라-(28) 84.8%	1459 …………				1898
모ᄌᆞᄅᆡ-(2) 6.1%					1887
모자라-(1) 3.0%					1896

162* 모질다

	15세기	16세기	17세기	18세기	19세기
모딜-	52(용)	17	24	10	4(이천)
모질-	–	–	2(杜重)	8	22(쥬교)

#139	15C	16C	17C	18C	19C
모딜-(107) 77.0%	1447 …………				1894
모질-(32) 23.0%			1632 …………		1897

163* 무겁다

	15세기	16세기	17세기	18세기	19세기
므겁-	8(月)	7	7(杜重)	–	–
므거우-	41(능)	13	7	2(어내)	–
무거우-	1(圓)	–	–	2	16(매일)
무겁-	–	1(순천)	–	7	20(신약)

#132	15C	16C	17C	18C	19C
므겁-(22) 16.7%	1459 …………		1632		
므거우-(63) 47.7%	1461 …………			1737	
무거우-(19) 14.4%	1465 …………				1898
무겁-(28) 21.2%		15xx …………			1900

164* 무너지다

	15세기	16세기	17세기	18세기	19세기
믈어디-	54(석)	13	24(杜重)	–	–
믈허디-	–	8(字會)	8	–	2(太平)
믄허디-	–	–	6(朴重)	14(兵指)	–
믄허지-	–	–	–	5(朴新)	3(이언)

#137	15C	16C	17C	18C	19C
믈어디-(91) 66.4%	1447 ······	······	1632		
믈허디-(18) 13.1%		1527 ······	······	······	18xx
믄허디-(20) 14.6%			1677 ······	1787	
믄허지-(8) 5.8%				1765 ······	1883

165* 무디다

	15세기	16세기	17세기	18세기	19세기
무듸-	4(月)	–	3	8	3(독립)
무뒤-	–	3(번朴)	–	1	1(歌曲)
무되-	–	–	2(朴重)	6(蒙類解)	–

#31	15C	16C	17C	18C	19C
무듸-(18) 58.1%	1459 ······	······	······	······	1896
무뒤-(5) 16.1%		1517 ······	······	······	1876
무되-(8) 25.8%			1677 ······	1790	

166* 무릅쓰다

	15세기	16세기	17세기	18세기	19세기
무룹스-	1(救간)	–	3(신속)	–	–
무릅쓰-	–	–	–	1(同文)	31(신약)
무롭쓰-	–	–	–	1(蒙類解)	2(텬로)
무룹쓰-	–	–	–	–	2(예셩로스)
므릅쓰-	–	–	–	–	3(감응, 신약)

#44	15C	16C	17C	18C	19C
무룹스-(4) 9.1%	1489 ······	······	1617		
무릅쓰-(32) 72.7%				1748 ······	1900
무롭쓰-(3) 6.8%				1790 ······	1894

무룹쓰-(2) 4.5%					1887
므릅쓰-(3) 6.8%					1852-1900

167* 무섭다

	15세기	16세기	17세기	18세기	19세기
므싀엽-	4(석)	-	-	-	-
므싀엽-	7(석, 月)	-	-	-	-
므싀-	9(月, 杜초)	-	-	-	-
므싀여우-	5(杜초)	-	-	-	-
므의-	-	-	5(杜重)	-	-
므의엽-	-	-	2(杜重)	-	-
므의여우-	-	-	5(杜重)	-	-
므셥-	-	-	-	1(十九)	-
무섭-	-	-	-	-	6(사민)
무서우-	-	-	-	-	1(閑中)

#45	15C	16C	17C	18C	19C
므싀엽-(4) 8.9%	1447				
므싀엽-(7) 15.6%	1447-1459				
므싀-(9) 20.0%	1459-1481				
므싀여우-(5) 11.1%	1481				
므의-(5) 11.1%			1632		
므의엽-(2) 4.4%			1632		
므의여우-(5) 11.1%			1632		
므셥-(1) 2.2%				1772	
무섭- (6) 13.3%					1889
무서우-(1) 2.2%					18xx

168* 무희다(불때다)

	15세기	16세기	17세기	18세기	19세기
무희-	2(法화)	2	-	1	1(광재)
무휘우-	-	-	1(老)	-	-
무희-	-	-	1(朴重)	-	-
무휘-	-	-	1(譯)	-	-

#9	15C	16C	17C	18C	19C
무희-(6) 66.7%	1463 ·········	·········	·········	·········	18xx
무휘우-(1) 11.1%			1670		
무회-(1) 11.1%			1677		
무휘-(1) 11.1%			1690		

169* 묶다

	15세기	16세기	17세기	18세기	19세기
뭇ᄀ-	14(月)	1	18	2	7(매일)
므ᇧ-	–	1(小언)	3	3(五倫)	–
묶-	–	–	1(馬언)	7	47(신약)

#104	15C	16C	17C	18C	19C
뭇ᄀ-(42) 40.4%	1459 ·········	·········	·········	·········	1898
므ᇧ-(7) 6.7%		1587 ·········	·········	1797	
묶-(55) 52.9%			16xx ·········	·········	1900

170* 문지르다

	15세기	16세기	17세기	18세기	19세기
문지ᄅᆞ-	–	–	–	1(朴新)	–
문질ㄴ-	–	–	–	1(譯補)	5(사민)
문지르-	–	–	–	–	4(규합)
문지로-	–	–	–	–	1(규합)

#12	15C	16C	17C	18C	19C
문지ᄅᆞ-(1) 8.3%				1765	
문질ㄴ-(6) 50.0%				1775 ·········	1889
문지르-(4) 33.3%					1869
문지로-(1) 8.3%					1869

171* 묻히다(被埋)

	15세기	16세기	17세기	18세기	19세기
무티-	9(杜초)	2	19	1(五倫)	–
무치이-	–	–	1(癸丑)	–	–
무치-	–	–	–	–	1(신약)

#33	15C	16C	17C	18C	19C
무티-(31) 93.9%	1481 ········	········	········	1797	
무치이-(1) 3.0%			16xx		
무치-(1) 3.0%					1900

172* 묻히다(옷에 묻게 하다)

	15세기	16세기	17세기	18세기	19세기
무티-	33(月)	1	13	2(無寃)	–
묻티-	–	1(分온)	–	–	–
무치-	–	–	2(朴重)	3	11(규합)

#66	15C	16C	17C	18C	19C
무티-(49) 74.2%	1459 ········	········	········	1792	
묻티-(1) 1.5%		1542			
무치-(16) 24.2%			1677 ········	········	1869

173* 물리치다

	15세기	16세기	17세기	18세기	19세기
믈리받-	1(석)	1(속三)	–	–	–
믈리왇-	9(月)	–	5(杜重)	–	–
믈리치-	–	–	1(자취)	7(三譯)	–

#24	15C	16C	17C	18C	19C
믈리받-(2) 8.3%	1447 ········	1514			
믈리왇-(14) 58.3%	1459 ········	········	1632		
믈리치-(8) 33.3%			1635 ········	1703	

174* 뮈우다(움직이게 하다)

	15세기	16세기	17세기	18세기	19세기
뮈우-	164(용)	14	23	1(譯補)	–
뮈오-	3(內)	–	5(杜重)	–	–

#210	15C	16C	17C	18C	19C
뮈우-(202) 96.2%	1447 ········	········	········	1775	
뮈오-(8) 3.8%	1475 ········	········	1632		

175* 미루다

	15세기	16세기	17세기	18세기	19세기
미루-	1(法화)		1	5	40(신약)
미뤼-	–	–	–	12(어자)	6(이언)

#65	15C	16C	17C	18C	19C
미루-(47) 72.3%	1463 ········				1900
미뤼-(18) 27.7%				1746 ········	1883

176* 미치다(及)

	15세기	16세기	17세기	18세기	19세기
미츠-	81(석)	25	26	26	8(군영)
미치-	50(석)	9	11	1	2(매일)
미처-	82(석)	77	122	84	8(閑中)
믿-	–	2(속三)	9	3(隣語)	–
미쳐-	–	–	–	1(十九)	3(閑中)

#630	15C	16C	17C	18C	19C
미츠-(166) 26.3%	1447 ········				1881
미치-(73) 11.6%	1447 ········				1898
미처-(373) 59.2%	1447 ········				18xx
믿-(14) 2.2%		1514 ········		1790	
미쳐-(4) 0.6%				1772 ········	18xx

177* 믿다

	15세기	16세기	17세기	18세기	19세기
믿-	40(석)	35	21	10	1(성경직해)
믿브-	1(金강)	24(중용)	–	–	–
밋브-	–	–	14(여훈)	18	24(쥬교)
밋부-	–	–	–	14(三譯)	23(매일)

#225	15C	16C	17C	18C	19C
믿-(107) 47.6%	1447 ········				1892
믿브-(25) 11.1%	1464 ········	1590			

	15C	16C	17C	18C	19C
밋브-(56) 24.9%			1658		1897
밋부-(37) 16.4%				1703	1898

178* 밀치다

	15세기	16세기	17세기	18세기	19세기
미좇-	47(석)	10	10	3	3(閑中)
미리왇-	3(月)	–	–	–	–
미좉-	2(月)	–	–	–	–
밀왇-	–	1(字會)	–	–	–
미지-	–	1(字會)	1	1(方言)	–
밀티-	–	–	6(여훈)	16	3(歌曲)

#107	15C	16C	17C	18C	19C
미좇-(73) 68.2%	1447				18xx
미리왇-(3) 2.8%	1459				
미좉-(2) 1.9%	1459				
밀왇-(1) 0.9%		1527			
미지-(3) 2.8%		1527		1778	
밀티-(25) 23.4%			1658		1876

179* 밉다

	15세기	16세기	17세기	18세기	19세기
믜ᇦ-	7(석)	–	–	–	–
믜우-	23(능)	11	4	3	1(閑中)
믭-	–	2(순천)	1	–	1(閑中)
미우-	–	–	2(계녀서)	–	24(매일)
밉-	–	–	–	–	6(삼성)

#85	15C	16C	17C	18C	19C
믜ᇦ-(7) 8.2%	1447				
믜우-(42) 49.4%	1461				18xx
믭-(4) 4.7%		15xx			18xx
미우-(26) 30.6%			16xx		1898
밉-(6) 7.1%					1880

180* 밋밋하다

	15세기	16세기	17세기	18세기	19세기
밋밋ᄒᆞ-	13(능)	4	5(杜重)	–	–
밋밋-	1(救方)	–	–	–	–
믠밋ᄒᆞ-	–	1(번小)	–	–	–

#24	15C	16C	17C	18C	19C
밋밋ᄒᆞ-(22) 91.7%	1461 ···	···	1632		
밋밋-(1) 4.2%	1466				
믠밋ᄒᆞ-(1) 4.2%		1518			

181* 바꾸다

	15세기	16세기	17세기	18세기	19세기
밧고-	44(석)	58	29	150	116(신약)
밧ᄭᅩ-	–	2(字會)	3	1(선조행장)	–
박고-	–	3(순천)	–	–	7(매일)
박구-	–	–	–	–	14(규합, 예성로스)
밧구-	–	–	–	–	41(잠상, 매일)

#468	15C	16C	17C	18C	19C
밧고-(397) 84.8%	1447 ···	···	···	···	1900
밧ᄭᅩ-(6) 1.3%		1527 ···	···	17xx	
박고-(10) 2.1		15xx ···	···	···	1898
박구-(14) 3.0%					1869–1887
밧구-(41) 8.8%					1886–1898

182* 바드랍다(위태롭다)

	15세기	16세기	17세기	18세기	19세기
바ᄃᆞ랍-	8(月)	2	2(杜重)	–	–
바ᄃᆞ라오-	21(능)	7	20(杜重)	–	–
바ᄃᆞ라ᄫ-	1(三강런던)	–	–	–	–
바드라오-	–	1(石千)	2(영천)		–

#64	15C	16C	17C	18C	19C
바ᄃᆞ랍-(12) 18.8%	1459 ···	···	1632		

바ᄃᆞ라오-(48) 75.0% 1461 1632
바ᄃᆞ라ᄫᅩ-(1) 1.6% 1481
바드라오-(3) 4.7% 1583 1700

183* 바르다/바르게 하다

	15세기	16세기	17세기	18세기	19세기
바ᄅᆞ-	9(月)	8	6	1	77(시편)
바로-	1(능)	–	2	60	26(매일)
바르-	1(法화)	–	1	9	98(매일)
발ᄋᆞ-	–	1(小언)	–	–	–

#300	15C	16C	17C	18C	19C
바ᄅᆞ-(101) 33.7%	1459				1898
바로-(89) 29.7%	1461				1898
바르-(109) 36.3%	1463				1898
발ᄋᆞ-(1) 0.3%		1587			

184* 바쁘다

	15세기	16세기	17세기	18세기	19세기
밧ᄇᆞ-	3(月)	4	1	1(어내)	–
뵈왓바-	3(救方)	–	–	–	–
밧바-[8]	4(救方)	6	51	5	6(국한)
뵈왓브-	3(內)	–	2(杜重)	–	–
밧브-	1(內)	7	8	6	2(예성로스)
뵈왓ᄇᆞ-	3(杜초)	1	3(杜重)	–	–
뵈앗ᄇᆞ-	–	2(번小)	–	1(어내)	–
밧ᄲᆡ-	–	–	1(痘要)	–	–
밧부-	–	–	–	5(三譯)	3(남원)
밧버-	–	–	–	–	1(매일)

8) '-아/어'계 어미 결합형이다. '밧바x'의 어간이 '밧ᄇᆞ-'인지 '밧브-'인지 결정할 수 없으므로 따로 보인 것이다. 이하의 '밧버-', '뵈앗바/버-' 등도 동일하다.

#133	15C	16C	17C	18C	19C
밧ᄫᆞ-(9) 6.8%	1459 ………	………	………	1737	
뵈왓바-(3) 2.3%	1466				
밧바-(72) 54.1%	1466 ………	………	………	………	1895
뵈왓ᄇᆞ-(5) 3.8%	1475 ………	………	1632		
밧ᄇᆞ-(24) 18.0%	1475 ………	………	………	………	1887
뵈왓ᄫᆞ-(7) 5.3%	1481 ………	………	1632		
뵈앗ᄫᆞ-(3) 2.3%		1518 ………	………	1737	
밧ᄡᆡ-(1) 0.8%			1608		
밧부-(8) 6.0%				1703 ………	1864
밧버-(1) 0.8%					1898

185* 바치다

	15세기	16세기	17세기	18세기	19세기
바ᄍᆞᄫᆞ-	1(석)	–	–	–	–
바티-	18(석)	22	23	14	1(국소)
바치-	2(曲)	–	3	36	5(매일)
바ᄍᆞ오-	1(능)	–	–	–	–
밧ᄌᆞ오-	–	1(경민중)	30	81	64(매일)
밧좁-	–	–	3(신속)	–	–
밧티-	–	–	2(朴重)	13	1(예성로스)
밧ᄌᆞᆸ-	–	–	27(癸丑)	18	13(사민)
밧치-	–	–	1(산성)	33	364(신약)
받치-	–	–	–	1(倭)	–

#778	15C	16C	17C	18C	19C
바ᄍᆞᄫᆞ-(1) 0.1%	1447				
바티-(78) 10.0%	1447 ………	………	………	………	1895
바치-(46) 5.9%	1447 ………	………	………	………	1898
바ᄍᆞ오-(1) 0.1%	1461				
밧ᄌᆞ오-(176) 22.6%		1579 ………	………	………	1898
밧좁-(3) 0.4%			1617		
밧티-(16) 2.1%			1677 ………	………	1887
밧ᄌᆞᆸ-(58) 7.5%			16xx ………	………	1889

밧치-(398) 51.2%			16xx ········· 1900		
받치-(1) 0.1%				1781	

186* 반갑다

	15세기	16세기	17세기	18세기	19세기
반가ᄫᅳ-	1(曲)	–	–	–	–
반가오-	–	1(순천)	3	2	15(독립)
반갑-	–	3(순천)	75	4	48(매일)
반가우-	–	–	–	–	2(歌曲)

#154	15C	16C	17C	18C	19C
반가ᄫᅳ-(1) 0.6%	1447				
반가오-(21) 13.6%		15xx ·········	·········	·········	1896
반갑-(130) 84.4%		15xx ·········	·········	·········	1898
반가우-(2) 1.3%					1876

187* 반듯하다[9]

	15세기	16세기	17세기	18세기	19세기
반득ᄒᆞ-	17(月)	1	3(家언)	–	–
반둣ᄒᆞ-	–	–	1(신속)	2	7(성경직해)
반듯ᄒᆞ-	–	–	–	–	4(독립, 매일)

#35	15C	16C	17C	18C	19C
반득ᄒᆞ-(21) 60.0%	1459 ·········	·········	1632		
반둣ᄒᆞ-(10) 28.6%			1617 ·········	·········	1892
반듯ᄒᆞ-(4) 11.4%					1896–1898

188* 반죽하다

	15세기	16세기	17세기	18세기	19세기
반쥭ᄒᆞ-[10]	–	–	–	3(譯補)	10(규합)
반죽ᄒᆞ-	–	–	–	–	3(규합)

---

9) '반ᄃᆞᆨ다', '반ᄃᆞᆺ다'형 포함.

10) '반쥭허다'형 포함.

#16	15C	16C	17C	18C	19C
반쥭ᄒᆞ-(13) 81.3%				1775 ………	1869
반죽ᄒᆞ-(3) 18.8%					1869

189* 방정하다

	15세기	16세기	17세기	18세기	19세기
방정ᄒᆞ-	–	–	1(서궁)	–	–
방졍ᄒᆞ-	–	–	9(癸丑)	1	2(삼성)

#13	15C	16C	17C	18C	19C
방정ᄒᆞ-(1) 7.7%			16xx		
방졍ᄒᆞ-(12) 92.3%			16xx ………	………	1880

190* 방종하다

	15세기	16세기	17세기	18세기	19세기
방죵ᄒᆞ-	–	–	1(여훈)	12	3(텬로)
방종ᄒᆞ-	–	–	–	2(조훈)	–

#18	15C	16C	17C	18C	19C
방죵ᄒᆞ-(16) 88.9%			1658 ………	………	1894
방종ᄒᆞ-(2) 11.1%				1764	

191* 뱉다

	15세기	16세기	17세기	18세기	19세기
비왇-	5(능)	1	3(杜重)	–	–
비왙-	11(능)	2	3	1(천의)	–
비밭-	1(蒙)	3(蒙빙발암)	–	–	–
비왓-	–	–	3(杜重)	2(천의)	–
비왓ㅌ-	–	–	4(杜重)	3(종덕)	–
비앗흐-	–	–	–	1(十九)	1(성경직해)
비얏흐-	–	–	–	1(蒙類解)	1(훈아)

#46	15C	16C	17C	18C	19C
비왇-(9) 19.6%	1461 ………	………	1632		

비왈-(17) 37.0% 1461 ········· 1756

비발-(4) 8.7% 1467 ········· 1535

비왓-(5) 10.9% 1632 ········· 1756

비왓ㅌ-(7) 15.2% 1632 ········· 1758

비앗흐-(2) 4.3% 1772 ········· 1892

비얏흐-(2) 4.3% 1790 ········· 1894

192* 버무리다[11]

	15세기	16세기	17세기	18세기	19세기
범글-	17(석, 杜초)	–	–	–	–
버믈-	63(月)	2	66(杜重)	–	–
버므리-	12(月)	11	25	3	2(太平)
범그리-	1(圓)	–	1(杜重)	–	–
범을/범으리-	–	–	3(杜重)	–	7(규합)
버무리-	–	–	1(譯)	12	14(규합)

#240 15C 16C 17C 18C 19C

범글-(17) 7.1% 1447–1481

버믈-(131) 54.6% 1459 ········· 1632

버므리-(53) 22.1% 1459 ········· 18xx

범그리-(2) 0.8% 1465 ········· 1632

범을/범으리-(10) 4.2% 1632 ········· 1869

버무리-(27) 11.3% 1690 ········· 1869

11) '버므리다'는 '버무리다'와 '얽매다, 얽매이다'의 두 가지 단어이며, '버믈다'는 '얽매다, 얽매이다'의 뜻이다.

193* 버을다/버으리왇다(사이가 벌어지다)

	15세기	16세기	17세기	18세기	19세기
버을-	42(석, 개법)	–	–	–	–
벙을-	30(月)	3(誡初)	–	–	–
버으리왇-	4(杜초)	–	–	–	–
벙으리왇-	11(杜초, 救간)	–	–	–	–
벙으리-	–	1(七大)	–	–	–
벙으리왇-	–	–	10(練兵)	2(兵指)	–
버으리왇-	–	–	50(신속)	–	–
벙을/벙으-	–	–	12(杜重, 語錄개)	–	–

#165	15C	16C	17C	18C	19C
버을-(42) 25.5%	1447–1500				
벙을-(33) 20.0%	1459 ········	1577			
버으리왇-(4) 2.4%	1481				
벙으리왇-(11) 6.7%	1481–1489				
벙으리-(1) 0.6%		1569			
벙으리왇-(12) 7.3%			1612 ········	1787	
버으리왇-(50) 30.3%			1617		
벙을/벙으-(12) 7.3%			1632–1669		

194* 번거롭다

	15세기	16세기	17세기	18세기	19세기
번거ᄒᆞ-	–	3(小언)	3	6	26(매일)
번거롭-	–	–	–	2(천의)	2(독립)

#42	15C	16C	17C	18C	19C
번거ᄒᆞ-(38) 90.5%		1587 ········	········	········	1898
번거롭-(4) 9.5%				1756 ········	1896

195* 범븨다(거치적거리다)

	15세기	16세기	17세기	18세기	19세기
범븨−	2(救方)	1	3(辟新)	−	−
범브−	−	−	1(馬언)	−	−
범븨−	−	−	3(馬언)	−	−

#10	15C	16C	17C	18C	19C
범븨−(6) 60.0%	1466 ······	······	1653		
범브−(1) 10.0%			16xx		
범븨−(3) 30.0%			16xx		

196* 베다

	15세기	16세기	17세기	18세기	19세기
바히−	14(석, 金삼)	−	−	−	−
벟−	8(석)	−	7	7	1(성경직해)
뷔−	23(석)	17	28	11	22(신심소)
버히−	161(月)	82	468	166	124(신약)
베히−	8(救方)	14	75	63	26(신약)
븨−	−	−	13(서궁)	13	4(남원)
벼히−	−	−	−	−	2(감응, 여수)

#1357	15C	16C	17C	18C	19C
바히−(14) 1.0%	1447−1482				
벟−(23) 1.7%	1447 ······	······	······	······	1892
뷔−(101) 7.4%	1447 ······	······	······	······	1896
버히−(1001) 73.8%	1459 ······	······	······	······	1900
베히−(186) 13.7%	1466 ······	······	······	······	1900
븨−(30) 2.2%			16xx ······	······	1864
벼히−(2) 0.1%					1852−1889

197* 베풀다

	15세기	16세기	17세기	18세기	19세기
베풀-	10(杜초)	3	9	13	178(매일)
베프-[12]	16(杜초)	13	33	110	136(신약)
베플-	–	23(번小)	4	71	125(신약)

#744	15C	16C	17C	18C	19C
베풀-(213) 28.6%	1481 ………………………………………………………… 1898				
베프-(308) 41.4%	1481 ………………………………………………………… 1900				
베플-(223) 30.0%		1518 ……………………………………………… 1900			

198* 보드랍다/부드럽다

	15세기	16세기	17세기	18세기	19세기
보ᄃᆞ라ᄫᆞ-	22(석, 月)	–	–	–	–
보ᄃᆞ랍-	23(석)	–	9	2(隣語)	–
부드러ᄫᅳ-	1(月)	–	–	–	–
보ᄃᆞ라오-	73(능)	9	24	1(朴新)	–
부드러우-	20(능)	3	3	7	1(성경직해)
부드럽-	8(능)	–	5	5	12(독립)
부드러오-	1(內)	2	6	4	4(성경직해)
보드라오-	–	–	1(老)	2	2(잠상)
보도라오-	–	–	–	1(지장)	1(규합)
부들업-	–	–	–	1(譯補)	–
보드랍-	–	–	–	–	2(독립)

#255	15C	16C	17C	18C	19C
보ᄃᆞ라ᄫᆞ-(22) 8.6%	1447–1459				
보ᄃᆞ랍-(34) 13.3%	1447 ……………………………………………… 1790				
부드러ᄫᅳ-(1) 0.4%	1459				
보ᄃᆞ라오-(107) 42.0%	1461 ……………………………………………… 1765				
부드러우-(34) 13.3%	1461 ………………………………………………………… 1892				

12) '베픈', '베픔'은 '베프-'에 포함시켰다.

부드럽-(30) 11.8% 1461 ……… 1896
부드러오-(17) 6.7% 1475 ……… 1892
보드라오-(5) 2.0% 1670 ……… 1886
보도라오-(2) 0.8% 1752 ……… 1869
부들업-(1) 0.4% 1775
보드랍-(2) 0.8% 1896

199* 보살피다

	15세기	16세기	17세기	18세기	19세기
보ᄉᆞᆲ피-	–	7(번老)	4	2(蒙類解)	–
보ᄉᆞᆯ피-	–	4(번老)	12	20	10(독립)
보ᄉᆞᆲ히-	–	–	–	4(朴新)	8(독립)

#71	15C	16C	17C	18C	19C
보ᄉᆞᆲ피-(13) 18.3%		1517 ………	………	1790	
보ᄉᆞᆯ피-(46) 64.8%		1517 ………	………	………	1896
보ᄉᆞᆲ히-(12) 16.9%				1765 ………	1896

200* 보채다

	15세기	16세기	17세기	18세기	19세기
보차-	70(석)	3(呂約일석)	–	–	–
보채-	2(석)	14	56	13	5(太平)
보차이-	4(月)	8	1(胎諺)	–	–
봇채-	–	–	1(癸丑)	2(譯補)	–

#179	15C	16C	17C	18C	19C
보차-(73) 40.8%	1447 ………	1574			
보채-(90) 50.3%	1447 ………	………	………	………	18xx
보차이-(13) 7.3%	1459 ………	………	1608		
봇채-(3) 1.7%			16xx ………	1775	

201* 보태다

	15세기	16세기	17세기	18세기	19세기
보타−	14(月)	3	−	1	1(독립)
보태−	−	3(類合)	6	13	1(매일)
보ᄐᆡ−	−	−	1(곽씨)	3	22(매일)

#68	15C	16C	17C	18C	19C
보타−(19) 27.9%	1459	········	········	········	1896
보태−(23) 33.8%		1576	········	········	1898
보ᄐᆡ−(26) 38.2%			16xx	········	1898

202* 본받다

	15세기	16세기	17세기	18세기	19세기
본받−	16(月)	6	4	20	19(매일)
본보−	−	1(石千)	−	1	1(이천)
본밧−	−	−	2(癸丑)	16	132(신약)

#218	15C	16C	17C	18C	19C
본받−(65) 29.8%	1459	········	········	········	1898
본보−(3) 1.4%		1583	········	········	1894
본밧−(150) 68.8%			16xx	········	1900

203* 부끄럽다

	15세기	16세기	17세기	18세기	19세기
붓그리−	124(석)	35	84	40	32(독립)
붓그러ᄫᅳ−	4(月)	−	−	−	−
부ᄭᅳ리−	1(圓)	−	−	−	−
붓그럽−	3(內)	6	5	7	53(매일)
붓그러오−	3(內)	8	7	6	48(신약)
붓그러우−	12(內)	7	10	2	65(신약)
붓ᄭᅳ럽−	−	1(小언)	−	−	−
븟ᄭᅳ리−	−	1(三강동경)	−	3(十九)	−
븟ᄭᅳ러오−	−	−	1(新語)	3(十九)	−
븟ᄭᅳ럽−	−	−	−	3(三譯)	−
븟ᄭᅳ러우−	−	−	−	1(선조행장)	−

#575	15C	16C	17C	18C	19C
붓그리-(315) 54.7%	1447 ······				1896
붓그러ᄫ-(4) 0.7%	1459				
부ᄭᅳ리-(1) 0.2%	1465				
붓그럽-(74) 12.9%	1475 ······				1898
붓그러오-(72) 12.5%	1475 ······				1900
붓그러우-(96) 16.7%	1475 ······				1900
붓ᄭᅳ럽-(1) 0.2%		1587			
붓ᄭᅳ리-(4) 0.7%		15xx ······		1772	
붓ᄭᅳ러오-(4) 0.7%			1676 ······	1772	
붓ᄭᅳ럽-(3) 0.5%				1703	
붓ᄭᅳ러우-(1) 0.2%				17xx	

204* 부딪다/부딪치다

	15세기	16세기	17세기	18세기	19세기
브드티-	1(杜초)	3	3(杜重)	–	–
브드잇-	–	–	3(신속)	–	–
브듸티-	–	–	1(辟新)	–	–
브드잊-	–	–	1(서궁)	–	–
브듸치-	–	–	1(癸丑)	–	–
부듸잇-	–	–	–	3(同文)	1(남원)
부딋치-	–	–	–	1(方言)	1(훈아)
부듯치-	–	–	–	1(제주인민)	3(쥬교)
부드잊-	–	–	–	1(無寃)	–
부듸잊-	–	–	–	3(無寃)	–
브드치-	–	–	–	1(五倫)	–
부듸치-	–	–	–	–	4(광재)

#32	15C	16C	17C	18C	19C
브드티-(7) 21.9%	1481 ······		1632		
브드잇-(3) 9.4%			1617		
브듸티-(1) 3.1%			1653		
브드잊-(1) 3.1%			16xx		
브듸치-(1) 3.1%			16xx		

부듸잇-(4) 12.5% 1748 ………… 1864
부딋치-(2) 6.3% 1778 ………… 1894
부듯치-(4) 12.5% 1785 ………… 1897
부드잇-(1) 3.1% 1792
부듸잇-(3) 9.4% 1792
브드치-(1) 3.1% 1797
부듸치-(4) 12.5% 18xx

205* 부르다[13]

	15세기	16세기	17세기	18세기	19세기
브르-	210(석)	47	112	64	29(매일)
부르-	30(석)	9	20	43	122(매일)
불ㄹ-	1(석)	–	3	44	4(매일)
블ㄹ-	178(석)	77	148	104	13(太平)
불ㅇ-	130(석)	–	20	7	153(신약)
부ᄅ-	2(月)	1	7	38	146(신약)
브ᄅ-	2(救方)	6	51	64	28(시편)
블ㅇ-	4(南明)	9	5	10(어내)	–

#1941 15C 16C 17C 18C 19C

브르-(462) 23.8% 1447 ………… 1898
부르-(224) 11.5% 1447 ………… 1898
불ㄹ-(52) 2.7% 1447 ………… 1898
블ㄹ-(520) 26.8% 1447 ………… 18xx
불ㅇ-(310) 16.0% 1447 ………… 1900
부ᄅ-(194) 10.0% 1459 ………… 1900
브ᄅ-(151) 7.8% 1466 ………… 1898
블ㅇ-(28) 1.4% 1482 ………… 1737

13) '부르다' 항목에 '飽', '歌', '號'를 모두 포함하였다.

206* 부르짖다

	15세기	16세기	17세기	18세기	19세기
블으지지-	–	8(속三)	–	1(五倫)	–
브느짖-	–	–	3(신속)	–	–

#12	15C	16C	17C	18C	19C
블으지지-(9) 75.0%		1514 ······		······ 1797	
브느짖-(3) 25.0%			1617		

207* 부리다

	15세기	16세기	17세기	18세기	19세기
브리이-	10(석)	14	9	3(加髢)	–
브리-	201(석)	160	86	56	33(독립)
브리오-	–	1(번老)	22	22(老重)	–
브리우-	–	12(번老)	9	2(양로)	–

#640	15C	16C	17C	18C	19C
브리이-(36) 5.6%	1447 ······			······ 1788	
브리-(536) 83.8%	1447 ······				······ 1896
브리오-(45) 7.0%		1517 ······		······ 1795	
브리우-(23) 3.6%		1517 ······		······ 1795	

208* 부정하다

	15세기	16세기	17세기	18세기	19세기
부졍ᄒᆞ-	–	–	2(계녀서)	7	15(신약)
부정ᄒᆞ-	–	–	–	–	1(매일)

#25	15C	16C	17C	18C	19C
부졍ᄒᆞ-(24) 96.0%			16xx ······		······ 1900
부정ᄒᆞ-(1) 4.0%					1898

209* 부족하다

	15세기	16세기	17세기	18세기	19세기
브죡ᄒᆞ-	-	9(순천)	9	6(조훈)	-
부죡ᄒᆞ-	-	-	3(계녀서)	12	189(신약)
부족ᄒᆞ-	-	-	-	-	14(감응, 매일)

#242	15C	16C	17C	18C	19C
브죡ᄒᆞ-(24) 9.9%		15xx ······	······	1764	
부죡ᄒᆞ-(204) 84.3%			16xx ······	······	1900
부족ᄒᆞ-(14) 5.8%					1852-1898

210* 부지런하다

	15세기	16세기	17세기	18세기	19세기
ᄇᆞᄌᆞ런ᄒᆞ-	20(月)	25	7	25	3(매일)
부지런ᄒᆞ-	-	-	2(계녀서)	-	27(매일)
부ᄌᆞ런ᄒᆞ-	-	-	-	23(三譯)	7(매일)

#139	15C	16C	17C	18C	19C
ᄇᆞᄌᆞ런ᄒᆞ-(80) 57.6%	1459 ······	······	······	······	1898
부지런ᄒᆞ-(29) 20.9%			16xx ······	······	1898
부ᄌᆞ런ᄒᆞ-(30) 21.6%				1703 ······	1898

211* 부지하다

	15세기	16세기	17세기	18세기	19세기
부디ᄒᆞ-	-	1(小언)	1	2(종덕)	-
부지ᄒᆞ-	-	-	-	3(어자)	41(매일)

#48	15C	16C	17C	18C	19C
부디ᄒᆞ-(4) 8.3%		1587 ······	······	1758	
부지ᄒᆞ-(44) 91.7%				1746 ······	1898

212* 부풀다

	15세기	16세기	17세기	18세기	19세기
부플-	3(內)	1	-	1(어내)	-
부풀-	-	-	-	1(隣語)	-

#6	15C	16C	17C	18C	19C
부플-(5) 83.3%	1475 ······	······	······	1737	
부풀-(1) 16.7%				1790	

213* 불효하다

	15세기	16세기	17세기	18세기	19세기
브효ᄒᆞ-	–	5(正俗)	1	2(조훈)	–
부효ᄒᆞ-	–	–	1(서궁)	6(백행)	–
불효ᄒᆞ-	–	–	–	5(지장)	15(매일)
블효ᄒᆞ-	–	–	–	9(웅진경)	–

#44	15C	16C	17C	18C	19C
브효ᄒᆞ-(8) 18.2%		1518 ······	······	1764	
부효ᄒᆞ-(7) 15.9%			16xx ······	1765	
불효ᄒᆞ-(20) 45.5%				1752 ······	1898
블효ᄒᆞ-(9) 20.5%				17xx	

214* 비다/비우다(空)

	15세기	16세기	17세기	18세기	19세기
뷔-	329(석)	35	161	46	140(신약)
뷔우-	20(月)	3	11	2	8(독립)
븨-	3(法화)	–	9	18	25(이천)
뷔오-	–	–	7(곽씨)	5	3(삼성)

#825	15C	16C	17C	18C	19C
뷔-(711) 86.2%	1447 ······	······	······	······	1900
뷔우-(44) 5.3%	1459 ······	······	······	······	1896
븨-(55) 6.7%	1463 ······	······	······	······	1894
뷔오-(15) 1.8%			16xx ······	······	1880

215* 비롯하다[14)]

	15세기	16세기	17세기	18세기	19세기
비룻/비룻ᄒᆞ-	11(석)	6	6	1	6(독립)
비ᄅᆞᆺ-	3(능)	1	4	12	1(이천)
비롯/비롯ᄒᆞ-	–	–	–	5(경문)	10(독립)
비로소시-	–	–	–	1(十九)	–

#67	15C	16C	17C	18C	19C
비룻/비룻ᄒᆞ-(30) 44.8%	1447 ······				1896
비ᄅᆞᆺ-(21) 31.3%	1461 ······				1894
비롯/비롯ᄒᆞ-(15) 22.4%				1761 ······	1896
비로소시-(1) 1.5%				1772	

216* 비비다

	15세기	16세기	17세기	18세기	19세기
비븨-	54(月)	8	33	13(武藝)	–
ᄡᅵ븨-	12(능)	4(蒙송광사)	–	–	–
비ᄇᆡ-	2(救方)	3	5(譯)	–	–
부븨-	6(救方)	–	1	10	12(신약)
뱌ᄇᆡ-	–	4(字會)	–	–	–
뱌븨-	–	–	1(譯)	1(倭)	–
부뷔-	–	–	2(곽씨)	–	2(광재)
뱌뷔-	–	–	–	–	1(歌曲)

#174	15C	16C	17C	18C	19C
비븨-(108) 62.1%	1459 ······			1790	
ᄡᅵ븨-(16) 9.2%	1461 ······	1577			
비ᄇᆡ-(10) 5.7%	1466 ······		1690		
부븨-(29) 16.7%	1466 ······				1900
뱌ᄇᆡ-(4) 2.3%		1527			
뱌븨-(2) 1.1%			1690 ······	1781	

---

14) 수식언 '비로소' 참조.

부뷔-(4) 2.3% 16xx ······ 18xx

뱌뷔-(1) 0.6% 1876

217* 비치다

	15세기	16세기	17세기	18세기	19세기
비취-	667(석)	45	132	3(송천)	–
비취우-	2(능)	1	1(杜重)	–	–
비치-	–	1(속三)	1	1	1(이천)
비최-	–	2(장수경)	9	42	14(이천)
비취오-	–	–	1(杜重)	–	–
빗취-	–	–	–	–	1(신심소)

#924 15C 16C 17C 18C 19C

비취-(847) 91.7% 1447 ······ 1730

비취우-(4) 0.4% 1461 ······ 1632

비치-(4) 0.4% 1514 ······ 1894

비최-(67) 7.3% 15xx ······ 1894

비취오-(1) 0.1% 1632

빗취-(1) 0.1% 1896

218* 비틀다

	15세기	16세기	17세기	18세기	19세기
뷔틀-	13(석)	2	3	2	2(광재)
븨틀-	–	–	4(譯)	2(方言)	–
비틀-	–	–	–	–	1(남원)

#29 15C 16C 17C 18C 19C

뷔틀-(22) 75.9% 1447 ······ 18xx

븨틀-(6) 20.7% 1690 ······ 1778

비틀-(1) 3.4% 1864

219* 빌리다

	15세기	16세기	17세기	18세기	19세기
빌이-	14(석)	18	6	–	19(매일)
빌리-	2(杜초)	1	15	16	4(독립)

#95	15C	16C	17C	18C	19C
빌이-(57) 60.0%	1447				1898
빌리-(38) 40.0%	1481				1896

220* 빼다/빼어나다/빼내다/빠지다

	15세기	16세기	17세기	18세기	19세기
ᄡᅡ디-[15]	40(석)	15	126	38	10(太平)
ᄡᅢᅘᅧ-	17(석, 法화)	–	–	–	–
ᄡᅡᅘᅧ-	56(석, 三강런던)	–	–	–	–
ᄡᅡᅘᅧ나-	2(月)	–	–	–	–
ᄡᅡᅘᅧ내-	10(月, 法화)	–	–	–	–
ᄡᅡ혀-[16]	51(능)	–	26	29	10(국소)
ᄡᅢ혀-	6(능)	7	9	10	3(신약)
ᄡᅡ혀나-	6(杜초)	–	6	5(捷蒙)	–
ᄡᅢ티-	2(三강런던)	1	11	1(無冤)	–
ᄡᅡ혀내-	1(杜초)	–	1	6(대정정의)	–
ᄡᅡ이-	–	14(三강동경)	41	14	3(이천)
ᄡᅢ-	–	4(三강동경)	7	12	19(신약)
ᄡᅡ히-	–	–	7(痘要)	25	10(남궁)
빠이-	–	–	2(신속)	1(女四)	–
ᄲᆞ이-	–	–	1(朴重)	12	5(군영)
빠히-	–	–	2(譯)	2	3(성경직해)
ᄡᅢ히-	–	–	2(馬언)	4	1(매일)
ᄡᅡ지-	–	–	2(산성)	24	69(신약)
ᄲᆞ지-	–	–	–	5(조훈)	9(歌曲)
ᄲᆞ히-	–	–	–	2(十九)	37(훈아)
ᄲᆞ-	–	–	–	3(兵指)	12(이언)
ᄲᆡ히-	–	–	–	1(경신)	16(신약)

#876	15C	16C	17C	18C	19C
ᄢᅡ디－(229) 26.1%	1447 ········				18xx
ᄢᅢᅘᅧ－(17) 1.9%	1447－1463				
ᄢᅡᅘᅧ－(56) 6.4%	1447－1481				
ᄢᅡᅘᅧ나－(2) 0.2%	1459				
ᄢᅡᅘᅧ내－(10) 1.1%	1459－1463				
ᄢᅡ혀－(116) 13.2%	1461 ········				1895
ᄢᅢ혀－(35) 4.0%	1461 ········				1900
ᄢᅡ혀나－(17) 1.9%	1481 ········			1790	
ᄢᅢ티－(15) 1.7%	1481 ········			1792	
ᄢᅡ혀내－(8) 0.9%	1481 ········			1793	
ᄢᅡ이－(72) 8.2%		15xx ········			1894
ᄢᅢ－(42) 4.8%		15xx ········			1900
ᄢᅡ히－(42) 4.8%			1608 ········		1876
빠이－(3) 0.3%			1617 ········	1736	
ᄲᆞ이－(18) 2.1%			1677 ········		1881
빠히－(7) 0.8%			1690 ········		1892
ᄢᅢ히－(7) 0.8%			16xx ········		1898
ᄢᅡ지－(95) 10.8%			16xx ········		1900
ᄲᆞ지－(14) 1.6%				1764 ········	1876
ᄲᆞ히－(39) 4.5%				1772 ········	1894
ᄲᆞ－(15) 1.7%				1787 ········	1883
ᄲᆡ히－(17) 1.9%				1796 ········	1900

221* 뻗치다

	1세기	16세기	17세기	18세기	19세기
벗치－	－	－	1(산성)	6(유제도)	－
버치－	－	－	－	2(경문)	－
뻣치－	－	－	－	－	3(명성경)

15) 'ᄢᅡ디오－'형 포함.

16) 'ᄢᅡ혀－'형은 'ᄢᅡ히－＋－어'와 'ᄢᅡ혀－＋－어'를 구분하지 않고 모두 포함.

#12	15C	16C	17C	18C	19C
벗치-(7) 58.3%			16xx ·····	1794	
버치-(2) 16.7%				1761	
뻣치-(3) 25.0%					1883

222* 뻣뻣하다

	15세기	16세기	17세기	18세기	19세기
번번ᄒᆞ-	–	–	1(馬언)	–	–
벗벗ᄒᆞ-	–	–	–	1(五倫)	–
뻣뻣ᄒᆞ-	–	–	–	2(無寃)	3(독립)

#7	15C	16C	17C	18C	19C
번번ᄒᆞ-(1) 14.3%			16xx		
벗벗ᄒᆞ-(1) 14.3%				1797	
뻣뻣ᄒᆞ-(5) 71.4%				1792 ·····	1896

223* 사귀다

	15세기	16세기	17세기	18세기	19세기
사괴-	61(月)	86	72	44	45(신약)
사귀-	–	–	–	–	10(예성로스, 매일)

#318	15C	16C	17C	18C	19C
사괴-(308) 96.9%	1459 ·····	·····	·····	·····	1900
사귀-(10) 3.1%					1887–1898

224* 사납다

	15세기	16세기	17세기	18세기	19세기
사오납-	10(月)	9	19	23	14(신약)
사오나오-	127(능)	137	180	158	116(신약)
사오나우-	–	–	1(신속)	–	–
사오라오-	–	–	2(신속)	–	–
사오랍-	–	–	1(곽씨)	–	–
사나우-	–	–	–	–	1(예성로스)
사나오-	–	–	–	–	12(예성로스, 협성)

#810	15C	16C	17C	18C	19C
사오납-(75) 9.3%	1459 ···				1900
사오나오-(718) 88.6%	1461 ···				1900
사오나우-(1) 0.1%			1617		
사오라오-(2) 0.2%			1617		
사오랍-(1) 0.1%			16xx		
사나우-(1) 0.1%					1887
사나오-(12) 1.5%					1887−1898

225* 사냥하다

	15세기	16세기	17세기	18세기	19세기
산힝ᄒᆞ-	−	−	1(신속)	5	1(이언)
산영ᄒᆞ-	−	−	5(신속)	5	6(독립)
산양ᄒᆞ-	−	−	−	1(方言)	11(시편)

#35	15C	16C	17C	18C	19C
산힝ᄒᆞ-(7) 20.0%			1617 ···		1883
산영ᄒᆞ-(16) 45.7%			1617 ···		1896
산양ᄒᆞ-(12) 34.3%				1778 ···	1898

226* 사라지다

	15세기	16세기	17세기	18세기	19세기
ᄉᆞᆯ하디-	3(月)	1(안락태자)	−	−	−
사라지-	−	1(안락태자)	−	1	4(매일)
ᄉᆞᆯ하지-	−	−	−	−	1(歌曲)

#11	15C	16C	17C	18C	19C
ᄉᆞᆯ하디-(4) 36.4%	1459 ···	1576			
사라지-(6) 54.5%		1576 ···			1898
ᄉᆞᆯ하지-(1) 9.1%					1876

227* 사로잡다

	15세기	16세기	17세기	18세기	19세기
사ᄅᆞ잡-	3(月)	2	6	11(十九)	–
사로잡-	–	–	–	6(어자)	6(독립)

#34	15C	16C	17C	18C	19C
사ᄅᆞ잡-(22) 64.7%	1459 ···			1772	
사로잡-(12) 35.3%				1746 ···	1896

228* 사치하다

	15세기	16세기	17세기	18세기	19세기
샤치ᄒᆞ-	–	20(번小)	–	19	32(텬로)
사치ᄒᆞ-	–	–	–	–	2(감응)

#73	15C	16C	17C	18C	19C
샤치ᄒᆞ-(71) 97.3%		1518 ···			1894
사치ᄒᆞ-(2) 2.7%					1852

229* 살찌다

	15세기	16세기	17세기	18세기	19세기
살찌-	2(능)	–	–	–	–
ᄉᆞᆶ지-	3(능)	–	–	–	–
ᄉᆞᆯ지-	22(능)	25	58	33	10(관성)
살지-	2(法화)	–	–	2	29(신약)
ᄉᆞᆯ디-	–	–	1(朴重)	11	3(이천)
ᄉᆞᆯᄯᅵ-	–	–	–	5(方言)	–
ᄉᆞᆯᄶᅵ-	–	–	–	1(蒙老)	4(남원)
살즈-	–	–	–	–	3(여소)

#214	15C	16C	17C	18C	19C
살찌-(2) 0.9%	1461				
ᄉᆞᆶ지-(3) 1.4%	1461				
ᄉᆞᆯ지-(148) 69.2%	1461 ···				1884
살지-(33) 15.4%	1463 ···				1900
ᄉᆞᆯ디-(15) 7.0%			1677 ···		1894

ᄉᆞᆯᄯᅵ-(5) 2.3% 1778

ᄉᆞᆯ씨-(5) 2.3% 1790 1864

살즈-(3) 1.4% 18xx

230* 살피다

	15세기	16세기	17세기	18세기	19세기
ᄉᆞᆯ피-	124(석)	75	50	164	256(신약)
살픠-	–	1(번朴)	–	–	–
살ᄑᆡ-	–	1(類合)	–	–	–
ᄉᆞᆲ피-	–	15(법집)	6	2	1(清老)
살피-	–	–	2(계녀서)	17	77(매일)

#791 15C 16C 17C 18C 19C

ᄉᆞᆯ피-(669) 84.6% 1447 1900

살픠-(1) 0.1% 1517

살ᄑᆡ-(1) 0.1% 1576

ᄉᆞᆲ피-(24) 3.0% 15xx 18xx

살피-(96) 12.1% 16xx 1898

231* 삼가다

	15세기	16세기	17세기	18세기	19세기
삼가-	36(석)	74	46	83	46(신약)
삼가ᄒᆞ-	1(杜초)	8	7	5	61(신약)

#367 15C 16C 17C 18C 19C

삼가-(285) 77.7% 1447 1900

삼가ᄒᆞ-(82) 22.3% 1481 1900

232* 삼키다

	15세기	16세기	17세기	18세기	19세기
ᄉᆞᆷ씨-	110(석)	16	43	6	5(歌曲)
ᄉᆞᇝ기-	3(月)	–	–	–	–
ᄉᆞᆷᄠᅵ-	–	–	1(辟新)	–	–
ᄉᆞᆷ키-	–	–	–	9(어자, 五倫)	–

#193	15C	16C	17C	18C	19C
숩ᄢᅵ-(180) 93.3%	1447 …………				1876
숪기-(3) 1.6%	1459				
숩삐-(1) 0.5%			1653		
숩키-(9) 4.7%				1746-1797	

233* 새끼치다

	15세기	16세기	17세기	18세기	19세기
샷기치-	2(杜초)	2	1	2	1(광재)
샷끼치-	-	1(三강동경)	-	-	-

#9	15C	16C	17C	18C	19C
샷기치-(8) 88.9%	1481 …………				18xx
샷끼치-(1) 11.1%		15xx			

234* 새롭다

	15세기	16세기	17세기	18세기	19세기
새로외-	13(杜초)	-	12(杜重)	-	-
새ᄅᆞ외-	10(杜초)	4	5(杜重)	-	-
새롭-	28(杜초)	5	34	14	15(시편)
새로오-	1(杜초)	-	7	13	14(매일)
새ᄅᆞᆸ-	1(金삼)	-	2(杜重)	-	-
새로우-	-	-	-	-	4(텬로, 독립)

#182	15C	16C	17C	18C	19C
새로외-(25) 13.7%	1481 …………		1632		
새ᄅᆞ외-(19) 10.4%	1481 …………		1632		
새롭-(96) 52.7%	1481 …………				1898
새로오-(35) 19.2%	1481 …………				1898
새ᄅᆞᆸ-(3) 1.6%	1482 …………		1632		
새로우-(4) 2.2%					1894-1896

235* 서늘하다

	15세기	16세기	17세기	18세기	19세기
서늘ᄒᆞ-	91(月)	5	92	12	5(신약)
서ᄂᆞᆯᄒᆞ-	35(杜초)	2	51	7	4(규합)

#304	15C	16C	17C	18C	19C
서늘ᄒᆞ-(205) 67.4%	1459 ······				1900
서ᄂᆞᆯᄒᆞ-(99) 32.6%	1481 ······				1869

236* 서러워하다

	15세기	16세기	17세기	18세기	19세기
셜ᄫᅥᄒᆞ-	5(석, 月)	–	–	–	–
셜워ᄒᆞ-	10(능)	33	108	22	54(쥬교)
설워ᄒᆞ-	–	3(속三)	1	1	1(신약)

#238	15C	16C	17C	18C	19C
셜ᄫᅥᄒᆞ-(5) 2.1%	1447–1459				
셜워ᄒᆞ-(227) 95.4%	1461 ······				1897
설워ᄒᆞ-(6) 2.5%		1514 ······			1900

237* 섞이다

	15세기	16세기	17세기	18세기	19세기
석기-	–	–	1(煮硝)	3	9(독립)
석ᄭᅵ-	–	–	1(痘經)	–	–
석긔-	–	–	–	1(함경도)	–

#15	15C	16C	17C	18C	19C
석기-(13) 86.7%			1698 ······		1896
석ᄭᅵ-(1) 6.7%			16xx		
석긔-(1) 6.7%				1788	

238* 설겆다(설거지하다)

	15세기	16세기	17세기	18세기	19세기
설엊-	1(月)	5	1(老)	–	–
서렂-	–	–	15(老)	–	2(淸老)
서릇-	–	–	1(譯)	–	–
서릋-	–	–	3(癸丑)	–	–

#28	15C	16C	17C	18C	19C
설엊-(7) 25.0%	1459	....	1670		
서렂-(17) 60.7%			1670	....	18xx
서릇-(1) 3.6%			1690		
서릋-(3) 10.7%			16xx		

239* 섬기다

	15세기	16세기	17세기	18세기	19세기
셤기-	162(석)	277	251	268	356(신약)
섬기-	1(杜초)	6	1	2	6(매일)

#1330	15C	16C	17C	18C	19C
셤기-(1314) 98.8%	1447	....	....	....	1900
섬기-(16) 1.2%	1481	....	....	....	1898

240* 섬뜩하다

	15세기	16세기	17세기	18세기	19세기
셤듥ᄒᆞ-	–	–	–	–	1(閑中)
섬쓱하-	–	–	–	–	1(광재)

#2	15C	16C	17C	18C	19C
셤듥ᄒᆞ-(1) 50.0%					18xx
섬쓱하-(1) 50.0%					18xx

241* 성내다

	15세기	16세기	17세기	18세기	19세기
셩내-	–	1(類合)	1	39	36(신약)
셩ᄂᆡ-	–	–	3(서궁)	1	16(매일)
성ᄂᆡ-	–	–	–	–	2(여수)

#99	15C	16C	17C	18C	19C
셩내-(77) 77.8%		1576 ·····	·····	·····	1900
셩ᄂᆡ-(20) 20.2%			16xx ·····	·····	1898
성ᄂᆡ-(2) 2.0%					1889

242* 세내다

	15세기	16세기	17세기	18세기	19세기
셰내-	-	-	1(譯)	2(蒙類解)	-
셰ᄂᆡ-	-	-	-	-	6(매일)

#9	15C	16C	17C	18C	19C
셰내-(3) 33.3%			1690 ·····	1790	
셰ᄂᆡ-(6) 66.7%					1898

243* 세왇다(굳세다)

	15세기	16세기	17세기	18세기	19세기
세웓-	7(救方)	-	3(杜重)	-	-
세왇-	-	1(石千)	-	1(송천)	-

#12	15C	16C	17C	18C	19C
세웓-(10) 83.3%	1466 ·····	·····	1632		
세왇-(2) 16.7%		1583 ·····	·····	1730	

244* 세차다

	15세기	16세기	17세기	18세기	19세기
세츠-	-	3(類合)	-	-	-
세ᄎᆞ-	-	-	1(新語)	4	1(셩경직해)

#9	15C	16C	17C	18C	19C
세츠-(3) 33.3%		1576			
세ᄎᆞ-(6) 66.7%			1676 ·····	·····	1892

245* 솟아나다

	15세기	16세기	17세기	18세기	19세기
솟나-	17(석)	–	–	–	–
소사나-	40(석)	8	7	3	9(쥬교)

#84	15C	16C	17C	18C	19C
솟나-(17) 20.2%	1447				
소사나-(67) 79.8%	1447	……	……	……	1897

246* 수고롭다

	15세기	16세기	17세기	18세기	19세기
슈고로오-	–	7(번小)	2	16	24(시편)
슈고뢰이-	–	1(恩重)	–	–	–
슈고롭-	–	–	2(곽씨)	10	11(쥬교)
수고로오-	–	–	–	–	2(텬로)
수고롭-	–	–	–	–	1(독립)

#76	15C	16C	17C	18C	19C
슈고로오-(49) 64.5%		1518	……	……	1898
슈고뢰이-(1) 1.3%		1563			
슈고롭-(23) 30.3%			16xx	……	1897
수고로오-(2) 2.6%					1894
수고롭-(1) 1.3%					1896

247* 숨기다

	15세기	16세기	17세기	18세기	19세기
숨기-	31(석)	7	6	36	85(신약)
ᄡᅮᆷ기-	1(月)	1(번小)	–	–	–
슘기-	–	–	–	–	15(감응)

#182	15C	16C	17C	18C	19C
숨기-(165) 90.7%	1447	……	……	……	1900
ᄡᅮᆷ기-(2) 1.1%	1459	1518			
슘기-(15) 8.2%					1852

248* 숫그리다(웅크리다)

	15세기	16세기	17세기	18세기	19세기
숫그리-	2(月)	2	4	4	2(예성로스)
숭그리-	–	–	1(痘要)	1(譯補)	–

#16	15C	16C	17C	18C	19C
숫그리-(14) 87.5%	1459 ········	········	········	········	1887
숭그리-(2) 12.5%			1608 ········	1775	

249* 숫워리다(시끄럽다)

	15세기	16세기	17세기	18세기	19세기
수수어리-	1(杜초)	–	–	–	–
수스워리-	4(杜초)	–	–	–	–
수수워리-	6(杜초)	–	–	–	–
숫워리-	1(杜초)	–	3(杜重)	–	–

#15	15C	16C	17C	18C	19C
수수어리-(1) 6.7%	1481				
수스워리-(4) 26.7%	1481				
수수워리-(6) 40.0%	1481				
숫워리-(4) 26.7%	1481 ········	········	1632		

250* 스치다

	15세기	16세기	17세기	18세기	19세기
스치-	38(月)	3	40	2(武藝)	–
스티-	–	1(순천)	1	–	1(이천)

#86	15C	16C	17C	18C	19C
스치-(83) 96.5%	1459 ········	········	········	1790	
스티-(3) 3.5%		15xx ········	········	········	1894

251* 슬믜다(싫어하고 미워하다)

	15세기	16세기	17세기	18세기	19세기
슬믜-	7(月)	2	3	1(송천)	–
쁠믜-	–	–	1(癸丑)	–	–
쓸믜-	–	–	–	3(蒙類解)	–

#17	15C	16C	17C	18C	19C
슬믜-(13) 76.5%	1459 ········			1730	
쁠믜-(1) 5.9%			16xx		
쓸믜-(3) 17.6%				1790	

252* 슬퍼하다

	15세기	16세기	17세기	18세기	19세기
슬허ᄒᆞ-	42(석)	35	81	31	82(신약)
슯허ᄒᆞ-	–	1(小언)	–	–	6(신약)
슬퍼ᄒᆞ-	–	2(장수경)	3	4	15(신약)
슬희여ᄒᆞ-	–	–	–	1(蒙類解)	1(閑中)

#304	15C	16C	17C	18C	19C
슬허ᄒᆞ-(271) 89.1%	1447 ········				1900
슯허ᄒᆞ-(7) 2.3%		1587 ········			1900
슬퍼ᄒᆞ-(24) 7.9%		15xx ········			1900
슬희여ᄒᆞ-(2) 0.7%				1790 ········	18xx

253* 시름답다

	15세기	16세기	17세기	18세기	19세기
시름ᄃᆞ외-	14(圓)	–	14(杜重)	–	–
시름도외-	3(杜초)	–	1(杜重)	–	–

#32	15C	16C	17C	18C	19C
시름ᄃᆞ외-(28) 87.5%	1465 ········		1632		
시름도외-(4) 12.5%	1481 ········		1632		

254* 시키다

	15세기	16세기	17세기	18세기	19세기
시기-	22(석)	22	27	62	89(매일)
시키-	–	–	–	–	2(매일)

#224	15C	16C	17C	18C	19C
시기-(222) 99.1%	1447				1898
시키-(2) 0.9%					1898

255* 심다

	15세기	16세기	17세기	18세기	19세기
시ᄆᆞ-	3(석)	1	3	2(송천)	–
심고-	25(석)	1	7(杜重)	–	–
심구-	24(석)	1	12(杜重)	–	–
심ㄱ-	38(석)	3	9	35	1(감응)
심-	31(석)	12	25	12	96(신약)
시므-	23(月)	2	23	11	6(협성)
심으-	–	–	1(산성)	8	75(신약)
시무-	–	–	–	6(十九)	64(예성로스)

#560	15C	16C	17C	18C	19C
시ᄆᆞ-(9) 1.6%	1447			1730	
심고-(33) 5.9%	1447		1632		
심구-(37) 6.6%	1447		1632		
심ㄱ-(86) 15.4%	1447				1852
심-(176) 31.4%	1447				1900
시므-(65) 11.6%	1459				1898
심으-(84) 15.0%			16xx		1900
시무-(70) 12.5%				1772	1887

256* 싱겁다

	15세기	16세기	17세기	18세기	19세기
승거우-	–	–	–	1(주천)	–
승거오-	–	–	–	1(蒙老)	3(규합)
승겁-	–	–	–	1(蒙類解)	4(셩교졀요)

#10	15C	16C	17C	18C	19C
승거우-(1) 10.0%				1752	
승거오-(4) 40.0%				1790 ········	1869
승겁-(5) 50.0%				1790 ········	1882

257* 싶다

	15세기	16세기	17세기	18세기	19세기
식브-	15(曲)	14	8(杜重)	–	–
시브-	10(능)	11	45	12	83(신약)
싣브-	–	1(번小)	–	–	–
십브-	–	1(번小)	1(신속)	–	–
싶-	–	–	4(家언)	1(개첩)	–
십흐-	–	–	–	–	30(텬로, 매일)

#236	15C	16C	17C	18C	19C
식브-(37) 15.7%	1447 ········	········	1632		
시브-(161) 68.2%	1461 ········	········	········	········	1900
싣브-(1) 0.4%		1518			
십브-(2) 0.8%		1518 ········	1617		
싶-(5) 2.1%			1632 ········	1748	
십흐-(30) 12.7%					1894–1898

258* 싸매다

	15세기	16세기	17세기	18세기	19세기
ᄡᅡᄆᆡ-	13(救간)	–	2(馬언)	–	–
싸ᄆᆡ-	–	–	–	–	3(예셩로스, 신약)

#18	15C	16C	17C	18C	19C
ᄡᅡᄆᆡ-(15) 83.3%	1489 ········	········	16xx		
싸ᄆᆡ-(3) 16.7%					1887–1900

259* 싸우다

	15세기	16세기	17세기	18세기	19세기
싸호-	70(석)	34	55	54	487(신약)
사호-	137(月)	39	170	5	5(협성)
ᄡᅡ호-	–	–	24(癸丑)	90	50(이인)

#1220	15C	16C	17C	18C	19C
싸호-(700) 57.4%	1447 …				1900
사호-(356) 29.2%	1459 …				1898
ᄡᅡ호-(164) 13.4%			16xx …		1883

260* 썰다

	15세기	16세기	17세기	18세기	19세기
사홀-	194(月)	24	6(杜重)	–	–
싸홀-	4(月)	10	105(老)	–	–
서흘-	–	–	2(신속)	–	–
써흘-	–	–	3(신속)	2(오륜전비)	–
싸흘-	–	–	17(家언)	8	3(清老)

#378	15C	16C	17C	18C	19C
사홀-(224) 59.3%	1459 …		1632		
싸홀-(119) 31.5%	1459 …		1670		
서흘-(2) 0.5%			1617		
써흘-(5) 1.3%			1617 …	1721	
싸흘-(28) 7.4%			1632 …		18xx

261* 쑤시다

	15세기	16세기	17세기	18세기	19세기
ᄡᅲ시-	–	2(번小)	2	2(方言)	–
쓔시-	–	–	1(서궁)	–	–
쑤시-	–	–	–	–	3(감응)

#10	15C	16C	17C	18C	19C
ᄡᅲ시-(6) 60.0%		1518 …		1778	
쓔시-(1) 10.0%			16xx		
쑤시-(3) 30.0%					1852

262* 쓰다듬다

	15세기	16세기	17세기	18세기	19세기
ᄡᅳ다ᄃᆞᆷ-	–	–	–	1(어내)	–
ᄡᅳ다듬-	–	–	–	–	2(남원)

#3	15C	16C	17C	18C	19C
ᄡᅳ다ᄃᆞᆷ-(1) 33.3%				1737	
ᄡᅳ다듬-(2) 66.7%					1864

263* 쓰라리다

	15세기	16세기	17세기	18세기	19세기
ᄩᅳᆯ알히-	–	–	3(朴重)	2(譯補)	–
쓸알히-	–	–	–	2(同文)	–

#7	15C	16C	17C	18C	19C
ᄩᅳᆯ알히-(5) 71.4%			1677 ······	1775	
쓸알히-(2) 28.6%				1748	

264* 쓰러지다

	15세기	16세기	17세기	18세기	19세기
ᄡᅳ러디-	1(法화)	1	1	2(兵指)	–
ᄡᅳ러지-	–	–	–	1(어자)	1(남원)
쓰러지-	–	–	–	1(蒙類解)	13(매일)
쓰러디-	–	–	–	1(五倫)	–
쓸어지-	–	–	–	–	4(독립)

#26	15C	16C	17C	18C	19C
ᄡᅳ러디-(5) 19.2%	1463 ······	······	······	1787	
ᄡᅳ러지-(2) 7.7%				1746 ······	1864
쓰러지-(14) 53.8%				1790 ······	1898
쓰러디-(1) 3.8%				1797	
쓸어지-(4) 15.4%					1896

265* 쓸쓸하다

	15세기	16세기	17세기	18세기	19세기
서의ᄒᆞ－	8(蒙)	5	12	3(개첩)	－
슬슬ᄒᆞ－	－	－	－	－	1(한불)
ᄡᅳᆯᄡᅳᆯᄒᆞ－	－	－	－	－	1(광재)

#30	15C	16C	17C	18C	19C
서의ᄒᆞ－(28) 93.3%	1467 ········	········	········	1748	
슬슬ᄒᆞ－(1) 3.3%					1880
ᄡᅳᆯᄡᅳᆯᄒᆞ－(1) 3.3%					18xx

266* 씩씩하다

	15세기	16세기	17세기	18세기	19세기
싁싁ᄒᆞ－	52(석)	19	15	21	4(이천)
씍씍ᄒᆞ－	－	－	－	－	1(성경직해)

#112	15C	16C	17C	18C	19C
싁싁ᄒᆞ－(111) 99.1%	1447 ········	········	········	········	1894
씍씍ᄒᆞ－(1) 0.9%					1892

267* 아끼다

	15세기	16세기	17세기	18세기	19세기
앗기－	105(석)	38	60	90	99(매일)
앗ᄭᅵ－	1(杜초)	2	9	1(선조행장)	－
ᄋᆡᄭᅵ－	－	－	－	3(경신)	3(예성로스)

#411	15C	16C	17C	18C	19C
앗기－(392) 95.4%	1447 ········	········	········	········	1898
앗ᄭᅵ－(13) 3.2%	1481 ········	········	········	17xx	
ᄋᆡᄭᅵ－(6) 1.5%				1796 ········	1887

268* 아니꼽다

	15세기	16세기	17세기	18세기	19세기
아니ᄭᅩ오-	–	4(순천)	–	1	–
아닛고오-	–	–	1(朴重)	–	–
아닉곱-	–	–	1(譯)	–	–
아닉솝-	–	–	–	1(蒙類解)	–
아니솝-	–	–	–	–	2(광재)
아니ᄭᅩ우-	–	–	–	–	1(閑中)

#11	15C	16C	17C	18C	19C
아니ᄭᅩ오-(5) 45.5%		15xx			
아잇고오-(1) 9.1%			1677		
아닉곱-(1) 9.1%			1690		
아닉솝-(1) 9.1%				1790	
아니솝-(2) 18.2%					18xx
아니ᄭᅩ우-(1) 9.1%					18xx

269* 아득하다/아스라하다

	15세기	16세기	17세기	18세기	19세기
아ᄉᆞ라ᄒᆞ-	84(永嘉)	2(번小)	–	–	–
아득ᄒᆞ-	–	1(小언)	8	7	28(쥬교)
아스라ᄒᆞ-	–	–	–	1(十九)	–

#131	15C	16C	17C	18C	19C
아ᄉᆞ라ᄒᆞ-(86) 65.6%	1464 ······	1518			
아득ᄒᆞ-(44) 33.6%		1587 ······	······	······	1897
아스라ᄒᆞ-(1) 0.8%				1772	

270* 아름답다

	15세기	16세기	17세기	18세기	19세기
아ᄅᆞᆷ답-	11(석)	4	20	31	67(시편)
아ᄅᆞᆷ다오-	34(능)	23	36	78	216(신약)
아름다오-	–	1(대학)	3	11	37(매일)
아름답-	–	–	1(여훈)	4	23(매일)
아롬다오-	–	–	1(계녀서)	15	5(독립)
아롬답-	–	–	–	5(女四)	2(독립)
아ᄅᆞᆷ다우-	–	–	–	–	1(독립)
아름다우-	–	–	–	–	4(독립)

#633	15C	16C	17C	18C	19C
아ᄅᆞᆷ답-(133) 21.0%	1447 ······				1898
아ᄅᆞᆷ다오-(387) 61.1%	1461 ······				1900
아름다오-(52) 8.2%		1590 ······			1898
아름답-(28) 4.4%			1658 ······		1898
아롬다오-(21) 3.3%			16xx ······		1896
아롬답-(7) 1.1%				1736 ······	1896
아ᄅᆞᆷ다우-(1) 0.2%					1896
아름다우-(4) 0.6%					1896

271* 아쉽다

	15세기	16세기	17세기	18세기	19세기
아ᄉᆞᆸ-	–	–	1(계녀서)	–	–
아쉬오-	–	–	–	–	2(歌曲)

#3	15C	16C	17C	18C	19C
아ᄉᆞᆸ-(1) 33.3%			16xx		
아쉬오-(2) 66.7%					1876

273* 아ᄉᆞ롭다(공손하다)

	15세기	16세기	17세기	18세기	19세기
아ᄉᆞᄅᆞ외−	3(內)	−	−	−	−
아ᄉᆞ로의−	−	1(字會)	−	−	−

#4	15C	16C	17C	18C	19C
아ᄉᆞᄅᆞ외−(3) 75.0%	1475				
아ᄉᆞ로의−(1) 25.0%		1527			

272* 아프다

	15세기	16세기	17세기	18세기	19세기
알ᄑᆞ−	423(용)	21	175	9(종덕)	−
알프−	4(救方)	−	11	22	2(협성)
앏프−	−	4(牛方)	3	7	4(감응)
아프−	−	1(안락태자)	4	2	1(성경직해)
앏포−	−	−	1(朴重)	−	−
아ᄑᆞ−	−	−	36(痘經)	−	−
알푸−	−	−	−	2(名義)	7(척사윤음)
앏푸−	−	−	−	1(경신)	−
압프−	−	−	−	−	5(한불)
압푸−	−	−	−	−	10(예성로스, 국한)
아푸−	−	−	−	−	3(閑中)

#758	15C	16C	17C	18C	19C
알ᄑᆞ−(628) 82.8%	1447 ······			1758	
알프−(39) 5.1%	1466 ······				1898
앏프−(18) 2.4%		1541 ······			1852
아프−(8) 1.1%		1576 ······			1892
앏포−(1) 0.1%			1677		
아ᄑᆞ−(36) 4.7%			16xx		
알푸−(9) 1.2%				1777 ······	1839
앏푸−(1) 0.1%				1796	
압프−(5) 0.7%					1880
압푸−(10) 1.3%					1887−1895
아푸−(3) 0.4%					18xx

274* 안답끼다(애타다)

	15세기	16세기	17세기	18세기	19세기
안닶기−	1(석)	−	−	−	−
안답씨−	3(月)	−	−	−	−

#4	15C	16C	17C	18C	19C
안닶기−(1) 25.0%	1447				
안답씨−(3) 75.0%	1459				

275* 앉히다

	15세기	16세기	17세기	18세기	19세기
안치−	19(석)	15	22	16	41(신약)
안초−	4(救方)	−	4	2	1(규합)

#124	15C	16C	17C	18C	19C
안치−(113) 91.1%	1447 ······				1900
안초−(11) 8.9%	1466 ······				1869

276* 애쓰다

	15세기	16세기	17세기	18세기	19세기
애쁘−	−	−	8(癸丑)	5(방언)	−
애쓰−	−	−	−	1(三譯)	1(한불)

#15	15C	16C	17C	18C	19C
애쁘−(13) 86.7%			16xx ······	1778	
애쓰−(2) 13.3%				1703 ······	1880

277* 약다

	15세기	16세기	17세기	18세기	19세기
샥−	−	1(字會)	−	−	−
냑−	−	−	−	1(隣語)	−
약−	−	−	−	1(五倫)	6(예성로스)

#9	15C	16C	17C	18C	19C
샥−(1) 11.1%		1527			

냐-(1) 11.1% 1790

약-(7) 77.8% 1797 ········ 1887

278* 양칫물하다

	15세기	16세기	17세기	18세기	19세기
양짓믈ᄒᆞ-	-	4(小언)	-	-	-
양지믈ᄒᆞ-	-	-	1(家언)	-	-
양치믈ᄒᆞ-	-	-	1(譯)	1(蒙類解)	-

#7	15C	16C	17C	18C	19C
양짓믈ᄒᆞ-(4) 57.1%		1587			
양지믈ᄒᆞ-(1) 14.3%			1632		
양치믈ᄒᆞ-(2) 28.6%			1690 ········	1790	

279* 어둡다

	15세기	16세기	17세기	18세기	19세기
어듭-	69(석)	-	30	-	1(독립)
어드우-	333(月)	3	71(杜重)	-	-
어둡-	9(능)	2	11	13	59(신약)
어두우-	7(능)	13	16	12	89(신약)
어두-	1(능)	1	6	5	22(신약)
어두오-	-	1(誡初)	8	30	103(신약)
어도우-	-	1(순천)	-	-	-
어돕-	-	2(순천)	3	1(女四)	-
어도오-	-	1(三강동경)	1	1(어자)	-
어드오-	-	-	1(병자)	-	-

#926	15C	16C	17C	18C	19C
어듭-(100) 10.8%	1447 ········				1896
어드우-(407) 44.0%	1459 ········		1632		
어둡-(94) 10.2%	1461 ········				1900
어두우-(137) 14.8%	1461 ········				1900
어두-(35) 3.8%	1461 ········				1900
어두오-(142) 15.3%		1577 ········			1900

어도우-(1) 0.1% 15xx

어돕-(6) 0.6% 15xx ········· 1736

어도오-(3) 0.3% 15xx ········· 1746

어드오-(1) 0.1% 16xx

280* 어루만지다

	15세기	16세기	17세기	18세기	19세기
어르ᄆᆞᆫ지-	–	1(類合)	–	7	2(독립)
어느ᄆᆞᆫ지-	–	–	1(신속)	–	–
어ᄅᆞᄆᆞᆫ지-	–	–	8(신속)	6	14(성경직해)

#39 15C 16C 17C 18C 19C

어르ᄆᆞᆫ지-(10) 25.6% 1576 ········· 1896

어느ᄆᆞᆫ지-(1) 2.6% 1617

어ᄅᆞᄆᆞᆫ지-(28) 71.8% 1617 ········· 1892

281* 어리석다

	15세기	16세기	17세기	18세기	19세기
어리셕-	–	–	–	1(응진경)	145(신약)
어리석-	–	–	–	–	2(매일)

#148 15C 16C 17C 18C 19C

어리셕-(146) 98.6% 17xx ········· 1900

어리석-(2) 1.4% 1898

282* 어여쁘다

	15세기	16세기	17세기	18세기	19세기
어엿브-	34(曲)	13	29	5	6(독립)
어엿부-	2(능)	–	–	–	15(매일)
어엳부-	–	–	–	1(隣語)	–
어엿보-	–	–	–	–	1(규합)

#106 15C 16C 17C 18C 19C

어엿브-(87) 82.1% 1447 ········· 1896

어엿부-(17) 16.0% 1461 ………… 1898
어엳부-(1) 0.9% 1790
어엿보-(1) 0.9% 1869

283* 어지럽다

	15세기	16세기	17세기	18세기	19세기
어즈럽-	39(석)	10	31	17	5(삼성)
어즐ᄒᆞ-	67(석)	9	30	16	6(성경직해)
어즈러우-	161(능)	26	71	13	3(과화)
어즈러오-	11(능)	10	7	34	2(이천)
어지러우-	–	–	–	–	5(삼성)
어지러오-	–	–	–	–	4(명성경)
어지럽-	–	–	–	–	6(텬로, 매일)

#583 15C 16C 17C 18C 19C
어즈럽-(102) 17.5% 1447 ………… 1880
어즐ᄒᆞ-(128) 22.0% 1447 ………… 1892
어즈러우-(274) 47.0% 1461 ………… 1880
어즈러오-(64) 11.0% 1461 ………… 1894
어지러우-(5) 0.9% 1880
어지러오-(4) 0.7% 1883
어지럽-(6) 1.0% 1894–1898

284* 어지럽히다

	15세기	16세기	17세기	18세기	19세기
어즈러이-	1(杜초)	2	3	15	2(감응)
어즐어이-	–	–	–	2(女四)	2(예성로스)

#27 15C 16C 17C 18C 19C
어즈러이-(23) 85.2% 1481 ………… 1852
어즐어이-(4) 14.8% 1736 ………… 1887

285* 얽매이다

	15세기	16세기	17세기	18세기	19세기
얽ᄆᆡᅇᅵ-	10(석, 月)	-	-	-	-
얽ᄆᆡ이-	36(석)	1	14	7	8(텬로)
얽매이-	-	-	-	1(武藝)	-

#77	15C	16C	17C	18C	19C
얽ᄆᆡᅇᅵ-(10) 13.0%	1447-1459				
얽ᄆᆡ이-(66) 85.7%	1447 ······				1894
얽매이-(1) 1.3%				1790	

286* 얽히다

	15세기	16세기	17세기	18세기	19세기
엃키-	2(능)	-	-	-	-
얼키-	4(法화)	-	5	9	11(매일)
얽키-	6(法화)	1	-	2	1(시편)
얼킈-	-	-	-	3(同文)	-
얽킈-	-	-	-	1(蒙類解)	-

#45	15C	16C	17C	18C	19C
엃키-(2) 4.4%	1461				
얼키-(29) 64.4%	1463 ······				1898
얽키-(10) 22.2%	1463 ······				1898
얼킈-(3) 6.7%				1748	
얽킈-(1) 2.2%				1790	

287* 업시우다

	15세기	16세기	17세기	18세기	19세기
업시ᄫᅳ-	5(석, 月)	-	-	-	-
업시오-	4(석, 능)	-	-	-	-
업시우-	70(석)	3	2(杜重)	-	-

#84	15C	16C	17C	18C	19C
업시ᄫᅳ-(5) 6.0%	1447-1459				
업시오-(4) 4.8%	1447-1461				
업시우-(75) 89.3%	1447 ······		1632		

288* 여기다

	15세기	16세기	17세기	18세기	19세기
너기-	1174(석)	457	546	490	182(신심소)
녀기-	4(석)	71	93	159	57(매일)
너기ᄡᅳ-	–	1(龜)	–	–	–
네기-	–	–	2(杜重)	1	223(예성로스)
녁이-	–	–	1(癸丑)	4	156(신약)
넉이-	–	–	70(계녀서)	62	992(신약)

#4745	15C	16C	17C	18C	19C
너기-(2849) 60.0%	1447 ·········				1896
녀기-(384) 8.1%	1447 ·········				1898
너기ᄡᅳ-(1) 0.0%		1569			
네기-(226) 4.8%			1632 ·········		1887
녁이-(161) 3.4%			16xx ·········		1900
넉이-(1124) 23.7%			16xx ·········		1900

289* 여물다

	15세기	16세기	17세기	18세기	19세기
염글-	7(月)	5	1	3	1(성경직해)
여믈-	2(法화)	1(類合)	–	–	–
염ᄀᆞᆯ-	–	1(石千)	–	1(송천)	–

#22	15C	16C	17C	18C	19C
염글-(17) 77.3%	1459 ·········				1892
여믈-(3) 13.6%	1463 ·········	1576			
염ᄀᆞᆯ-(2) 9.1%		1583 ·········		1730	

290* 여위다

	15세기	16세기	17세기	18세기	19세기
여위-	59(석)	27	104	15	8(성경직해)
여외-	1(救간)	–	7	24	4(성경직해)

#249	15C	16C	17C	18C	19C
여위-(213) 85.5%	1447 ·········				1892

여ᄋᆡ-(36) 14.5% 1489 ········ 1892

291* 여의다

	15세기	16세기	17세기	18세기	19세기
여희-	1371(석)	77	174	19	6(독립)
여ᄒᆡ-	5(능)	22	30	19	6(閑中)
여히-	3(法화)	–	1	3	1(이언)

#1737	15C	16C	17C	18C	19C
여희-(1647) 94.8%	1447 ········				1896
여ᄒᆡ-(82) 4.7%	1461 ········				18xx
여히-(8) 0.5%	1463 ········				1883

292* 여쭙다

	15세기	16세기	17세기	18세기	19세기
엳ᄌᆸ-	9(석)	3	1	4(개첩)	–
엳ᄌᆞ오-	10(內)	40	33	6(개첩)	–
엿ᄌᆞᇦ-	–	1(속三)	–	–	–
엿ᄌᆸ/엿ᄌᆞ우-	–	37(번小)	100	55	79(신약)
엿ᄌᆞ오-	–	35(번小)	69	39	76(신약)
엿조우-	–	–	2(신속)	–	–
엿줍-	–	–	–	–	8(한불)
녓ᄌᆸ/녓ᄌᆞ우-	–	–	–	–	20(閑中)

#627	15C	16C	17C	18C	19C
엳ᄌᆸ-(17) 2.7%	1447 ········			1748	
엳ᄌᆞ오-(89) 14.2%	1475 ········			1748	
엿ᄌᆞᇦ-(1) 0.2%		1514			
엿ᄌᆸ/엿ᄌᆞ우-(271) 43.2%		1518 ········			1900
엿ᄌᆞ오-(219) 34.9%		1518 ········			1900
엿조우-(2) 0.3%			1617		
엿줍-(8) 1.3%					1880
녓ᄌᆸ/녓ᄌᆞ우-(20) 3.2%					18xx

293* 염려하다

	15세기	16세기	17세기	18세기	19세기
념려ᄒᆞ–	–	–	1(신속)	5	49(신약)
념녀ᄒᆞ–	–	–	17(곽씨)	62	47(신약)
염녀ᄒᆞ–	–	–	–	–	29(삼성, 매일)
렴녀ᄒᆞ–	–	–	–	–	3(독립)
염려ᄒᆞ–	–	–	–	–	1(독립)
렴려ᄒᆞ–	–	–	–	–	1(여소)

#215	15C	16C	17C	18C	19C
념려ᄒᆞ–(55) 25.6%			1617 ···	···	1900
념녀ᄒᆞ–(126) 58.6%			16xx ···	···	1900
염녀ᄒᆞ–(29) 13.5%					1880–1898
렴녀ᄒᆞ–(3) 1.4%					1896
염려ᄒᆞ–(1) 0.5%					1896
렴려ᄒᆞ–(1) 0.5%					18xx

294* 염습하다

	15세기	16세기	17세기	18세기	19세기
념습ᄒᆞ–	–	–	2(신속)	5	1(太平)
렴습ᄒᆞ–	–	–	–	2(同文)	1(성경직해)
염습ᄒᆞ–	–	–	–	–	1(남원)

#12	15C	16C	17C	18C	19C
념습ᄒᆞ–(8) 66.7%			1617 ···	···	18xx
렴습ᄒᆞ–(3) 25.0%				1748 ···	1892
염습ᄒᆞ–(1) 8.3%					1864

295* 엿보다

	15세기	16세기	17세기	18세기	19세기
엿오–	6(法화, 개법)	–	–	–	–
엿보–	6(杜초)	8	12	40	61(신약)

#133	15C	16C	17C	18C	19C
엿오–(6) 4.5%	1463–1500				
엿보–(127) 95.5%	1481 ···	···	···	···	1900

296* 열다

	15세기	16세기	17세기	18세기	19세기
녇가ᄫᅩᆼ－	7(月)	－	－	－	－
녇갑/녇가우－	15(月, 개법)	－	－	－	－
엳갑/엳가우－	1(杜초)	3	1(杜重)	－	－

#27 15C 16C 17C 18C 19C

녇가ᄫᅩᆼ－(7) 25.9% 1459

녇갑/녇가우－(15) 55.6% 1459－1500

엳갑/엳가우－(5) 18.5% 1481 ………………… 1632

297* 예롭다(예스럽다)

	15세기	16세기	17세기	18세기	19세기
녜ᄅᆞ외－	3(杜초)	－	4(杜重)	－	－
녜로외－	1(杜초)	－	1(杜重)	－	－

#9 15C 16C 17C 18C 19C

녜ᄅᆞ외－(7) 77.8% 1481 ………………… 1632

녜로외－(2) 22.2% 1481 ………………… 1632

298* 오롯하다

	15세기	16세기	17세기	18세기	19세기
오록ᄒᆞ－	－	1(類合)	－	－	2(매일)
오롯ᄒᆞ－	－	－	－	2(女四)	1(독립)

#6 15C 16C 17C 18C 19C

오록ᄒᆞ－(3) 50.0% 1576 ………………………………… 1898

오롯ᄒᆞ－(3) 50.0% 1736 ……… 1896

299* 오르내리다

	15세기	16세기	17세기	18세기	19세기
오ᄅᆞᄂᆞ리－	6(석)	3	9(杜重)	－	－
오르ᄂᆞ리－	1(圓)	－	－	－	－

#19 15C 16C 17C 18C 19C

오ᄅᆞᄂᆞ리－(18) 94.7% 1447 ………………… 1632

오르ᄂᆞ리－(1) 5.3% 1465

300* 옮겨다니다

	15세기	16세기	17세기	18세기	19세기
옮ᄃᆞᆫ니-	8(능)	–	4(杜重)	–	–
옮ᄃᆞᆮ니-	1(杜초)	–	1(杜重)	–	–

#14	15C	16C	17C	18C	19C
옮ᄃᆞᆫ니-(12) 85.7%	1461 ·········	·········	1632		
옮ᄃᆞᆮ니-(2) 14.3%	1481 ·········	·········	1632		

301* 옮기다

	15세기	16세기	17세기	18세기	19세기
옮기-	95(석)	4	19(杜重)	–	–
옴기-	–	35(번小)	38	71	123(신약)

#385	15C	16C	17C	18C	19C
옮기-(118) 30.6%	1447 ·········	·········	1632		
옴기-(267) 69.4%		1518 ·········	·········	·········	1900

302* 외롭다

	15세기	16세기	17세기	18세기	19세기
외로외-	22(杜초)	1	30(杜重)	–	–
외ᄅᆞ외-	45(능)	–	29(杜重)	–	–
외롭-	3(杜초)	–	7	9	13(매일)
외로오-	4(杜초)	6	21	23	15(신약)
외로우-	–	–	–	–	3(歌曲)

#231	15C	16C	17C	18C	19C
외로외-(53) 22.9%	1481 ·········	·········	1632		
외ᄅᆞ외-(74) 32.0%	1461 ·········	·········	1632		
외롭-(32) 13.9%	1481 ·········	·········	·········	·········	1898
외로오-(69) 29.9%	1481 ·········	·········	·········	·········	1900
외로우-(3) 1.3%					1876

303* 요괴롭다

	15세기	16세기	17세기	18세기	19세기
요괴로ᄋᆡ-	-	1(번小)	-	-	-
요괴로ᄋᆞ-	-	4(번小)	-	-	-
요괴로오-	-	6(번小)	-	12	4(척사윤음)
요긔로외-	-	1(分온)	-	-	-
요괴로으-	-	-	-	1(속명)	-
요괴로우-	-	-	-	-	1(명성경)

#30	15C	16C	17C	18C	19C
요괴로ᄋᆡ-(1) 3.3%		1518			
요괴로ᄋᆞ-(4) 13.3%		1518			
요괴로오-(22) 73.3%		1518 ········	········	········	1839
요긔로외-(1) 3.3%		1542			
요괴로으-(1) 3.3%				1778	
요괴로우-(1) 3.3%					1883

304* 우둑하다

	15세기	16세기	17세기	18세기	19세기
우둑ᄒᆞ-	-	1(類合)	-	-	-
우득ᄒᆞ-	-	1(類合)	-	-	-

#2	15C	16C	17C	18C	19C
우둑ᄒᆞ-(1) 50.0%		1576			
우득ᄒᆞ-(1) 50.0%		1576			

305* 우비다

	15세기	16세기	17세기	18세기	19세기
우희-	5(六祖)	-	2	2(武藝)	-
우뷔-	-	-	-	2(同文)	-
우븨-	-	-	-	4(譯補)	2(이언)

#17	15C	16C	17C	18C	19C
우희-(9) 52.9%	1496 ········	········	········	1790	

우뷔-(2) 11.8% 1748

우븨-(6) 35.3% 1775 ········ 1883

306* 우습다

	15세기	16세기	17세기	18세기	19세기
웃브-	2(曲)	-	-	-	-
우소오-	-	-	1(新語)	1(개첩)	-
우스오-	-	-	1(곽씨)	-	-
우읍-	-	-	2(癸丑)	-	1(歌曲)
우솝-	-	-	-	1(女四)	-

#9	15C	16C	17C	18C	19C
웃브-(2) 22.2%	1447				
우소오-(2) 22.2%			1676 ········	1748	
우스오-(1) 11.1%			16xx		
우읍-(3) 33.3%			16xx ········	········	1876
우솝-(1) 11.1%				1736	

307* 움직이다

	15세기	16세기	17세기	18세기	19세기
움즈기-	11(月)	6	30	12	2(태평)
움즉이-	-	4(小언)	5	38	6(대쵸션)
움작이-	-	-	-	1(경신)	16(매일)
움자기-	-	-	-	-	1(閑中)

#132	15C	16C	17C	18C	19C
움즈기-(61) 46.2%	1459 ········	········	········	········	18xx
움즉이-(53) 40.2%		1587 ········	········	········	1896
움작이-(17) 12.9%				1796 ········	1898
움자기-(1) 0.8%					18xx

308* 유세하다

	15세기	16세기	17세기	18세기	19세기
유셔ᄒᆞ-	-	3(번小)	-	-	-
유셰ᄒᆞ-	-	1(小언)	-	-	4(독립)

#8	15C	16C	17C	18C	19C
유셔ᄒᆞ-(3) 37.5%		1518			
유셰ᄒᆞ-(5) 62.5%		1587			1896

309* 의논하다

	15세기	16세기	17세기	18세기	19세기
의론ᄒᆞ-	-	48(번老)	2	12	597(신약)
의논히-	-	4(순천)	-	-	-
의론히-	-	3(순천)	-	-	1(독립)
의논ᄒᆞ-	-	8(순천)	33	162	67(신약)
의눈ᄒᆞ-	-	-	1(老)	-	-
의논하-	-	-	-	2(三譯)	1(예성로스)
의론하-	-	-	-	-	6(예성로스, 독립)

#947	15C	16C	17C	18C	19C
의론ᄒᆞ-(659) 69.6%		1517			1900
의논히-(4) 0.4%		15xx			
의론히-(4) 0.4%		15xx			1896
의논ᄒᆞ-(270) 28.5%		15xx			1900
의눈ᄒᆞ-(1) 0.1%			1670		
의논하-(3) 0.3%				1703	1887
의론하-(6) 0.6%					1887-1896

310* 의심스럽다

	15세기	16세기	17세기	18세기	19세기
의심ᄃᆞ외-	-	3(번小)	-	-	-
의심되-	-	3(誡初)	1	26	4(독립)
의심젓-	-	-	-	2(同文)	-
의심저오-	-	-	-	1(無寃)	-
의심저으-	-	-	-	1(無寃)	-
의심스러우-	-	-	-	-	1(독립)
의심스러오-	-	-	-	-	2(독립)
의심스럽-	-	-	-	-	1(신약)

#45	15C	16C	17C	18C	19C
의심ᄃᆞ외-(3) 6.7%		1518			
의심되-(34) 75.6%		1577 …………			1896
의심젓-(2) 4.4%				1748	
의심저오-(1) 2.2%				1792	
의심저으-(1) 2.2%				1792	
의심스러우-(1) 2.2%					1896
의심스러오-(2) 4.4%					1896
의심스럽-(1) 2.2%					1900

311* 이간하다

	15세기	16세기	17세기	18세기	19세기
니간ᄒᆞ-	–	–	–	3(女四)	10(예성로스)
이간ᄒᆞ-	–	–	–	–	3(남원)

#16	15C	16C	17C	18C	19C
니간ᄒᆞ-(13) 81.3%				1736 …………	1887
이간ᄒᆞ-(3) 18.8%					1864

312* 이끌다

	15세기	16세기	17세기	18세기	19세기
잇그-	8(月)	3	7	6	2(성경직해)
잇글-	–	1(번老)	12	38	81(신약)
이ᄭᅳᆯ-	–	1(小언)	–	1	4(독립)
잇ᄭᅳᆯ-	–	–	28(馬언)	–	25(신약)
닛글-	–	–	–	–	6(감응)

#223	15C	16C	17C	18C	19C
잇그-(26) 11.7%	1459 …………				1892
잇글-(132) 59.2%		1517 …………			1900
이ᄭᅳᆯ-(6) 2.7%		1587 …………			1896
잇ᄭᅳᆯ-(53) 23.8%			16xx …………		1900
닛글-(6) 2.7%					1852

313* 이름짓다

	15세기	16세기	17세기	18세기	19세기
일훔짛-	14(月, 金강)	–	–	–	–
잃흠짓-	–	–	2(痘經)	–	–

#16	15C	16C	17C	18C	19C
일훔짛-(14) 87.5%	1459–1464				
일흠짓-(2) 12.5%			16xx		

314* 이울다(시들다)

	15세기	16세기	17세기	18세기	19세기
이블-	5(용, 月)	–	–	–	–
이울-	16(석)	5	4	2	1(성경직해)
이올-	–	–	1(유합영)	–	–

#34	15C	16C	17C	18C	19C
이블-(5) 14.7%	1447–1459				
이울-(28) 82.4%	1447 ········				1892
이올-(1) 2.9%			1700		

315* 이지러지다

	15세기	16세기	17세기	18세기	19세기
이즈러디-	–	–	–	4(女四)	2(예성로스)
이즈러지-	–	–	–	4(五倫)	6(예성로스)
이지러지-	–	–	–	–	3(명성경)

#19	15C	16C	17C	18C	19C
이즈러디-(6) 31.6%				1736 ········	1887
이즈러지-(10) 52.6%				1797 ········	1887
이지러지-(3) 15.8%					1883

316* 익히다

	15세기	16세기	17세기	18세기	19세기
익히-	–	–	–	–	30(군영, 매일)
익키-	–	–	–	–	4(신심소)

#34	15C	16C	17C	18C	19C
익히-(30) 88.2%					1881-1898
익키-(4) 11.8%					1896

317* 일벗다(훔치다)

	15세기	16세기	17세기	18세기	19세기
일벋ᇫ-	13(曲, 南明)	-	-	-	-
일벗-	2(杜초)	-	2(杜重)	-	-
일벚-	1(六祖)	-	-	-	-
일ᄋᆑᇫ-	-	1(字會)	-	-	-

#19	15C	16C	17C	18C	19C
일벋ᇫ-(13) 68.4%	1447-1482				
일벗-(4) 21.1%	1481 ······	······	1632		
일벚-(1) 5.3%	1496				
일ᄋᆑᇫ-(1) 5.3%		1527			

318* 일어나다

	15세기	16세기	17세기	18세기	19세기
니러나-	71(석)	36	55	134	332(신약)
이러나-	1(月)	2	5	13	69(매일)
닐어나-	-	1(속三중)	10	7	66(시편)
일어나-	-	-	-	1(경신)	21(매일)

#824	15C	16C	17C	18C	19C
니러나-(628) 76.2%	1447 ······	······	······	······	1900
이러나-(90) 10.9%	1459 ······	······	······	······	1898
닐어나-(84) 10.2%		1581 ······	······	······	1898
일어나-(22) 2.7%				1796 ······	1898

319* 일으키다

	15세기	16세기	17세기	18세기	19세기
니ᄅᆞ받-	2(석)	–	–	–	–
니르받-	8(서, 三강런던)	–	–	–	–
니ᄅᆞ왇-	354(석)	30	13(杜重)	–	–
니르왇-	337(석)	20	30	1(普勸해)	–
니르왓-	1(圓)	–	4(杜重)	–	–
닐왇-	1(勸供)	21	1	1(普勸해)	–

#824	15C	16C	17C	18C	19C
니ᄅᆞ받-(2) 0.2%	1447				
니르받-(8) 1.0%	1447–1481				
니ᄅᆞ왇-(397) 48.2%	1447 …… 1632				
니르왇-(388) 47.1%	1447 …… 1776				
니르왓-(5) 0.6%	1465 …… 1632				
닐왇-(24) 2.9%	1496 …… 1776				

320* 일컫다

	15세기	16세기	17세기	18세기	19세기
일ᄏᆞᆮ-	89(석)	11	10	5(지장)	–
일ᄏᆞᄅᆞ-	43(석)	5	8	56	9(이천)
일ᄏᆞ르-	61(석)	7	5	48	15(매일)
일ᄏᆞ로-	18(月)	5	1	2(천의)	–
잀ᄏᆞᆮ-	2(능)	–	–	–	–
잀ᄏᆞᄅᆞ-	1(능)	–	–	–	–
일ᄏᆞᆺ-	–	2(三강동경)	2	69	42(신약)
닐ᄏᆞᆯ-	–	–	–	2(어자)	121(성경직해)
닐ᄏᆞᆺ-	–	–	–	–	83(감응)

#722	15C	16C	17C	18C	19C
일ᄏᆞᆮ-(115) 15.9%	1447 …… 1752				
일ᄏᆞᄅᆞ-(121) 16.8%	1447 …… 1894				
일ᄏᆞ르-(136) 18.8%	1447 …… 1898				
일ᄏᆞ로-(26) 3.6%	1459 …… 1756				

	15C	16C	17C	18C	19C
잃ᄏᆞᆫ-(2) 0.3%	1461				
잃ᄏᆞᄅᆞ-(1) 0.1%	1461				
일ᄏᆞᆺ-(115) 15.9%		15xx ······			1900
닐ᄏᆞᆯ-(123) 17.0%				1746 ······	1892
닐ᄏᆞᆺ-(83) 11.5%					1852

321* 입다

	15세기	16세기	17세기	18세기	19세기
닙-	234(석)	325	341	349	700(신약)
입-	–	–	4(杜重)	8	239(매일)

#2200	15C	16C	17C	18C	19C
닙-(1949) 88.6%	1447 ······				1900
입-(251) 11.4%			1632 ······		1898

322* 입히다

	15세기	16세기	17세기	18세기	19세기
닙피-	–	4(번小)	6	3	8(예성로스)
닙히-	–	2(小언)	6	26	64(신약)

#119	15C	16C	17C	18C	19C
닙피-(21) 17.6%		1518 ······			1887
닙히-(98) 82.4%		1587 ······			1900

323* 잇게 하다

	15세기	16세기	17세기	18세기	19세기
니ᇫ우/니ᅀᅮ-	14(圓)	2(번小)	–	–	–
니ᇫ위-	1(杜초)	–	–	–	–

#17	15C	16C	17C	18C	19C
니ᇫ우/니ᅀᅮ-(16) 94.1%	1465 ······	1518			
니ᇫ위-(1) 5.9%	1481				

324* 잇대다

	15세기	16세기	17세기	18세기	19세기
닛위–	7(석)	–	1(杜重)	–	–
니스취–	1(蒙)	4(蒙송광사)	–	–	–
니수취–	2(杜초)	–	–	–	–
니음츠–	–	1(小언)	–	–	–
니우–	–	6(小언)	13	6	2(閑中)
니우취–	–	–	2(杜重)	–	–
니으치–	–	–	1(杜重)	–	–
니위–	–	–	2(家언)	2(無寃)	–

#50	15C	16C	17C	18C	19C
닛위–(8) 16.0%	1447 ········	········	1632		
니스취–(5) 10.0%	1467 ········	1577			
니수취–(2) 4.0%	1481				
니음츠–(1) 2.0%		1587			
니우–(27) 54.0%		1587 ········	········	········	18xx
니우취–(2) 4.0%			1632		
니으치–(1) 2.0%			1632		
니위–(4) 8.0%			1632 ········	1792	

325* 젊다

	15세기	16세기	17세기	18세기	19세기
졈–	148(석)	186	174	112	23(매일)
졂–	–	1(二倫)	–	6	66(신약)
젊–	–	1(二倫)	–	–	5(신약)

#722	15C	16C	17C	18C	19C
졈–(643) 89.1%	1447 ········	········	········	········	1898
졂–(73) 10.1%		1518 ········	········	········	1900
젊–(6) 0.8%		1518 ········	········	········	1900

326* 좋다

	15세기	16세기	17세기	18세기	19세기
됳-	1589(석)	682	1143	845	656(신약)
죻-	–	–	36(계녀서)	266	941(매일)
좋-	–	–	–	–	451(감응, 신약)

#6609	15C	16C	17C	18C	19C
됳-(4915) 74.4%	1447 ········				1900
죻-(1243) 18.8%			16xx ········		1898
좋-(451) 6.8%					1852–1900

327* 주무르다

	15세기	16세기	17세기	18세기	19세기
주므르-	2(月)	–	–	–	–
쥐믈으-	1(救方)	–	–	–	–
쥐무로-	–	–	–	1(蒙類解)	–
ᄌᆔ물느-	–	–	–	–	2(閑中)

#6	15C	16C	17C	18C	19C
주므르-(2) 33.3%	1459				
쥐믈으-(1) 16.7%	1466				
쥐무로-(1) 16.7%				1790	
ᄌᆔ물느-(2) 33.3%					18xx

328* 즈음하다(간격이 있다)

	15세기	16세기	17세기	18세기	19세기
즈슴츠-	19(永嘉)	–	–	–	–
즈음티-	–	–	3(練兵)	–	–
즈음츠-	–	–	11(杜重)	–	–
즈음치-	–	–	6(杜重)	–	–

#39	15C	16C	17C	18C	19C
즈슴츠-(19) 48.7%	1464				
즈음티-(3) 7.7%			1612		
즈음츠-(11) 28.2%			1632		
즈음치-(6) 15.4%			1632		

329* 차리다

	15세기	16세기	17세기	18세기	19세기
출호-	–	1(小언)	10	14	6(太平)
출히-	–	–	19(新語)	27	13(남원)

#90	15C	16C	17C	18C	19C
출호-(31) 34.4%		1587 ······			18xx
출히-(59) 65.6%			1676 ······		1864

330* 처지다

	15세기	16세기	17세기	18세기	19세기
처디-	28(月)	1	6	4(無寃)	–
처지-	–	–	–	2(계주)	2(예성로스)

#43	15C	16C	17C	18C	19C
처디-(39) 90.7%	1459 ······			1792	
처지-(4) 9.3%				1757 ······	1887

331* 처치하다

	15세기	16세기	17세기	18세기	19세기
쳐티ᄒᆞ-	–	4(번小)	3	6	1(독립)
쳐치ᄒᆞ-	–	–	2(癸丑)	6	24(신약)

#46	15C	16C	17C	18C	19C
쳐티ᄒᆞ-(14) 30.4%		1518 ······			1896
쳐치ᄒᆞ-(32) 69.6%			16xx ······		1900

332* 체하다

	15세기	16세기	17세기	18세기	19세기
톄ᄒᆞ-	–	1(순천)	11	8	35(신약)
쳬ᄒᆞ-	–	–	1(癸丑)	27	33(독립)
체하-	–	–	–	–	1(국한)
체ᄒᆞ-	–	–	–	–	6(閑中)

#123	15C	16C	17C	18C	19C
톄ᄒᆞ-(55) 44.7%		15xx ······			1900

쳬ᄒᆞ-(61) 49.6%			16xx ……		1896
쳬하-(1) 0.8%					1895
체ᄒᆞ-(6) 4.9%					18xx

333* 치밀다

	15세기	16세기	17세기	18세기	19세기
치밀-	–	–	–	1(맹율)	2(독립)
티밀-	–	–	–	–	1(太平)

#4	15C	16C	17C	18C	19C
치밀-(3) 75.0%				1749 ……	1896
티밀-(1) 25.0%					18xx

334* 치지르다

	15세기	16세기	17세기	18세기	19세기
티딜-	2(杜초)	–	2(杜重)	–	–
티디ᄅᆞ-	2(金삼)	–	–	–	–
티지르-	–	–	1(杜重)	–	–

#7	15C	16C	17C	18C	19C
티딜-(4) 57.1%	1481 ……		1632		
티디ᄅᆞ-(2) 28.6%	1482				
티지르-(1) 14.3%			1632		

335* 켜다

	15세기	16세기	17세기	18세기	19세기
ᅘᅧ-	137(석)	7(蒙송광사)	–	–	–
혀-	150(月)	35	46	40	41(신약)
켜-	–	–	3(老)	24	39(신약)

#522	15C	16C	17C	18C	19C
ᅘᅧ-(144) 27.6%	1447 ……	1577			
혀-(312) 59.8%	1459 ……				1900
켜-(66) 12.6%			1670 ……		1900

336* 타다

	15세기	16세기	17세기	18세기	19세기
ᄐᆞ-	171(석)	84	215	193	142(신약)
ᄩᆞ-	11(석)	9	12	1	1(太平)
ᄹᆞ-	–	–	3(馬언)	–	–

#842	15C	16C	17C	18C	19C
ᄐᆞ-(805) 95.6%	1447 ·········	·········	·········	·········	1900
ᄩᆞ-(34) 4.0%	1447 ·········	·········	·········	·········	18xx
ᄹᆞ-(3) 0.4%			16xx		

337* 튀다

	15세기	16세기	17세기	18세기	19세기
ᄩᅱ-	8(석)	1(三강동경)	–	–	–
튀-	–	–	–	–	3(규합)

#12	15C	16C	17C	18C	19C
ᄩᅱ-(9) 75.0%	1447 ·········	15xx			
튀-(3) 25.0%					1869

338* 퍼지다

	15세기	16세기	17세기	18세기	19세기
퍼디-	15(석)	3	8	1(천의)	–
퍼지-	–	–	–	13(同文)	39(신약)

#79	15C	16C	17C	18C	19C
퍼디-(27) 34.2%	1447 ·········	·········	·········	1756	
퍼지-(52) 65.8%				1748 ·········	1900

339* 펴지다

	15세기	16세기	17세기	18세기	19세기
펴디-	22(석)	4	7	4(無寃)	–
펴지-	–	–	–	4(同文)	9(신약)
폐지-	–	–	–	–	4(독립)

#54	15C	16C	17C	18C	19C
펴디-(37) 68.5%	1447 ································			1792	
펴지-(13) 24.1%				1748 ········	1900
폐지-(4) 7.4%					1896

340* 푸르다

	15세기	16세기	17세기	18세기	19세기
ᄑᆞᄅᆞ-	4(석)	–	5(杜重)	–	–
프르-	35(月)	10	50	32	18(시편)
프르르-	5(杜초)	3	13	1	3(남원)
ᄑᆞᄅᆞ르-	–	1(百聯)	–	–	–
ᄑᆞ르-	–	–	1(馬언)	–	–
푸르-	–	–	–	3(三譯)	31(매일)
푸루-	–	–	–	4(同文)	1(광재)
푸르르-	–	–	–	–	7(歌曲)
푸루르-	–	–	–	–	1(매일)

#228	15C	16C	17C	18C	19C
ᄑᆞᄅᆞ-(9) 3.9%	1447 ····················		1632		
프르-(145) 63.6%	1459 ···				1898
프르르-(25) 11.0%	1481 ···				1864
ᄑᆞᄅᆞ르-(1) 0.4%		1576			
ᄑᆞ르-(1) 0.4%			16xx		
푸르-(34) 14.9%				1703 ········	1898
푸루-(5) 2.2%				1748 ········	18xx
푸르르-(7) 3.1%					1876
푸루르-(1) 0.4%					1898

341* (꽃) 피다

	15세기	16세기	17세기	18세기	19세기
픠-	1(杜초)	2	14	15	18(신심소)
퓌-	–	–	–	–	23(歌曲)

#73	15C	16C	17C	18C	19C
픠-(50) 68.5%	1481 ···				1896

퓌-(23) 31.5%					1876

342* (불, 연기, 향을) 피우다[17]

	15세기	16세기	17세기	18세기	19세기
퓌우-	51(석)	8	7	1	8(쥬년)
퓌오-	4(月)	4	8	9	2(군영)
픠우-	–	–	4(신속)	–	1(남원)
픠오-	–	–	10(신속)	11	4(太平)
피우-	–	–	–	–	4(군영)

#136	15C	16C	17C	18C	19C
퓌우-(75) 55.1%	1447 ···				1865
퓌오-(27) 19.9%	1459 ···				1881
픠우-(5) 3.7%			1617 ···		1864
픠오-(25) 18.4%			1617 ···		18xx
피우-(4) 2.9%					1881

343* 하숫그리다(참소하다)

	15세기	16세기	17세기	18세기	19세기
하숫그리-	2(杜초)	–	1(杜重)	–	–
하솟그리-	–	2(字會)	–	–	–
하쇼써리-	–	–	1(警民)	–	–
하쇽거리-	–	–	2(譯)	–	–
하솟거리-	–	–	–	1(十九)	–
하쇽써리-	–	–	–	1(蒙類解)	–

#10	15C	16C	17C	18C	19C
하숫그리-(3) 30.0%	1481 ···		1632		
하솟그리-(2) 20.0%		1527			
하쇼써리-(1) 10.0%			1658		
하쇽거리-(2) 20.0%			1690		
하솟거리-(1) 10.0%				1772	
하쇽써리-(1) 10.0%				1790	

17) ‘꽃을 피우다’의 의미로 쓰인 예는 15세기 『금강경삼가해』에 ‘픠우다’로 3회가 나온다.

344* 한숨짓다

	15세기	16세기	17세기	18세기	19세기
한숨딯-	3(석)	–	–	–	–
한숨지-	–	–	1(서궁)	1	1(歌曲)
한숨디-	–	–	–	2(지장)	1(歌曲)

#9	15C	16C	17C	18C	19C
한숨딯-(3) 33.3%	1447				
한숨지-(3) 33.3%			16xx ······	······	1876
한숨디-(3) 33.3%				1752 ······	1876

345* 해지다

	15세기	16세기	17세기	18세기	19세기
허여디-	–	1(牛方)	17	11(無寃)	–
해야디-	–	–	3(老)	–	–
허여지-	–	–	–	–	2(예성로스)
해여지-	–	–	–	–	6(성경직해)

#40	15C	16C	17C	18C	19C
허여디-(29) 72.5%		1541 ······	······	1792	
해야디-(3) 7.5%			1670		
허여지-(2) 5.0%					1887
해여지-(6) 15.0%					1892

346* 흩뜨리다

	15세기	16세기	17세기	18세기	19세기
헛글다	–	1(類合)	–	–	–
헛틀다	–	–	–	–	13(잠상)

#14	15C	16C	17C	18C	19C
헛글-(1) 7.1%		1576			
헛틀-(13) 92.9%					1886

수식언

001* 가까이

	15세기	16세기	17세기	18세기	19세기
갓가ᄫᅵ	25(석, 三강런던)	–	–	–	–
가ᄶᅡᄫᅵ	1(月)	–	–	–	–
갓가이	57(능)	20	55	49	136(신약)
갓가히	–	–	–	–	75(군영, 신약)

#418	15C	16C	17C	18C	19C
갓가ᄫᅵ(25) 6.0%	1447–1481				
가ᄶᅡᄫᅵ(1) 0.2%	1459				
갓가이(317) 75.8%	1461 ········				1900
갓가히(75) 17.9%					1881–1900

002* 가끔

	15세기	16세기	17세기	18세기	19세기
ᄀᆞᆺ곰	–	–	5(老)	4(지장)	–
ᄀᆞᆺ금	–	–	1(서궁)	–	1(閑中)

#11	15C	16C	17C	18C	19C
ᄀᆞᆺ곰(9) 81.8%			1670 ········	1752	
ᄀᆞᆺ금(2) 18.2%			16xx ········		18xx

003* 가운데

	15세기	16세기	17세기	18세기	19세기
가온ᄃᆡ	364(석)	51	167	135	332(신약)
가ᄫᆞᆫᄃᆡ	2(月)	–	–	–	–
가온대	2(杜초)	35	148	237	194(신약)
가온듸	–	–	2(신속, 杜重)	–	–
가온데	–	–	–	1(五倫)	45(예성로스)

#1715	15C	16C	17C	18C	19C
가온ᄃᆡ(1049) 61.2%	1447 ········				1900
가ᄫᆞᆫᄃᆡ(2) 0.1%	1459				
가온대(616) 35.9%	1481 ········				1900
가온듸(2) 0.1%			1617–1632		
가온데(46) 2.7%				1797 ········	1887

004* 갖가지[1)]

	15세기	16세기	17세기	18세기	19세기
갓갓	7(석, 圓)	–	–	–	–
갓가지	–	–	1(癸丑)	–	17(성경직해)
갓갓시	–	–	–	–	1(매일)

#26	15C	16C	17C	18C	19C
갓갓(7) 26.9%	1447–1465				
갓가지(18) 69.2%			16xx	············	1892
갓갓시(1) 3.8%					1898

005* 갖은

	15세기	16세기	17세기	18세기	19세기
ᄀᆞ즌[2)]	–	–	–	1(老重)	–
가즌	–	–	–	5(인과곡)	8(남원)

#14	15C	16C	17C	18C	19C
ᄀᆞ즌(1) 7.1%				1795	
가즌(13) 92.9%				1796 ······	1864

006* 거꾸로

	15세기	16세기	17세기	18세기	19세기
갓ᄀᆞ로	30(月)	1	5(杜重)	–	–
갓고로	14(月)	2	15	4	2(남원)
것ᄭᅮ로	–	1(百聯)	–	–	–
것구로	–	–	1(家언)	6	7(이언)
것구루	–	–	–	1(無寃)	1(歌曲)
것구러	–	–	–	2(無寃)	1(신약)
것ᄀᆞ로	–	–	–	–	2(규합)

---

1) 『이조어사전』에 의하면 18세기 『漢清文鑑』에 "갓갓지"가 나타나나, 『漢清文鑑』이 디지털화된 텍스트에 빠져 있어 검색에 반영되지 못하였다. 『漢清文鑑』은 영조 말년의 것이므로, 영조 연간(1724–1776)을 고려하면 적어도 18세기 중반에는 이러한 표기가 나타났다고 본다.

2) 『이조어사전』에 의하면 18세기 『漢清文鑑』에 "ᄀᆞ즌 것"이 나타나나, 『漢清文鑑』이 디지털

#95	15C	16C	17C	18C	19C
갓ㄱ로(36) 37.9%	1459 ········	········	1632		
갓고로(37) 39.0%	1459 ········	········	········	········	1864
것ᄭ로(1) 1.0%		1576			
것ᄀ로(14) 14.7%			1632 ········	········	1883
것구루(2) 2.1%				1792 ········	1876
것구러(3) 3.2%				1792 ········	1900
것ㄱ로(2) 2.1%					1869

007* 겨우[3)]

	15세기	16세기	17세기	18세기	19세기
계우	1(석)	6	14	2	10(매일)
겨우	–	1(恩重)	–	–	41(신약)
계유	–	1(속三)	17	17	8(텬로)
계요	–	1(小언)	15	39	2(남원)
계오	–	28(순천)	5	9	19(독립)
겨요	–	–	8(癸丑)	13	7(남원)
겨유	–	–	12(癸丑)	8	74(치명)
아야오ᄅ시	1(內)	–	–	–	–
애야라	1(杜초)	–	3(杜重)	–	–
애야ᄅ시	1(杜초)	–	1(杜重)	–	–
애여러	1(杜초)	–	1(杜重)	–	–
아야라	4(杜초)	–	9	1(普勸해)	–
애야로시	–	–	2(시경)	–	–
아야로시	–	–	1(杜重)	–	–

화된 텍스트에 빠져 있어 검색에 반영되지 못하였다. 『漢淸文鑑』은 영조 말년의 것이므로, 영조 연간(1724–1776)을 고려하면 적어도 18세기 중반에는 이러한 표기가 나타났다고 본다.

3) 이 표제항의 표기형은 크게 '계유'형과 '아야오ᄅ시'형으로 나뉜다. 양 계열의 표기형 숫자가 엇비슷하며 유사한 형태가 많이 보이므로 독자의 편의를 위해 여기서는 같은 계열의 표기형을 모아 보이기로 하였다.

#385	15C	16C	17C	18C	19C
계우(33) 8.6%	1447				1898
겨우(42) 10.9%		1563			1900
계유(43) 11.2%		1581			1894
계요(57) 14.8%		1587			1864
계오(61) 15.8%		15xx			1896
겨요(28) 7.3%			16xx		1864
겨유(94) 24.1%			16xx		1895
아야오ᄅᆞ시(1) 0.3%	1475				
애야라(4) 1.0%	1481		1632		
애야ᄅᆞ시(2) 0.5%	1481		1632		
애여러(2) 0.5%	1481		1632		
아야라(14) 3.6%	1481			1776	
애야로시(2) 0.5%			1613		
아야로시(1) 0.3%			1632		

008* 괴로이

	15세기	16세기	17세기	18세기	19세기
고로이	–	2(순천)	6	1	31(쥬교)
괴로이	–	–	5(癸丑)	18	6(군영)
괴롭게	–	–	–	5(三譯)	34(시편)
괴로히	–	–	–	1(김재인)	13(매일)

#122	15C	16C	17C	18C	19C
고로이(40) 32.8%		15xx			1897
괴로이(29) 23.8%			16xx		1881
괴롭게(39) 31.9%				1703	1898
괴로히(14) 11.5%				1783	1898

009* 구태여

	15세기	16세기	17세기	18세기	19세기
구틔여	183(석)	48	86	12	1(잠상)
구틔야	–	1(번老)	2(老)	–	–
구ᄐᆡ여	–	9(三강동경)	19	11	4(매일)
구ᄐᆡ야	–	1(장수경)	–	1	1(太平)
구ᄐᆞ여	–	–	6(신속)	11(五倫)	–
구ᄐᆡ어	–	–	1(家언)	–	–
구트여	–	–	1(杜重)	–	–
굿ᄒᆞ야	–	–	2(新語)	18	13(매일)
굿희여	–	–	1(朴重)	–	1(매일)
굿ᄒᆞ여	–	–	4(계녀서)	5	13(매일)
구티여	–	–	–	1(어내)	–
구타여	–	–	–	1(隣語)	9(매일)

#466	15C	16C	17C	18C	19C
구틔여(330) 70.8%	1447 ···				1886
구틔야(3) 0.6%		1517 ···	1670		
구ᄐᆡ여(43) 9.2%		15xx ···			1898
구ᄐᆡ야(3) 0.6%		15xx ···			18xx
구ᄐᆞ여(17) 3.6%			1617 ···	1797	
구ᄐᆡ어(1) 0.2%			1632		
구트여(1) 0.2%			1632		
굿ᄒᆞ야(33) 7.1%			1676 ···		1898
굿희여(2) 0.4%			1677 ···		1898
굿ᄒᆞ여(22) 4.7%			16xx ···		1898
구티여(1) 0.2%				1737	
구타여(10) 2.1%				1790 ···	1898

010* 그윽한

	15세기	16세기	17세기	18세기	19세기
그ᅀᅳ근	7(능, 杜초)	–	–	–	–
그ᅌᅳ근	–	–	1(杜重)	–	–
그우은	–	–	1(杜重)	–	–

#9	15C	16C	17C	18C	19C
그ᅀᅳ근(7) 77.8%	1461－1481				
그으근(1) 11.1%			1632		
그윽은(1) 11.1%			1632		

011* 깨끗이

	15세기	16세기	17세기	18세기	19세기
조케	53(석)	6	13	3(경신)	–
조히	77(석)	9	43	11	11(매일)

#226	15C	16C	17C	18C	19C
조케(75) 33.2%	1447 ………			1796	
조히(151) 66.8%	1447 ………				1898

012* 나직이

	15세기	16세기	17세기	18세기	19세기
ᄂᆞᄌᆞ기	37(月)	11	21	15(十九)	–
ᄂᆞᄌᆞ시	–	2(小언)	–	–	–
ᄂᆞᄌᆞᆨ이	–	3(小언)	–	5(주천)	–
ᄂᆞ즈기	–	–	2(자취)	1(朴新)	–

#97	15C	16C	17C	18C	19C
ᄂᆞᄌᆞ기(84) 86.6%	1459 ………			1772	
ᄂᆞᄌᆞ시(2) 2.1%		1587			
ᄂᆞᄌᆞᆨ이(8) 8.2%		1587 ………		1752	
ᄂᆞ즈기(3) 3.1%			1635 ………	1765	

013* 넌지시

	15세기	16세기	17세기	18세기	19세기
넌즈시	13(용)	1	2(杜重)	–	–
넌즈기	1(三강런던)	–	–	–	–
넌ᄌᆞ시	–	–	–	1(五倫)	1(閑中)

#19	15C	16C	17C	18C	19C
넌즈시(16) 84.2%	1447 …………		1632		
넌즈기(1) 5.3%	1481				
넌주시(2) 10.5%				1797 …………	18xx

014* 널리

	15세기	16세기	17세기	18세기	19세기
러비	–	2(龜)	1(권념)	–	–
널이	–	–	2(家언)	1	9(협성)
뤏게	–	–	–	1(女四)	–
널리	–	–	–	2(女四)	19(매일)
넓게	–	–	–	1(어자)	11(신약)
넓이	–	–	–	1(유중외)	1(경석)

#51	15C	16C	17C	18C	19C
러비(3) 5.8%		1569 …………	1637		
널이(12) 23.5%			1632 …………		1898
뤏게(1) 2.0%				1736	
널리(21) 41.1%				1736 …………	1898
넓게(12) 23.5%				1746 …………	1900
넓이(2) 3.9%				1782 …………	1882

015* 넘지

	15세기	16세기	17세기	18세기	19세기
넘디	37(月)	11	11	11(加髢)	–
넘지	–	–	–	2(朴新)	21(매일)

#93	15C	16C	17C	18C	19C
넘디(70) 75.3%	1459 …………			1788	
넘지(23) 24.7%				1765 …………	1898

016* 늘

	15세기	16세기	17세기	18세기	19세기
상녜	12(석, 六祖)	–	–	–	–
샹녜	1024(석)	47(誡初)	–	–	–
샹네	8(月)	1(分온)	–	–	–
상녜	2(月)	2	4	3(普勸해)	–
샹녜	22(月)	29	57	29	3(이천)
샹히	–	1(속三)	11	94	111(협성)
샹례	–	1(小언)	1	8	1(이천)
샹시	–	3(순천)	25	20	3(독립)
샹해	–	27(순천)	60	54	73(쥬교)
샹샹	–	–	1(癸丑)	1	8(독립)
샹샹의	–	–	4(老, 癸丑)	–	–
샹샹에	–	–	3(老, 朴重)	–	–
샹시예	–	–	4(癸丑)	3(어자)	–
샹시에	–	–	–	7(종덕)	5(매일)
샹시의	–	–	–	11(천의)	2(閑中)

#1785	15C	16C	17C	18C	19C
상녜(12) 0.7%	1447–1496				
샹녜(1071) 60.0%	1447 ······ 1577				
샹네(9) 0.5%	1459 ······ 1542				
상녜(11) 0.6%	1459 ······ 1776				
샹녜(140) 7.8%	1459 ······ 1894				
샹히(217) 12.1%		1581 ······ 1898			
샹례(11) 0.6%		1587 ······ 1894			
샹시(51) 2.9%		15xx ······ 1896			
샹해(214) 12.0%		15xx ······ 1897			
샹샹(10) 0.6%			16xx ······ 1896		
샹샹의(4) 0.2%			1670–16xx		
샹샹에(3) 0.2%			1670–1677		
샹시예(7) 0.4%			16xx ······ 1746		
샹시에(12) 0.7%				1748 ······ 1898	
샹시의(13) 0.7%				1756 ······ 18xx	

017* 능히

	15세기	16세기	17세기	18세기	19세기
시러곰	70(杜초)	110	198	181	41(성경직해)
시러금	–	–	–	9(女四)	8(매일)

#617	15C	16C	17C	18C	19C
시러곰(600) 97.2%	1481 ······				1892
시러금(17) 2.8%				1736 ······	1898

018* 다만

	15세기	16세기	17세기	18세기	19세기
다ᄆᆞᆫ	57(석)	61	35	50	212(매일)
다ᄆᆡᆫ	12(月, 개법)	–	–	–	–
다믄	–	19(번老)	8	2(경신)	–
다만	–	11(순천)	243	488	883(신약)
다만당	–	–	–	1(종덕)	–
다문	–	–	–	1(普勸해)	–

#2083	15C	16C	17C	18C	19C
다ᄆᆞᆫ(415) 20.0%	1447 ······				1898
다ᄆᆡᆫ(12) 0.6%	1459–1500				
다믄(29) 1.4%		1517 ······		1796	
다만(1625) 78.0%		15xx ······			1900
다만당(1) 0.0%				1758	
다문(1) 0.0%				1776	

019* 다섯[4)] [5)]

	15세기	16세기	17세기	18세기	19세기
닷	134(救方)	43	119	37	44(독립)
다엿	6(救方)	4	30	4(捷蒙)	–
대	2(杜초)	3	3(老)	–	–
대엿	2(救方)	–	6(朴重)	–	–

#437	15C	16C	17C	18C	19C
닷(377) 86.3%	1466 ······				1896
다엿(44) 10.1%	1466 ······			1790	
대(8) 1.8%	1481 ······		1670		
대엿(8) 1.8%	1466 ······		1677		

020* 다시

	15세기	16세기	17세기	18세기	19세기
ᄂᆞ외야	190(석)	3(誡初)	–	–	–
ᄂᆞ외여	1(內)	1	1(권념)	–	–
노외야	1(杜초)	–	3(譯)	–	–
노의여	–	2(번老)	1(老)	–	–
뇌여	–	6(순천)	4	5	1(독립)
노야	–	–	1(痘要)	–	2(협성)
노의야	–	–	–	1(개첩)	–
노여	–	–	–	1(지장)	4(독립)
뇌야	–	–	–	–	1(규합)

#229	15C	16C	17C	18C	19C
ᄂᆞ외야(193) 84.3%	1447 ······	1577			
ᄂᆞ외여(3) 1.3%	1475 ······		1637		
노외야(4) 1.7%	1481 ······		1690		

---

4) '다ᄉᆞᆺ', '다슷', '다섯'은 명사변화 참조.

5) '다', '대'와 '다엿', '대엿'은 대등한 항목이라 볼 수 없으므로, 일반적인 배열과 달리 '다'와 '다엿', '대'와 '대엿'을 묶어 배열하였다. 또한 이 항목에서는 각 항목이 전체 출현 수에서 차지하는 비율이 의미있는 수치가 아님을 밝혀둔다.

	15C	16C	17C	18C	19C
노의여(3) 1.3%		1517 ······	1670		
뇌여(16) 7.0%		15xx ······	······	······	1896
노야(3) 1.3%			1608 ······	······	1898
노의야(1) 0.4%				1748	
노여(5) 2.2%				1752 ······	1896
뇌야(1) 0.4%					1869

021* 다시금

	15세기	16세기	17세기	18세기	19세기
다시곰	30(석)	19	23	9(蒙類解)	–
다시옴	–	–	7(癸丑)	–	–
다시금	–	–	–	–	1(텬로)

#89	15C	16C	17C	18C	19C
다시곰(81) 91.0%	1447 ······	······	······	1790	
다시옴(7) 7.9%			16xx		
다시금(1) 1.1%					1894

022* 당당히

	15세기	16세기	17세기	18세기	19세기
당다이	127(석, 南明)	–	–	–	–
당당이	84(杜초)	8	1(杜重)	–	–
당다이	–	–	4(杜重)	–	–
당당이	–	–	124(신속)	4	3(감응)
당당히	–	–	8(신속)	–	33(매일)

#396	15C	16C	17C	18C	19C
당다이(127) 32.1%	1447–1482				
당당이(93) 23.5%	1481 ······	······	1632		
당다이(4) 1.0%			1632		
당당이(131) 33.1%			1617 ······	······	1852
당당히(41) 10.4%			1617 ······	······	1898

023* 더불어

	15세기	16세기	17세기	18세기	19세기
ᄃᆞᄆᆞᆺ	115(法화)	70	156	132	10(독립)
ᄃᆞᄆᆞᆮ	–	1(주역)	4	3(논율)	–
다믓	–	13(小언)	32	10(名義)	–
다못	–	1(주역)	–	23	379(신약)
다믇	–	1(맹자)	5(신속)	–	–
다므기	–	–	1(朴重)	–	–
다몯	–	–	–	2(女四, 兵指)	–

#958	15C	16C	17C	18C	19C
ᄃᆞᄆᆞᆺ(483) 50.4%	1463 ······				1896
ᄃᆞᄆᆞᆮ(8) 0.8%		1588 ······		1749	
다믓(55) 5.7%		1587 ······		1777	
다못(403) 42.1%		1588 ······			1900
다믇(6) 0.6%		1590 ······	1617		
다므기(1) 0.1%			1677		
다몯(2) 0.2%				1736–1787	

024* 더욱

	15세기	16세기	17세기	18세기	19세기
더옥	11(석)	59	223	402	551(신약)
더욱	216(석)	75	67	126	404(신약)

#2134	15C	16C	17C	18C	19C
더옥(1246) 58.4%	1447 ······				1900
더욱(888) 41.6%	1447 ······				1900

025* 도리어

	15세기	16세기	17세기	18세기	19세기
도ᄅᆞ혀	178(圓)	33	61	2(어내)	–
도로혀	19(杜초)	19	98	220	413(신약)
도로켜	–	–	3(新語)	1	1(신약)
도리어	–	–	–	1(백행)	2(예셩로스)
도르혀	–	–	–	–	2(삼성, 군영)
도로여	–	–	–	–	9(삼성, 국소)
돌이여	–	–	–	–	5(예셩로스)
도리여	–	–	–	–	34(예셩로스, 신심소)

#1101	15C	16C	17C	18C	19C
도ᄅᆞ혀(274) 24.9%	1465			1737	
도로혀(769) 69.8%	1481				1900
도로켜(5) 0.5%			1676		1900
도리어(3) 0.3%				1765	1887
도르혀(2) 0.2%					1880–1881
도로여(9) 0.8%					1880–1895
돌이여(5) 0.5%					1887
도리여(34) 3.1%					1887–1896

026* 도무지

	15세기	16세기	17세기	18세기	19세기
도모지	–	–	–	8(同文)	287(신약)
도모디	–	–	–	1(속명)	–
도무지	–	–	–	–	1(예셩로스)

#297	15C	16C	17C	18C	19C
도모지(295) 99.3%				1748	1900
도모디(1) 0.3%				1778	
도무지(1) 0.3%					1887

027* 두루

	15세기	16세기	17세기	18세기	19세기
두루	112(석)	20	31	47	75(신약)
두르	4(능)	–	2(杜重)	–	–
둘오	2(南明)	1(小언)	–	–	–
둘우	–	1(小언)	–	1(유제도)	–
두로	–	15(법집)	56	64	61(신약)

#492	15C	16C	17C	18C	19C
두루(285) 57.9%	1447 1900				
두르(6) 1.2%	1461 1632				
둘오(3) 0.6%	1482 1587				
둘우(2) 0.4%		1587 1794			
두로(196) 39.8%		15xx 1900			

028* 두터이

	15세기	16세기	17세기	18세기	19세기
둗거이	11(法화)	3	5(杜重)	–	–
두터이	22(救方)	8	16	13	12(진리)
두텁게	2(救方)	–	1	1	3(신심소)
둗겁게	–	2(번朴, 小언)	–	–	–
두터히	–	–	–	2(十九)	13(매일)

#114	15C	16C	17C	18C	19C
둗거이(19) 16.7%	1463 1632				
두터이(71) 62.3%	1466 1895				
두텁게(7) 6.1%	1466 1896				
둗겁게(2) 1.8%		1517–1587			
두터히(15) 13.2%				1772 1898	

029* 둘[6)][7)]

	15세기	16세기	17세기	18세기	19세기
두	1873(석)	417	1177	863	1678(신약)
두ᅀᅥ	130(석)	27(蒙송광사)	–	–	–
둘찻	31(석)	4(蒙송광사)	–	–	–
둘채	1(救간)	–	1(杜重)	–	–

#6202	15C	16C	17C	18C	19C
두(6008) 96.9%	1447				1900
두ᅀᅥ(157) 2.5%	1447	1577			
둘찻(35) 0.6%	1447	1577			
둘채(2) 0.0%	1489		1632		

030* 떳떳이

	15세기	16세기	17세기	18세기	19세기
덛더디	10(능)	10	1(家언)	–	–
덛덛디	10(능)	–	2	1(어내)	–
ᄡᅥᆺᄃᆞ시	1(杜초)	–	1(杜重)	–	–
덧덧디	–	1(誡初)	–	3(無寃)	–
덛덛이	–	11(小언)	12(여훈)	–	–
덛덛시	–	–	1(家언)	–	–
덧더디	–	–	4(家언)	1(同文)	–
덧더시	–	–	1(家언)	–	1(예성로스)
덧덧이	–	–	4(警民)	22	28(성경직해)
덧덧시	–	–	–	1(종덕)	30(예성로스)
쎳쎳이	–	–	–	7(종덕)	1(淸老)
쎳쎳시	–	–	–	–	10(예성로스)

#174	15C	16C	17C	18C	19C
덛더디(21) 12.1%	1461		1632		

---

6) '둘'은 명사변화 참조.

7) '두', '두ᅀᅥ', '둘찻', '둘채'는 대등한 항목이라 볼 수 없다. 이 항목에서는 각 항목이 전체 출현 수에서 차지하는 비율이 의미있는 수치가 아님을 밝혀둔다.

덛덛디(13) 7.5%	1461 ··· 1737				
뻣ᄃᆞ시(2) 1.1%	1481 ··· 1632				
덧덧디(4) 2.3%		1577 ··· 1792			
덛덛이(23) 13.2%		1587 ··· 1658			
덛덛시(1) 0.6%			1632		
덧더디(5) 2.9%			1632 ··· 1748		
덧더시(2) 1.1%			1632 ··· 1887		
덧덧이(54) 31.0%			1658 ··· 1892		
덧덧시(31) 17.8%				1758 ··· 1887	
쎳쎳이(8) 4.6%				1758 ··· 18xx	
쎳쎳시(10) 5.7%					1887

031* 마땅히

	15세기	16세기	17세기	18세기	19세기
ᄆᆞᆺ당이	1(月)	20	6(痘要)	–	–
ᄆᆞᆺ당히	6(蒙)	22	1(痘要)	–	–
맛당히	–	27(小언)	123	293	364(신약)
맛당이	–	9(小언)	55	290	659(신약)
맛ᄯᅡᆼ히	–	1(주역)	1(馬언)	–	–
맛ᄯᅡᆼ이	–	–	3(辟新, 여훈)	–	–

#1881	15C	16C	17C	18C	19C
ᄆᆞᆺ당이(27) 1.4%	1459 ··· 1608				
ᄆᆞᆺ당히(29) 1.5%	1467 ··· 1608				
맛당히(807) 42.9%		1587 ··· 1900			
맛당이(1013) 53.9%		1587 ··· 1900			
맛ᄯᅡᆼ히(2) 0.1%		1588 ··· 16xx			
맛ᄯᅡᆼ이(3) 0.2%			1653–1658		

032* 마음껏

	15세기	16세기	17세기	18세기	19세기
젼ᄎᆞᆺ	3(석, 月)	–	–	–	–
젽ᄌᆞ	7(月, 內)	–	–	–	–
젼ᄌᆞ	–	–	–	4(지장)	–

#14	15C	16C	17C	18C	19C
젼ᄌᆞᆺ(3) 21.4%	1447–1459				
져ᇇᄌᆞ(7) 50.0%	1459–1475				
젼ᄌᆞ(4) 28.6%				17xx–1752	

033* 마주

	15세기	16세기	17세기	18세기	19세기
마조	13(석)	10	6	22	15(시편)
마주	–	–	1(곽씨)	–	6(국한)

#73	15C	16C	17C	18C	19C
마조(66) 90.4%	1447 ………………				1898
마주(7) 9.6%			16xx ………………		1895

034* 마지막

	15세기	16세기	17세기	18세기	19세기
ᄆᆞᄌᆞ막	1(月)	1	11	1	5(신약)
ᄆᆞᄌᆞᆨ막	–	–	1(家언)	–	–
ᄆᆞ즈막	–	–	–	1(蒙類解)	–
마즈막	–	–	–	–	82(남원, 예성로스)
마지막	–	–	–	–	4(예성로스, 독립)
마ᄌᆞ막	–	–	–	–	6(성경직해, 훈아)
ᄆᆞ지막	–	–	–	–	1(신약)

#114	15C	16C	17C	18C	19C
ᄆᆞᄌᆞ막(19) 16.7%	1459 ………………				1900
ᄆᆞᄌᆞᆨ막(1) 0.9%			1632		
ᄆᆞ즈막(1) 0.9%				1790	
마즈막(82) 71.9%					1864–1887
마지막(4) 3.5%					1887–1896
마ᄌᆞ막(6) 5.3%					1892–1894
ᄆᆞ지막(1) 0.9%					1900

035* 마침내[8)]

	15세기	16세기	17세기	18세기	19세기
ᄆᆞᄎᆞ매	218(月)	33	139	1(五倫)	–
ᄆᆞᄎᆞᆷ내	62(능)	43	116	135(五倫)	–
ᄆᆞᄎᆞᆷ애	–	15(小언)	14	4(無寃)	–
마ᄎᆞᆷ내	–	–	2(시경)	1	4(매일)
ᄆᆞ츰내	–	–	–	1(朴新)	–
ᄆᆞᄎᆞᆷᄂᆡ	–	–	–	4(十九, 五倫)	–
마ᄎᆞᆷᄂᆡ	–	–	–	1(경신)	15(신심소)

#808	15C	16C	17C	18C	19C
ᄆᆞᄎᆞ매(391) 48.4%	1459 ········			1797	
ᄆᆞᄎᆞᆷ내(356) 44.1%	1461 ········			1797	
ᄆᆞᄎᆞᆷ애(33) 4.1%		1587 ········		1792	
마ᄎᆞᆷ내(7) 0.9%			1616 ········		1898
ᄆᆞ츰내(1) 0.1%				1765	
ᄆᆞᄎᆞᆷᄂᆡ(4) 0.5%				1772–1797	
마ᄎᆞᆷᄂᆡ(16) 2.0%				1796 ········	1896

036* 매양

	15세기	16세기	17세기	18세기	19세기
ᄆᆡ샹	1(개법)	–	–	–	–
ᄆᆡ양	–	70(속三)	137	233	309(신약)
ᄆᆡ샹애	–	–	5(권념)	3(普勸해)	–
매양	–	–	–	–	25(독립, 閑中)

#783	15C	16C	17C	18C	19C
ᄆᆡ샹(1) 0.1%	1500				
ᄆᆡ양(749) 95.7%		1514 ········			1900
ᄆᆡ샹애(8) 1.0%			1637 ········	1776	
매양(25) 3.2%					1896–18xx

8) '마침내'의 여러 형태들은 주로 '마침내'의 뜻을 나타내지만, '(동작을) 마침에'에 해당되는 경우는 제외하였다.

037* 매우

	15세기	16세기	17세기	18세기	19세기
ᄆᆡᄫᅵ	2(석, 三강련던)	–	–	–	–
ᄆᆡ오	23(月)	13	9	7	43(매일)
ᄆᆡ이	17(능)	8	30	20	12(매일)
ᄆᆞᄫᅵ	1(三강련던)	–	–	–	–
ᄆᆞ이	–	6(번小)	27	9	2(규합)
매우	–	–	–	1(천의)	6(매일)
ᄆᆡ우	–	–	–	–	706(삼성, 신약)

#942	15C	16C	17C	18C	19C
ᄆᆡᄫᅵ(2) 0.2%	1447–1481				
ᄆᆡ오(95) 10.1%	1459 ······				1898
ᄆᆡ이(87) 9.2%	1461 ······				1898
ᄆᆞᄫᅵ(1) 0.1%	1481				
ᄆᆞ이(44) 4.7%		1518 ······			1869
매우(7) 0.7%				1756 ······	1898
ᄆᆡ우(706) 74.9%					1880–1900

038* 먼저

	15세기	16세기	17세기	18세기	19세기
몬졧[9]	4(석)	2	4(杜重)	–	–
몬져	601(석)	254	353	466	852(신약)
몬제	2(능, 개법)	–	–	–	–
몬저	11(牧)	3	7	2	8(신약)
몬뎌	–	–	4(救荒윤)	32(유제도)	–
몬쳐	–	–	1(馬언)	–	–
몬뎨	–	–	–	1(천의)	–
먼져	–	–	–	2(종덕)	46(매일)
몬쥐	–	–	–	1(無寃)	–
먼저	–	–	–	–	30(텬로, 매일)

9) '몬졧'은 모두 명사 앞에서 관형어로 쓰이므로, 명사 '몬제'에 관형격조사 '–ㅅ'이 통합한 것이다. 『이조어사전』에는 '몬졧'이 부사로 기술되어 있으나 여기서는 명사로 보아 제외하였다.

#2686	15C	16C	17C	18C	19C
몬졔(10) 0.4%	1447 ···········	···········	1632		
몬져(2526) 94.0%	1447 ···········	···········	···········	···········	1900
몬제(2) 0.1%	1461−1500				
몬저(31) 1.2%	1467 ···········	···········	···········	···········	1900
몬뎌(36) 1.3%			1660 ···········	1794	
몬쳐(1) 0.0%			16xx		
몬뎨(1) 0.0%				1756	
먼져(48) 1.8%				1758 ···········	1898
몬쥐(1) 0.0%				1792	
먼저(30) 1.1%					1894−1898

039* 멀찍이

	15세기	16세기	17세기	18세기	19세기
멀쯔기셔	1(救간)	–	–	–	–
멀즈시	–	1(번老)	1(老)	–	–
멀쯕이	–	–	–	1(蒙老)	–
멀즉이	–	–	–	2(老重)	1(淸老)

#7	15C	16C	17C	18C	19C
멀쯔기셔(1) 14.3%	1489				
멀즈시(2) 28.6%		1517 ···········	1670		
멀쯕이(1) 14.3%				1790	
멀즉이(3) 42.9%				1795 ···········	18xx

040* 몇

	15세기	16세기	17세기	18세기	19세기
현	15(용)	7	12	25(兵指)	–
현맛	14(曲, 月)	–	–	–	–
혀나믄[10)]	–	–	1(여훈)	–	–
몇	–	–	1(朴重)	–	–

#75	15C	16C	17C	18C	19C
현(59) 78.7%	1447 ···········	···········	···········	1787	

현맛(14) 18.7% 1447−1459

혀나믄(1) 1.3% 1658

몇(1) 1.3% 1677

041* 몇 번

	15세기	16세기	17세기	18세기	19세기
몃맛	7(杜초)	−	3(杜重)	−	−
몃마	8(金삼)	1(광천)	−	−	−
몃번	3(金삼)	−	1	−	8(협성)
몃몃	−	−	−	−	5(歌曲, 매일)

#36	15C	16C	17C	18C	19C
몃맛(10) 27.8%	1481 ·········	·········	1632		
몃마(9) 25.0%	1482 ·········	1575			
몃번(12) 33.3%	1482 ·········	·········	·········	·········	1898
몃몃(5) 13.9%					1876−1898

042* 모두

	15세기	16세기	17세기	18세기	19세기
모다	362(석)	106	161	55	101(협성)
모도	98(석)	26	9	35	634(신약)
모두	−	−	−	1(三譯)	11(독립)

#1599	15C	16C	17C	18C	19C
모다(785) 49.1%	1447 ·········	·········	·········	·········	1898
모도(802) 50.2%	1447 ·········	·········	·········	·········	1900
모두(12) 0.8%				1703 ·········	1896

10) 『이조어사전』에 의하면 18세기 『青丘永言』에도 '혀나믄'이 나타나나, 『青丘永言』이 디지털화된 텍스트에 빠져 있어 검색에 반영되지 못하였다.

043* 모든

	15세기	16세기	17세기	18세기	19세기
모ᄃᆞᆫ	833(석)	186	153	79	34(신약)
대도ᄒᆞᆫ	3(月, 救간)	–	–	–	–
모든	1(개법)	7	77	240	1249(신약)

#2862	15C	16C	17C	18C	19C
모ᄃᆞᆫ(1285) 44.9%	1447 ·······				1900
대도ᄒᆞᆫ(3) 0.1%	1459–1489				
모든(1574) 55.0%	1500 ·······				1900

044* 모름지기

	15세기	16세기	17세기	18세기	19세기
모로매	624(석)	193	90	12	2(성경직해)
모로미	–	39(번小)	60	41	35(이언)
모롬애	–	7(小언)	2	1(어내)	–
모롬이	–	20(小언)	20	108	2(매일)
모ᄅᆞ매	–	–	1(杜重)	–	–
모롬즉	–	–	–	13(女四)	4(독립)
모롬즉이	–	–	–	13(女四)	3(독립)
모롬ᄌᆞᆨ이	–	–	–	3(경문, 대정정의)	–
모름즉이	–	–	–	6(名義)	3(명성경)
모름이	–	–	–	1(名義)	2(매일)

#1305	15C	16C	17C	18C	19C
모로매(921) 70.6%	1447 ·······				1892
모로미(175) 13.4%		1518 ·······			1883
모롬애(10) 0.8%		1587 ·······		1737	
모롬이(150) 11.5%		1587 ·······			1898
모ᄅᆞ매(1) 0.1%			1632		
모롬즉(17) 1.3%				1736 ·······	1896
모롬즉이(16) 1.2%				1736 ·······	1896
모롬ᄌᆞᆨ이(3) 0.2%				1761–1793	
모름즉이(9) 0.7%				1777 ·······	1883
모름이(3) 0.2%				1777 ·······	1898

045* 모질게

	15세기	16세기	17세기	18세기	19세기
모디리	3(法화)	2	4(병자)	–	–
모딜이	–	–	4(신속, 여훈)	–	–
모질게	–	–	–	1(名義)	–

#14	15C	16C	17C	18C	19C
모디리(9) 64.3%	1463 ······	······	163x		
모딜이(4) 28.6%			1617–1658		
모질게(1) 7.1%				1777	

046* 몸소

	15세기	16세기	17세기	18세기	19세기
몸ᅀᅩ	1(杜초)	3(正俗)	–	–	–
몸소	–	9(小언)	40	82	33(성경직해)
몸조	–	–	1(신속)	–	–
몸쇼	–	–	–	–	19(이언, 매일)

#188	15C	16C	17C	18C	19C
몸ᅀᅩ(4) 2.1%	1481 ······	1518			
몸소(164) 87.2%		1587 ······	······	······	1892
몸조(1) 0.5%			1617		
몸쇼(19) 10.1%					1883–1898

047* 못내

	15세기	16세기	17세기	18세기	19세기
몯내	41(석)	4	1(곽씨)	–	–
못내	–	–	2(癸丑)	2	1(한불)

#51	15C	16C	17C	18C	19C
몯내(46) 90.2%	1447 ······	······	16xx		
못내(5) 9.8%			16xx ······	······	1880

048* 무릇[11)]

	15세기	16세기	17세기	18세기	19세기
믈읫	165(석)	166	135	121	1(이언)
므릇	–	3(주역)	62	85	72(신약)
므릿	–	–	6(練兵)	23	1(감응)
물읏	–	–	1(東醫)	–	1(독립)
물읜	–	–	4(신속, 여훈)	–	–
므ᄅᆞᆺ	–	–	5(辟新)	20	181(신약)
므롯	–	–	1(警民)	–	–
믈읏	–	–	–	16(오륜전비)	–
물읫	–	–	–	1(오륜전비)	1(척사윤음)
무ᄅᆞᆺ	–	–	–	11(천의)	1(성경직해)
무릿	–	–	–	–	3(감응)

#1086	15C	16C	1C	18C	19C
믈읫(588) 54.1%	1447 ······	······	······	······	183
므릇(222) 22 .4%		1588 ······	······	······	1900
므릿(30) 2.8%			1612 ······	······	1852
물읏(2) 0.2%			1613 ······	······	1896
물읜(4) 0.4%			1617–1658		
므ᄅᆞᆺ(206) 19.0%			1653 ······	······	1900
므롯(1) 0.1%			1658		
믈읏(16) 1.5%				1721–1785	
물읫(2) 0.2%				1721 ······	1839
무ᄅᆞᆺ(12) 1.1%				1756 ······	1892
무릿(3) 0.3%					1852

11) 『이조어사전』에 '믈의'(야운지경, 1577)도 보이나, 원전을 확인한 결과 '몰의'이다. 디지털화된 텍스트에 『야운지경』이 포함되지 않아 검색에 반영되지 못하였다.

049* 무슨

	15세기	16세기	17세기	18세기	19세기
므슷	68(석)	4	21(杜重)	–	–
므슴[12]	100(석)	85	125	215	36(太平)
므스	7(月)	29	35	10	3(太平)
므ᅀᅳᆺ	2(杜초)	–	–	–	–
므ᄉᆞᆷ[13]	–	6(주역)	48	103	2(閑中)
므ᄉᆞ	–	16(순천)	14	1(경문)	–
므ᄋᆞᆺ	–	–	2(杜重)	–	–
무ᄉᆞ	–	–	20(산성)	4	4(독립)
무ᄉᆞᆷ[14]	–	–	22(계축)	121	988(신약)
무스	–	–	–	4(오륜전비, 경신)	–
무음	–	–	–	–	9(歌曲)
무슴	–	–	–	–	1(매일)

#2105	15C	16C	17C	18C	19C
므슷(93) 4.4%	1447 ········	········	1632		
므슴(561) 26.7%	1447 ········	········	········	········	18xx
므스(84) 4.0%	1459 ········	········	········	········	18xx
므ᅀᅳᆺ(2) 0.1%	1481				
므ᄉᆞᆷ(159) 7.6%		1588 ········	········	········	18xx
므ᄉᆞ(31) 1.5%		15xx ········	········	1761	
므ᄋᆞᆺ(2) 0.1%			1632		
무ᄉᆞ(28) 1.3%			163x ········	········	1896
무ᄉᆞᆷ(1131) 53.7%			16xx ········	········	1900
무스(4) 0.2%				1721–1796	
무음(9) 0.4%					1876
무슴(1) 0.0%					1898

12) 명사변화 참조.
13) 명사변화 참조.
14) 명사변화 참조.

050* 문득

	15세기	16세기	17세기	18세기	19세기
믄득	353(석)	120	182	198	82(신약)
믄드시	22(杜초)	–	31(杜重)	–	–
믄드기	2(杜초)	–	2(杜重)	–	–
믄듯	10(杜초)	–	10	–	1(독립)
문득	–	–	6(신속)	45	84(신약)
문듯	–	–	–	1(普勸해)	19(매일)

#1168	15C	16C	17C	18C	19C
믄득(935) 80.1%	1447 ······				1900
믄드시(53) 4.5%	1481 ······		1632		
믄드기(4) 0.3%	1481 ······		1632		
믄듯(21) 1.8%	1481 ······				1896
문득(135) 11.6%			1617 ······		1900
문듯(20) 1.7%				1776 ······	1898

051* 믿게

	15세기	16세기	17세기	18세기	19세기
믿비	6(月)	15	2(杜重)	–	–
밋비	–	–	1(서궁)	4(계주)	–
밋브게	–	–	–	3(三譯)	2(이언)

#33	15C	16C	17C	18C	19C
믿비(23) 69.7%	1459 ······		1632		
밋비(5) 15.2%			16xx ······	1757	
밋브게(5) 15.2%				1703 ······	1883

052* 바로

	15세기	16세기	17세기	18세기	19세기
바ᄅᆞ	247(석)	77	41	3	12(협성)
바로	3(月)	27	40	153	201(신약)
바르	–	–	2(家언)	1	29(매일)

#836	15C	16C	17C	18C	19C
바ᄅᆞ(380) 45.5%	1447 ―				1898
바로(424) 50.7%	1459 ―				1900
바르(32) 3.8%			1632 ―		1898

053* 바빼

	15세기	16세기	17세기	18세기	19세기
밧비	2(석)	6	11	60	137(협성)
뵈왓비	7(杜초)	–	7(杜重)	–	–
뵈왜비	–	–	1(杜重)	–	–

#231	15C	16C	17C	18C	19C
밧비(216) 93.5%	1447 ―				1898
뵈왓비(14) 6.1%	1481 ―		1632		
뵈왜비(1) 0.4%			1632		

054* 바야흐로

	15세기	16세기	17세기	18세기	19세기
뵈야ᄒᆞ로	34(석)	1	33	1(어내)	–
보야ᄒᆞ로	15(능)	2	11	2(어내)	–
뵈야호로	–	11(번小)	5(語錄개)	–	–
보야호로	–	13(번小)	4	1(無寃)	–
ᄇᆡ야호로	–	1(속三)	–	1(맹율)	–
뵈야흐로	–	1(小언)	4	2(어내)	–
보야흐로	–	10(小언)	35	69	3(太平)
ᄇᆡ야ᄒᆞ로	–	–	2(練兵)	1(女四)	–
ᄇᆞ야ᄒᆞ로	–	–	3(신속)	–	–
ᄇᆡ야흐로	–	–	6(신속)	22	1(감응)
ᄇᆞ야흐로	–	–	12(신속)	81	26(쥬교)
바야흐로	–	–	–	11(천의)	49(매일)
ᄇᆞ야흐르	–	–	–	–	1(감응)
바야으로	–	–	–	–	1(독립)

#475	15C	16C	17C	18C	19C
뵈야ᄒᆞ로(69) 14.5%	1447 ―			1737	

보야ᄒᆞ로(30) 6.3% 1461 ······ 1737
ᄇᆡ야호로(16) 3.4% 1518 ······ 1669
보야호로(18) 3.8% 1518 ······ 1792
ᄇᆡ야호로(2) 0.4% 1581 ······ 1749
ᄇᆡ야흐로(7) 1.5% 1587 ······ 1737
보야흐로(117) 24.6% 1587 ······ 18xx
ᄇᆡ야ᄒᆞ로(3) 0.6% 1612 ······ 1736
ᄇᆞ야ᄒᆞ로(3) 0.6% 1617
ᄇᆡ야흐로(29) 6.1% 1617 ······ 1852
ᄇᆞ야흐로(119) 25.1% 1617 ······ 1897
바야흐로(60) 12.6% 1756 ······ 1898
ᄇᆞ야흐르(1) 0.2% 1852
바야으로(1) 0.2% 1896

055* 반드시

	15세기	16세기	17세기	18세기	19세기
반ᄃᆞ기[15)]	1478(月)	82	58(권념)	–	–
반드기	1(圓)	–	–	–	–
반ᄃᆞ개	3(杜초)	–	1(杜重)	–	–
반ᄃᆞ시	5(杜초)	477	369	960	911(신약)
반드시	–	7(번小)	1	7	7(척사윤음)

#4367 15C 16C 17C 18C 19C
반ᄃᆞ기(1618) 37.1% 1459 ······ 1637
반드기(1) 0.0% 1465
반ᄃᆞ개(4) 0.1% 1481 ······ 1632
반ᄃᆞ시(2722) 62.3% 1481 ······ 1900
반드시(22) 0.5% 1518 ······ 1839

15) '반ᄃᆞᆺ, 반ᄃᆞᆨ, 반ᄃᆞᆮ' 등은 천자문이나 유해류 자료에 나오는 것으로 한자나 단어의 뜻풀이로 쓰인 것이어서 부사인지 어근인지 명사인지를 확인할 수가 없다. 적극적인 입장에서는 이들도 모두 부사로 처리할 수 있을 듯하지만, 품사를 확인할 수 없는 경우는 제외하고 부사로 쓰인 것이 명확한 것만 포함하였다.

056* 배불리

	15세기	16세기	17세기	18세기	19세기
ᄇᆡ브르긔	3(석, 月)	–	–	–	–
ᄇᆡ브르게	5(月)	3	1	3(종덕)	–
ᄇᆡ브르	12(杜초)	4	10	1(종덕)	–
ᄇᆡ브ᄅᆞ	–	3(번小, 小언)	–	–	–
ᄇᆡ브로	–	–	2(杜重)	–	–
ᄇᆡ블리	–	–	7(警民, 朴重)	–	–
ᄇᆡ브리	–	–	1(朴重)	–	–
ᄇᆡ부로게	–	–	–	1(蒙老)	–
ᄇᆡ블니	–	–	–	–	1(남원)
ᄇᆡ불니	–	–	–	–	10(남원, 신약)
ᄇᆡ불이	–	–	–	–	2(명성경)
ᄇᆡ부루게	–	–	–	–	1(예성문광)
ᄇᆡ불우게	–	–	–	–	2(예성로스)
ᄇᆡ부르게	–	–	–	–	10(예성로스, 훈아)

#82	15C	16C	17C	18C	19C
ᄇᆡ브르긔(3) 3.7%	1447–1459				
ᄇᆡ브르게(12) 14.6%	1459 ………………			1758	
ᄇᆡ브르(27) 32.9%	1481 ………………			1758	
ᄇᆡ브ᄅᆞ(3) 3.7%		1518–1587			
ᄇᆡ브로(2) 2.4%			1632		
ᄇᆡ블리(7) 8.5%			1658–1677		
ᄇᆡ브리(1) 1.2%			1677		
ᄇᆡ부로게(1) 1.2%				1790	
ᄇᆡ블니(1) 1.2%					1864
ᄇᆡ불니(10) 12.2%					1864–1900
ᄇᆡ불이(2) 2.4%					1883
ᄇᆡ부루게(1) 1.2%					1887
ᄇᆡ불우게(2) 2.4%					1887
ᄇᆡ부르게(10) 12.1%					1887–1894

057* 번듯이

	15세기	16세기	17세기	18세기	19세기
번드기	37(석)	4	8	3(蒙類解)	–
번득히	3(능)	–	1	2(경문)	–
번드시	3(능)	–	4	2(老重)	–
번ᄃᆞ시	–	–	3(胎諺)	1(어자)	–
번듣시	–	–	1(老)	–	–
번듯시	–	–	–	–	1(歌曲)

#73	15C	16C	17C	18C	19C
번드기(52) 71.2%	1447 ·········			1790	
번득히(6) 8.2%	1461 ·········			1761	
번드시(9) 12.3%	1461 ·········			1795	
번ᄃᆞ시(4) 5.5%			1608 ·········	1746	
번듣시(1) 1.4%			1670		
번듯시(1) 1.4%					1876

058* 벌써

	15세기	16세기	17세기	18세기	19세기
ᄇᆞᆯ쎠	29(석, 杜초)	–	–	–	–
ᄇᆞᆯ셔	49(능)	18	81	54	37(독립)
발셔	–	–	1(朴重)	1	115(신약)
ᄇᆞᆯ서	–	–	1(癸丑)	–	–
벌셔	–	–	1(癸丑)	–	4(매일)
발서	–	–	–	–	4(신심소)

#395	15C	16C	17C	18C	19C
ᄇᆞᆯ쎠(29) 7.3%	1447–1481				
ᄇᆞᆯ셔(239) 60.5%	1461 ·········				1896
발셔(117) 29.6%			1677 ·········		1900
ᄇᆞᆯ서(1) 0.3%			16xx		
벌셔(5) 1.3%			16xx ·········		1898
발서(4) 1.0%					1896

059* 보드랍게

	15세기	16세기	17세기	18세기	19세기
보ᄃᆞ라ᄫᅵ	1(석)	–	–	–	–
보ᄃᆞ랍게	4(月, 救간)	–	–	–	–
보ᄃᆞ라이	4(內)	–	2(杜重)	–	–

#11	15C	16C	17C	18C	19C
보ᄃᆞ라ᄫᅵ(1) 9.1%	1447				
보ᄃᆞ랍게(4) 36.4%	1459–1489				
보ᄃᆞ라이(6) 54.5%	1475 ······	······	1632		

060* 부지런히

	15세기	16세기	17세기	18세기	19세기
브즈러니	194(석)	39	12	14(老重)	–
브즈런히	–	1(龜)	1	2(유경기)	–
브즈런이	–	2(小언)	8	13	1(閑中)
브즈런니	–	–	1(권념)	1(普勸해)	–
부즈러니	–	–	–	8(오륜전비)	4(매일)
부즈런이	–	–	–	12(女四)	7(협성)
부즈런히	–	–	–	2(女四)	7(매일)
부즐어니	–	–	–	2(어자)	

#331	15C	16C	17C	18C	19C
브즈러니(259) 78.2%	1447 ······	······	······	1795	
브즈런히(4) 1.2%		1569 ······	······	1782	
브즈런이(24) 7.3%		1587 ······	······	······	18xx
브즈런니(2) 0.6%			1637 ······	1776	
부즈러니(12) 3.7%				1721 ······	1898
부즈런이(19) 5.7%				1736 ······	1898
부즈런히(9) 2.7%				1736 ······	1898
부즐어니(2) 0.6%				1746–1752	

061* 부질없이

	15세기	16세기	17세기	18세기	19세기
부졀업시	–	–	4(譯)	8	8(이언)
브졀업시	–	–	–	1(오륜전비)	–

#21	15C	16C	17C	18C	19C
부졀업시(20) 95.2%			1690 ·········	·········	1883
브졀업시(1) 4.8%				1721	

062* 불쌍히

	15세기	16세기	17세기	18세기	19세기
어여ᄡᅵ	5(석)	–	–	–	1(예성로스)
어엿비	251(석)	56	59	30	46(성경직해)
어엿ᄫᅵ	1(月)	–	–	–	–
어엿ᄇᆡ	1(內)	–	–	–	–
어옛비	1(六祖)	1(번老)	–	–	–
에엿비	–	25(번老)	7	14	7(太平)
에옛비	–	1(번小)	–	–	–
어엿ᄡᅵ	–	10(육자)	6	1(지장)	–
어엳비	–	–	2(신속)	3(지장)	–
에엿ᄡᅵ	–	–	1(여훈)	–	–
어엽비	–	–	–	–	73(예성로스, 매일)

#602	15C	16C	17C	18C	19C
어여ᄡᅵ(6) 1.0%	1447 ·········	·········	·········	·········	1887
어엿비(442) 73.4%	1447 ·········	·········	·········	·········	1892
어엿ᄫᅵ(1) 0.2%	1459				
어엿ᄇᆡ(1) 0.2%	1475				
어옛비(2) 0.3%	1496 ·········	1517			
에엿비(53) 8.8%		1517 ·········	·········	·········	18xx
에옛비(1) 0.2%		1518			
어엿ᄡᅵ(17) 2.8%		1560 ·········	·········	1752	
어엳비(5) 0.8%			1617 ·········	1752	
에엿ᄡᅵ(1) 0.2%			1658		
어엽비(73) 12.1%					1887–1898

063* 비로소

	15세기	16세기	17세기	18세기	19세기
비르서	249(석)	13	27(권념)	–	–
비로서	3(金강)	–	3	5	1(쥬년)
비르소	2(蒙)	20	4	–	15(예셩로스)
비르수	13(杜초)	–	15(杜重)	–	–
비루소	1(杜초)	1	2(杜重)	–	–
비루수	6(杜초)	–	6(杜重)	–	–
비로소	1(杜초)	21	74	138	181(신약)
비로수	–	–	2(杜重)	–	–
비로셔	–	–	–	–	3(매일)
비로쇼	–	–	–	1(十九)	76(신약)

#883	15C	16C	17C	18C	19C
비르서(289) 32.7%	1447 ······ 1637				
비로서(12) 1.4%	1464 ······ 1865				
비르소(41) 4.6%	1467 ······ 1887				
비르수(28) 3.2%	1481 ······ 1632				
비루소(4) 0.5%	1481 ······ 1632				
비루수(12) 1.4%	1481 ······ 1632				
비로소(415) 47.0%	1481 ······ 1900				
비로수(2) 0.2%			1632		
비로셔(3) 0.3%				1756 ······ 1898	
비로쇼(77) 8.7%				1772 ······ 1900	

064* 사납게

	15세기	16세기	17세기	18세기	19세기
사오나뵈	4(석, 牧)	–	–	–	–
사오나이	2(圓)	7	5	2	1(매일)
사오납게	–	1(번小)	–	–	1(신약)

#23	15C	16C	17C	18C	19C
사오나뵈(4) 17.4%	1447–1467				
사오나이(17) 73.9%	1465 ······ 1898				
사오납게(2) 8.7%		1518 ······ 1900			

065* 사사로이

	15세기	16세기	17세기	18세기	19세기
아ᄅᆞᆷ뎌	6(능)	6	3(杜重)	–	–
아름뎌	–	3(二倫)	–	–	–

#18	15C	16C	17C	18C	19C
아ᄅᆞᆷ뎌(15) 83.3%	1461 ······		1632		
아름뎌(3) 16.7%		1518			

066* 살뜰히

	15세기	16세기	17세기	18세기	19세기
ᄉᆞᆯ드리	–	1(순천)	–	–	1(남원)
ᄉᆞᆯᄃᆞ리	–	–	1(병자)	–	–
ᄉᆞᆯᄯᅳ리	–	–	–	–	1(歌曲)

#4	15C	16C	17C	18C	19C
ᄉᆞᆯ드리(2) 50.0%		15xx ······			1864
ᄉᆞᆯᄃᆞ리(1) 25.0%			163x		
ᄉᆞᆯᄯᅳ리(1) 25.0%					1876

067* 서로

	15세기	16세기	17세기	18세기	19세기
서르	1447(석)	241	371	70(중율)	–
서로	4(月)	7	39	374	971(신약)
셔르	2(圓)	–	–	–	–
서ᄅᆞ	1(杜초)	209	289	190	43(閑中)
셔로	–	1(誡初)	6	26	449(협성)
서라	–	1(주역)	–	–	–
서루	–	–	1(유합영)	–	6(여소)

#4748	15C	16C	17C	18C	19C
서르(2129) 44.8%	1447 ······			1749	
서로(1395) 29.4%	1459 ······				1900
셔르(2) 0.0%	1465				
서ᄅᆞ(732) 15.4%	1481 ······				18xx

셔로(482) 10.2%	1577 ······ 1898		
서라(1) 0.0%	1588		
서루(7) 0.1%	1700 ······ 18xx		

068* 쉽게

	15세기	16세기	17세기	18세기	19세기
셜ᄫᅵ	4(月)	–	–	–	–
셜이	3(능)	13	16	2	1(독립)
쉽게	1(法화)	3	10	3	1(독립)
쉽게	–	–	1(癸丑)	–	–

#58	15C	16C	17C	18C	19C
셜ᄫᅵ(4) 6.9%	1459				
셜이(35) 60.3%	1461 ······				1896
쉽게(18) 31.0%	1463 ······				1896
쉽게(1) 1.7%			16xx		

069* 손수

	15세기	16세기	17세기	18세기	19세기
손소	57(석)	8(二倫)	–	–	–
손조	–	22(번老)	30	26	15(閑中)
손ᄌᆞ	–	1(순천)	4	1(오륜전비)	–
손소	–	2(순천)	13	–	1(감응)
손오	–	–	2(杜重)	–	–
숀죠	–	–	5(계녀서)	–	2(歌曲)

#189	15C	16C	17C	18C	19C
손소(65) 34.4%	1447 ······	1518			
손조(93) 49.2%		1517 ······			18xx
손ᄌᆞ(6) 3.2%		15xx ······		1721	
손소(16) 8.5%		15xx ······			1852
손오(2) 1.1%			1632		
숀죠(7) 3.7%			16xx ······		1876

070* 수고롭게

	15세기	16세기	17세기	18세기	19세기
슈고로이	1(杜초)	7	8	10	10(쥬교)
슈고롭게	–	–	–	6(女四)	5(훈아)

#47	15C	16C	17C	18C	19C
슈고로이(36) 76.6%	1481 ······				1897
슈고롭게(11) 23.4%				1736 ······	1894

071* 쉽게

	15세기	16세기	17세기	18세기	19세기
수ᄫᅵ	20(석)	9(몽육)	–	–	–
쉬ᄫᅵ	3(月)	–	–	–	–
수이	81(능)	32	224	53	11(신심소)
쉬이	16(능)	18	4	10	8(매일)
쉬	4(法화)	19	7	20	2(매일)
수비	–	7(蒙고운사, 蒙송광사)	–	–	–
쉽게	–	–	1(老)	5	41(신약)
슈이	–	–	1(癸丑)	1	9(군영)

#606	15C	16C	17C	18C	19C
수ᄫᅵ(29) 4.8%	1447 ······	1567			
쉬ᄫᅵ(3) 0.5%	1459				
수이(401) 66.2%	1461 ······				1896
쉬이(56) 9.2%	1461 ······				1898
쉬(52) 8.6%	1463 ······				1898
수비(7) 1.2%		1517–1577			
쉽게(47) 7.8%			1670 ······		1900
슈이(11) 1.8%			16xx ······		1881

072* 스르르

	15세기	16세기	17세기	18세기	19세기
스르르	1(杜초)	–	4(杜重)	–	–
스르르히	1(杜초)	–	1(杜重)	–	–

#7	15C	16C	17C	18C	19C
스르르(5) 71.4%	1481 ······	······	1632		
스르르히(2) 28.6%	1481 ······	······	1632		

073* 스스로

	15세기	16세기	17세기	18세기	19세기
스싀로	56(석)	16	58(杜重)	–	–
스스로	7(牧)	150	304	308	23(국소)
스ᄉᆞ로	–	1(맹자)	25	619	847(신약)
스스노	–	–	1(신속)	–	–
스ᄉᆡ로	–	–	1(杜重)	–	–
즈스로	–	–	41(家언)	–	–
ᄉᆞ스로	–	–	–	1(三譯)	–
스사로	–	–	–	–	327(예셩로스, 매일)
스시로	–	–	–	–	1(신약)

#2786	15C	16C	17C	18C	19C
스싀로(130) 4.7%	1447 ······	······	1632		
스스로(792) 28.4%	1467 ······	······	······	······	1895
스ᄉᆞ로(1492) 53.6%		1590 ······	······	······	1900
스스노(1) 0.0%			1617		
스ᄉᆡ로(1) 0.0%			1632		
즈스로(41) 1.5%			1632		
ᄉᆞ스로(1) 0.0%				1703	
스사로(327) 11.7%					1887–1898
스시로(1) 0.0%					1900

074* 시계

	15세기	16세기	17세기	18세기	19세기
싀이	1(杜초)	–	–	–	–
싀히	2(杜초)	–	3(杜重)	–	–

#6	15C	16C	17C	18C	19C
싀이(1) 16.7%	1481				
싀히(5) 83.3%	1481 ······	······	1632		

075* 실로

	15세기	16세기	17세기	18세기	19세기
실로	2(圓)	8	32	98	10(신약)
실노	–	–	8(癸丑)	117(五倫)	–

#275	15C	16C	17C	18C	19C
실로(150) 54.5%	1465 ········				1900
실노(125) 45.5%			16xx ········	1797	

076* 실컷

	15세기	16세기	17세기	18세기	19세기
슬컷	–	–	5(癸丑)	–	2(규합)
슬ㅋ장	–	–	–	–	2(歌曲)
슬커시	–	–	–	–	1(歌曲)

#10	15C	16C	17C	18C	19C
슬컷(7) 70.0%			16xx ········		1869
슬ㅋ장(2) 20.0%					1876
슬커시(1) 10.0%					1876

077* 아득히

	15세기	16세기	17세기	18세기	19세기
아드기	7(月)	–	2(杜重)	–	–
아독히	9(月)	–	1(杜重)	–	–
아독	15(月)	8	6	6	1(太平)
아독아독히	1(杜초)	–	–	–	–
아독아드기	1(杜초)	–	1(杜重)	–	–
아닥	–	1(광천)	–	–	–
아득히	–	–	–	1(老重)	6(쥬교)
아독이	–	–	–	–	1(太平)

#67	15C	16C	17C	18C	19C
아드기(9) 13.4%	1459 ········		1632		
아독히(10) 14.9%	1459 ········		1632		
아독(36) 53.7%	1459 ········				18xx
아독아독히(1) 1.5%	1481				

아ᄃᆞᆨ아ᄃᆞ기(2) 3.0%	1481 1632				
아닥(1) 1.5%		1575			
아득히(7) 10.4%				1795 1897	
아ᄃᆞᆨ이(1) 1.5%					18xx

078* 아름답게

	15세기	16세기	17세기	18세기	19세기
아ᄅᆞᆷ다ᄫᅵ	1(月)	–	–	–	–
아ᄅᆞᆷ다이	8(圓)	5	17	38	15(성경직해)
아ᄅᆞᆷ답게	–	2(번小)	1	1	9(신심소)
아름답게	–	–	1(여훈)	–	2(예성로스)
아름다이	–	–	1(여훈)	1	6(협성)

#108	15C	16C	17C	18C	19C
아ᄅᆞᆷ다ᄫᅵ(1) 0.9%	1459				
아ᄅᆞᆷ다이(83) 76.9%	1465				1892
아ᄅᆞᆷ답게(13) 12.0%		1518			1896
아름답게(3) 2.8%			1658		1887
아름다이(8) 7.4%			1658		1898

079* 아무/아무런[16)]

	15세기	16세기	17세기	18세기	19세기
아ᄆᆞ란	6(석)	19	4(朴重)	–	–
아못	10(석)	7	2	–	13(예성로스)
아므란	–	2(번老)	18	13(老重)	–
아ᄆᆞ	–	2(恩重)	23(朴重)	–	–
아모란	–	2(呂約일석)	4	25	4(예성로스)
아무	–	–	–	5(三譯)	57(매일)
아믓	–	–	–	–	3(예성로스)
아무런	–	–	–	–	3(예성로스)

#222	15C	16C	17C	18C	19C
아ᄆᆞ란(29) 13.1%	1447		1677		

16) ‘아모’, ‘아므’는 명사변화 참조.

아못(32) 14.4%	1447 ······	······	······	······	1887
아므란(33) 14.9%		1517 ······	······	1795	
아ᄆᆞ(25) 11.3%		1563 ······	1677		
아모란(35) 15.8%		1574 ······	······	······	1887
아무(62) 27.9%				1703 ······	1898
아뭇(3) 1.4%					1887
아무런(3) 1.4%					1887

080* 아무리

	15세기	16세기	17세기	18세기	19세기
아모리	–	–	42(新語)	32	137(협성)
아므리	–	–	14(新語)	7	2(太平)
아무리	–	–	–	2(三譯)	11(매일)

#247	15C	16C	17C	18C	19C
아모리(211) 85.4%			1676 ······	······	1898
아므리(23) 9.3%			1676 ······	······	18xx
아무리(13) 5.3%				1703 ······	1898

081* 아스라이

	15세기	16세기	17세기	18세기	19세기
아ᄉᆞ라히	45(永嘉)	2(번小)	–	–	–
아ᄉᆞ라이	1(杜초)	–	–	–	–
아ᅀᆞ라이	–	1(小언)	1	2(五倫)	–
아ᅀᆞ라히	–	–	60(杜重)	–	–
아ᄅᆞ라히	–	–	1(杜重)	–	–
아으라이	–	–	–	–	1(閑中)

#114	15C	16C	17C	18C	19C
아ᄉᆞ라히(47) 41.2%	1464 ······	1518			
아ᄉᆞ라이(1) 0.9%	1481				
아ᅀᆞ라이(4) 3.5%		1587 ······	······	1721	
아ᅀᆞ라히(60) 52.6%			1632		
아ᄅᆞ라히(1) 0.9%			1632		
아으라이(1) 0.9%					18xx

082* 아예

	15세기	16세기	17세기	18세기	19세기
아이에	–	–	–	3(女四)	–
아이예	–	–	–	4(名義)	–
아이의	–	–	–	1(名義)	2(閑中)

#10	15C	16C	17C	18C	19C
아이에(3) 30.0%				1736–1783	
아이예(4) 40.0%				1777–1792	
아이의(3) 30.0%				1777 ········	18xx

083* 아울러

	15세기	16세기	17세기	18세기	19세기
아오로	10(法화)	2	13	84	93(쥬교)
아오ᄅᆞ	–	–	3(癸丑)	–	–
아울너	–	–	–	–	12(명셩경, 매일)
아올ᄂᆞ	–	–	–	–	2(예셩로스)
아울나	–	–	–	–	3(예셩로스, 독립)

#222	15C	16C	17C	18C	19C
아오로(202) 91.0%	1463 ········	········	········	········	1897
아오ᄅᆞ(3) 1.4%			16xx		
아울너(12) 5.4%					1883–1898
아올ᄂᆞ(2) 0.9%					1887
아울나(3) 1.4%					1887–1896

084* 아주

	15세기	16세기	17세기	18세기	19세기
아ᄌᆞ	12(석)	13	8	13	13(매일)
아주	–	2(안락태자)	–	–	1(한불)
아조	–	20(類合)	13	40	98(신약)

#233	15C	16C	17C	18C	19C
아ᄌᆞ(59) 25.3%	1447 ········	········	········	········	1898
아주(3) 1.3%		1576 ········	········	········	1880
아조(171) 73.4%		1576 ········	········	········	1900

085* 아직

	15세기	16세기	17세기	18세기	19세기
안ᄌᆞᆨ	43(석)	11	7	4	2(이언)
아직	15(석)	14	81	187	169(신약)
안직	18(杜초)	19	26(杜重)	–	–
안즉	–	7(번小)	3	1	5(독립)
아딕	–	–	2(癸丑)	13(五倫)	–
아즉	–	–	–	–	175(군영, 신약)

#802	15C	16C	17C	18C	19C
안ᄌᆞᆨ(67) 8.4%	1447				1883
아직(466) 58.1%	1447				1900
안직(63) 7.9%	1481		1632		
안즉(16) 2.0%		1518			1896
아딕(15) 1.9%			16xx	1797	
아즉(175) 21.8%					1881–1900

086* 어떤[17)]

	15세기	16세기	17세기	18세기	19세기
엇던	246(석)	39	36	88	354(신약)
엇단	1(三강런던)	1	–	1(경신)	–

#766	15C	16C	17C	18C	19C
엇던(763) 99.6%	1447				1900
엇단(3) 0.4%	1481			1796	

087* 어떻게

	15세기	16세기	17세기	18세기	19세기
아ᄆᆞ례나	6(석, 月)	–	–	–	–
아ᄆᆞ례	7(석)	–	1(곽씨)	–	–
아ᄆᆞ리	3(訓諺)	18	16	2	1(太平)

17) 『이조어사전』에 의하면 18세기 『靑丘永言』에 '엇든'이 나타나나, 『靑丘永言』이 디지털화된 텍스트에 빠져 있어 검색에 반영되지 못하였다.

#54	15C	16C	17C	18C	19C
아ᄆᆞ례나(6) 11.1%	1447–1459				
아ᄆᆞ례(8) 14.8%	1447 ········	········	16xx		
아ᄆᆞ리(40) 74.1%	1459 ········	········	········	········	18xx

088* 어렵게

	15세기	16세기	17세기	18세기	19세기
어려ᄫᅵ	9(月, 三강런던)	–	–	–	–
어려이	29(능)	8	19	8	7(쥬교)
어렵게	1(法화)	–	1	1	15(매일)
어렵사리	–	–	1(新語)	1(개첩)	–
어렵소이	–	–	1(新語)	1(개첩)	–

#102	15C	16C	17C	18C	19C
어려ᄫᅵ(9) 8.8%	1459–1481				
어려이(71) 69.6%	1461 ········	········	········	········	1897
어렵게(18) 17.6%	1463 ········	········	········	········	1898
어렵사리(2) 2.0%			1676 ········	1748	
어렵소이(2) 2.0%			1676 ········	1748	

089* 어서

	15세기	16세기	17세기	18세기	19세기
어셔	29(석)	8	60	16	73(매일)
어서	–	1(속三)	–	–	7(신심소)

#194	15C	16C	17C	18C	19C
어셔(186) 95.9%	1447 ········	········	········	········	1898
어서(8) 4.1%		1581 ········	········	········	1896

090* 어지럽게

	15세기	16세기	17세기	18세기	19세기
어즈러ᄫᅵ	6(석)	–	–	–	–
어즈러이	80(능)	10	69	17	4(척사윤음)
어즈럽게	1(圓)	1	2	4(경신)	–
어즈러비	–	20(蒙고운사, 蒙송광사)	–	–	–
어ᄌᆞ러이	–	–	6(신속)	–	16(쥬교)
어즐러이	–	–	1(杜重)	–	–
어지러이	–	–	1(계녀서)	–	2(명성경)
어지럽게	–	–	–	–	4(뎐로, 매일)

#244	15C	16C	17C	18C	19C
어즈러ᄫᅵ(6) 2.5%	1447–1467				
어즈러이(180) 73.8%	1461 ·········				1839
어즈럽게(8) 3.3%	1465 ·········			1796	
어즈러비(20) 8.2%		1517–1577			
어ᄌᆞ러이(22) 9.0%			1617 ·········		1897
어즐러이(1) 0.4%			1632		
어지러이(3) 1.2%			16xx ·········		1883
어지럽게(4) 1.6%					1894–1898

091* 어질게

	15세기	16세기	17세기	18세기	19세기
어디리	2(능)	5	–	2(十九)	–
어딜이	–	8(번小)	2(신속)	–	–
어딜게	–	–	–	3(女四)	–
어질게	–	–	–	1(名義)	7(독립)
어질이	–	–	–	–	1(감응)

#31	15C	16C	17C	18C	19C
어디리(9) 29.0%	1461 ·········			1772	
어딜이(10) 32.3%		1518 ·········	1617		
어딜게(3) 9.7%				1736	
어질게(8) 25.8%				1777 ·········	1896

어질이(1) 3.2% 1852

092* 어쨌든

	15세기	16세기	17세기	18세기	19세기
어딋던	20(석, 南明)	–	–	–	–
어듸쩐	11(석)	1	1(譯)	–	–
어듸뚠	2(內)	1(번老)	–	–	–
어딋쩐	1(三강런던)	–	–	–	–

#37	15C 16C 17C 18C 19C
어딋던(20) 54.1%	1447–1482
어듸쩐(13) 35.1%	1447 ······ 1690
어듸뚠(3) 8.1%	1475 ······ 1517
어딋쩐(1) 2.7%	1481

093* 어찌

	15세기	16세기	17세기	18세기	19세기
엇더	17(석)	1	5	9	52(신약)
엇데	13(석)	3 (三강동경)	–	–	–
엇뎌	2(석)	24	2(類合)	–	–
엇뎨	1642(석)	100	264	1(普勸해)	–
어쪠	1(月)	–	–	–	–
엇디	8(月)	603	769	1618	222(이천)
어찌	–	1(순천)	1(신속)	–	–
엇졔	–	–	4(杜重)	1(어자)	–
엇지	–	–	24(계녀서)	907	2892(신약)

#9186	15C 16C 17C 18C 19C
엇더(84) 0.9%	1447 ······ 1900
엇데(16) 0.2%	1447 ······ 15xx
엇뎌(28) 0.3%	1447 ······ 1700
엇뎨(2007) 21.8%	1447 ······ 1776
어쪠(1) 0.0%	1459
엇디(3220) 35.1%	1459 ······ 1894
어찌(2) 0.0%	15xx ······ 1617

엇제(5) 0.1% 1632 1746

엇지(3823) 41.6% 16xx 1900

094* 언제

	15세기	16세기	17세기	18세기	19세기
언제	13(석)	18	56	21	21(신약)
어느제	4(杜초)	2(번老)	–	–	–
언졔	–	–	1(병자)	–	35(협성)
언재	–	–	1(譯)	11	1(독립)

#184	15C	16C	17C	18C	19C
언제(129) 70.1%	1447				1900
어느제(6) 3.3%	1481	1517			
언졔(36) 19.6%			163x		1898
언재(13) 7.1%			1690		1896

095* 얼마나

	15세기	16세기	17세기	18세기	19세기
얼머나	–	–	2(老)	–	1(광재)
얼마나	–	–	–	–	37(한불, 신약)
얼ᄆᆡ나	–	–	–	–	10(예성로스)

#50	15C	16C	17C	18C	19C
얼머나(3) 6.0%			1670		18xx
얼마나(37) 74.0%					1880–1900
얼ᄆᆡ나(10) 20.0%					1887

096* 엄하게

	15세기	16세기	17세기	18세기	19세기
싁싀기	82(석)	3	4(杜重)	–	–
싁스기	3(능)	–	1(杜重)	–	–
싁싁히	1(內)	4	–	2(女四)	–
싁싁이	1(內)	1	3	3(五倫)	–
싁싁기	3(개법)	2	2(권념)	–	–

#115	15C	16C	17C	18C	19C
싁싀기(89) 77.4%	1447 ········	········	1632		
싁스기(4) 3.5%	1461 ········	········	1632		
싁싁히(7) 6.1%	1475 ········	········	········	1736	
싁싁이(8) 7.0%	1475 ········	········	········	1797	
싁싁기(7) 6.1%	1500 ········	········	1637		

097* 업수이

	15세기	16세기	17세기	18세기	19세기
업시위	–	1(恩重)	–	–	–
업슈이	–	6(몽육)	10	40	18(시편)
업슝이	–	–	1(신속)	–	1(감응)
업쇼이	–	–	2(家언)	2	1(독립)
업수이	–	–	3(계녀서)	7	10(시편)
업수히	–	–	–	–	80(쥬년, 신약)
업슈히	–	–	–	–	37(남궁, 시편)

#219	15C	16C	17C	18C	19C
업시위(1) 0.5%		1563			
업슈이(74) 33.8%		1567 ········	········	········	1898
업슝이(2) 1.0%			1617 ········	········	1852
업쇼이(5) 2.3%			1632 ········	········	1896
업수이(20) 9.1%			16xx ········	········	1898
업수히(80) 36.5%					1865-1900
업슈히(37) 16.9%					1876–1898

098* 여기

	15세기	16세기	17세기	18세기	19세기
이어긔	46(석)	1(三강동경)	–	–	–
여기	1(圓)	2	–	–	7(매일)
여긔	3(金삼)	19	57	128	309(신약)
이어긔	–	1(번小)	11(杜重)	–	–
이여긔	–	–	2(杜重)	–	–
여긔	–	–	–	–	4(감응, 독립)

#591	15C	16C	17C	18C	19C
이어긔(47) 8.0%	1447 ······	15xx			
여기(10) 1.7%	1465 ······	······	······	······	1898
여긔(516) 87.3%	1482 ······	······	······	······	1900
이어긔(12) 2.0%		1518 ······	1632		
이여긔(2) 0.3%			1632		
여ᄀᆡ(4) 0.7%					1852–1896

99* 여태

	15세기	16세기	17세기	18세기	19세기
엿태	–	–	–	2(同文, 蒙類解)	–
엳ᄐᆡ	–	–	–	1(隣語)	–
엿ᄒᆡ	–	–	–	3(捷蒙)	1(淸老)
엿ᄐᆡ	–	–	–	–	3(독립)
엿해	–	–	–	–	2(淸老)

#12	15C	16C	17C	18C	19C
엿태(2) 16.7%				1748–1790	
엳ᄐᆡ(1) 8.3%				1790	
엿ᄒᆡ(4) 33.3%				1790 ······	18xx
엿ᄐᆡ(3) 25.0%					1896
엿해(2) 16.7%					18xx

100* 옛

	15세기	16세기	17세기	18세기	19세기
녯	387(석)	122	312	218	236(신약)
옛	1(永嘉)	7	4	8	17(매일)
녯	2(杜초)	5	3	3	12(독립)
녣	–	3(小언)	1	13(隣語)	–

#1354	15C	16C	17C	18C	19C
녯(1275) 94.2%	1447 ······	······	······	······	1900
옛(37) 2.7%	1464 ······	······	······	······	1898
녯(25) 1.8%	1481 ······	······	······	······	1896
녣(17) 1.3%		1587 ······	······	1790	

101* 오늘날

	15세기	16세기	17세기	18세기	19세기
오ᄂᆞᆳ날	67(석)	–	9(杜重)	–	–
오ᄂᆞᆯ날	1(法화)	4	18	96	161(신약)
오늘날	–	–	–	2(어내)	6(매일)

#364	15C	16C	17C	18C	19C
오ᄂᆞᆳ날(76) 20.9%	1447 ·········		1632		
오ᄂᆞᆯ날(280) 76.9%	1463 ·········				1900
오늘날(8) 2.2%				1737 ·········	1898

102* 오직

	15세기	16세기	17세기	18세기	19세기
오직	1834(석)	336	300	324	1376(신약)
오딕	–	3(몽육)	2	66	2(척사윤음)
오즉	–	–	–	2(인과곡)	54(협성)

#4299	15C	16C	17C	18C	19C
오직(4170) 97.0%	1447 ·········				1900
오딕(73) 1.7%		1567 ·········			1839
오즉(56) 1.3%				1796 ·········	1898

103* 오히려

	15세기	16세기	17세기	18세기	19세기
ᄉᆞᆫ지	195(석)	3	4	5(지장)	–
오히려	482(석)	90	417	525	523(신약)
외히려	–	2(龜)	4(신속)	–	–
오힐여	–	–	1(신속)	1(지장)	–
오히러	–	–	1(家언)	1	3(신약)

#2257	15C	16C	17C	18C	19C
ᄉᆞᆫ지(207) 9.2%	1447 ·········			1752	
오히려(2037) 90.3%	1447 ·········				1900
외히려(6) 0.3%		1569 ·········	1617		
오힐여(2) 0.1%			1617 ·········	1752	
오히러(5) 0.2%			1632 ·········		1900

104* 온전히

	15세기	16세기	17세기	18세기	19세기
오ᄋᆞ로	43(석)	–	4(杜重)	–	–
오로	108(月)	12	59	22	7(셩교졀요)
오오로	1(杜초)	2	2	2(지장)	–

#262	15C	16C	17C	18C	19C
오ᄋᆞ로(47) 17.9%	1447 ······		1632		
오로(208) 79.4%	1459 ······				1882
오오로(7) 2.7%	1481 ······			1787	

105* 외로이

	15세기	16세기	17세기	18세기	19세기
외ᄅᆞ이	8(法화)	–	2(杜重)	–	–
외로이	8(杜초)	1	13	3	9(독립)
외롭게	–	–	–	–	5(예셩로스, 매일)

#49	15C	16C	17C	18C	19C
외ᄅᆞ이(10) 20.4%	1463 ······		1632		
외로이(34) 69.4%	1481 ······				1896
외롭게(5) 10.2%					1887–1898

106* 요사이

	15세기	16세기	17세기	18세기	19세기
요ᄉᆞᅀᅵ	20(석)	7(번小)	–	–	–
요ᄉᆞ이	1(杜초)	54	105	134	113(협셩)
요사이	–	2(순천)	1	1	5(매일)

#443	15C	16C	17C	18C	19C
요ᄉᆞᅀᅵ(27) 6.1%	1447 ······	1518			
요ᄉᆞ이(407) 91.9%	1481 ······				1898
요사이(9) 2.0%		15xx ······			1898

107* 요즈음

	15세기	16세기	17세기	18세기	19세기
요조ᅀᆞᆷ	1(杜초)	1(번小)	–	–	–
요조옴	–	1(小언)	3(杜重)	–	–
요ᄌᆞᄋᆞᆷ	–	–	1(杜重)	–	–
요조움	–	–	1(杜重)	–	–
요주움	–	–	1(杜重)	–	–
요즈음	–	–	1(老)	–	–

#10	15C	16C	17C	18C	19C
요조ᅀᆞᆷ(2) 20.0%	1481 ······	1518			
요조옴(4) 40.0%		1587 ······	1632		
요ᄌᆞᄋᆞᆷ(1) 10.0%			1632		
요조움(1) 10.0%			1632		
요주움(1) 10.0%			1632		
요즈음(1) 10.0%			1670		

108* 이렇게

	15세기	16세기	17세기	18세기	19세기
이러히	9(석)	–	–	–	1(매일)
이러케	–	–	3(시경)	1	258(신약)

#272	15C	16C	17C	18C	19C
이러히(10) 3.7%	1447 ······	······	······	······	1898
이러케(262) 96.3%			1613 ······	······	1900

109* 이미

	15세기	16세기	17세기	18세기	19세기
이미	2(석)	3	1	9	6(예성로스)
이믜	8(杜초)	72	317	528	86(신심소)
이뮈	–	1(순천)	2	1	1(남궁)
이ᄆᆡ	–	–	20(신속)	2(女四)	–
이므	–	–	–	1(개첩)	–

#1060	15C	16C	17C	18C	19C
이미(21) 2.0%	1447 …………				1887
이믜(1011) 95.4%	1481 …………				1896
이뮈(5) 0.5%		15xx …………			1876
이ᄆᆡ(22) 2.1%			1617 …………	1736	
이므(1) 0.1%				1748	

110* 이제

	15세기	16세기	17세기	18세기	19세기
이제	1544(석)	370	720	965	879(신약)
이ᄌᆡ	–	–	4(杜重)	50	2(독립)

#4534	15C	16C	17C	18C	19C
이제(4478) 98.8%	1447 …………				1900
이ᄌᆡ(56) 1.2%			1632 …………		1896

111* 이처럼[18)]

	15세기	16세기	17세기	18세기	19세기
이텨로	–	–	3(癸丑)	1(천의)	–
이쳐로	–	–	–	3(隣語)	12(매일)
이처럼	–	–	–	–	18(텬로, 신약)

#37	15C	16C	17C	18C	19C
이텨로(4) 10.8%			16xx …………	1756	
이쳐로(15) 40.5%				1790 …………	1898
이처럼(18) 48.6%					1894–1900

18) ‘이처럼’은 체언+조사로 분석되지만, 『이조어사전』에 부사 표제어로 실려 있으므로, 『이조어사전』에 따라 조사 대상에 포함하였다.

112* 인하여

	15세기	16세기	17세기	18세기	19세기
지즈로	48(杜초)	–	55(杜重)	–	–
지즈루	3(杜초)	–	3(杜重)	–	–

#109	15C	16C	17C	18C	19C
지즈로(103) 94.5%	1481 ·········	·········	1632		
지즈루(6) 5.5%	1481 ·········	·········	1632		

113* 일찍

	15세기	16세기	17세기	18세기	19세기
일쩌긔	1(月)	–	–	–	–
일즉	99(능)	109	183	405	178(신약)
일쯕	3(金강)	17	–	–	6(여소)
일즈시	–	2(번老)	1(여훈)	–	–
일쯔기	–	1(중용)	–	–	–
일즈기	–	–	1(痘要)	–	–
일즉이	–	–	10(시경)	43	23(신약)
일ᄌᆞ기	–	–	2(家언, 老)	–	–
일ᄌᆞᆨ	–	–	7(병자)	36	174(신약)
일ᄌᆞᆨ이	–	–	1(산성)	6	30(신약)
일즉기	–	–	1(老)	–	–
일ᄶᅳᆨ	–	–	1(朴重)	67(老重)	–
일ᄶᅳᆨ에	–	–	1(朴重)	2(오륜전비)	–
일ᄶᅳᆨ이	–	–	–	11(오륜전비, 譯補)	–
일ᄌᆞᆨ에	–	–	–	1(경문)	–
일ᄧᅳᆨ이	–	–	–	1(譯補)	–

#1423	15C	16C	17C	18C	19C
일쩌긔(1) 0.1%	1459				
일즉(974) 68.4%	1461 ·········	·········	·········	·········	1900
일쯕(26) 1.8%	1464 ·········	·········	·········	·········	18xx
일즈시(3) 0.2%		1517 ·········	1658		
일쯔기(1) 0.1%		1590			
일즈기(1) 0.1%			1608		

일즉이(76) 5.3% 1613 ········ 1900
일ᄌᆞ기(2) 0.1% 1632–1670
일ᄌᆞᆨ(217) 15.2% 163x ········ 1900
일ᄌᆞᆨ이(37) 2.6% 163x ········ 1900
일즉기(1) 0.1% 1670
일쯕(68) 4.8% 1677 ········ 1795
일쯕에(3) 0.2% 1677 ········ 1721
일쯕이(11) 0.8% 1721–1775
일ᄌᆞᆨ에(1) 0.1% 1763
일ᄧᅳᆨ이(1) 0.1% 1775

114* 자못

	15세기	16세기	17세기	18세기	19세기
ᄌᆞᄆᆞ	10(석)	5	4(杜重)	–	–
ᄌᆞ모	71(능)	4	87	13	37(협성)
ᄌᆞ못	1(杜초)	–	3	20	43(신심소)
ᄌᆞᄆᆞᆺ	–	9(小언)	8	8	1(독립)
조모	–	1(순천)	7	1	19(여수)
ᄌᆞ믇	–	–	3(시경)	1(개첩)	–
ᄌᆞᄆᆞᆮ	–	–	3(신속)	1(지장)	–
ᄌᆞ믓	–	–	4(新語)	19(종덕)	–
ᄌᆞ몯	–	–	–	5(女四)	–
자못	–	–	–	3(경신)	6(매일)

#397 15C 16C 17C 18C 19C

ᄌᆞᄆᆞ(19) 4.8% 1447 ········ 1632
ᄌᆞ모(212) 53.4% 1461 ········ 1898
ᄌᆞ못(67) 16.9% 1481 ········ 1896
ᄌᆞᄆᆞᆺ(26) 6.5% 1587 ········ 1896
조모(28) 7.1% 15xx ········ 1889
ᄌᆞ믇(4) 1.0% 1613 ········ 1748
ᄌᆞᄆᆞᆮ(4) 1.0% 1617 ········ 1752
ᄌᆞ믓(23) 5.8% 1676 ········ 1758
ᄌᆞ몯(5) 1.3% 1736–1752
자못(9) 2.3% 1796 ········ 1898

115* 자세히

	15세기	16세기	17세기	18세기	19세기
ᄌᆞ셰히	6(金강)	6	5	53	240(신약)
ᄌᆞ시	8(救간)	117	39	11	37(텬로)
ᄌᆞ셔히	3(六祖)	11	13	33	45(매일)
자셔히	–	1(속三)	1	–	144(매일)
자셰히	–	1(법집)	–	1	44(협성)
ᄌᆞ셰이	–	–	2(家언)	5	13(매일)
ᄌᆞ셔이	–	–	1(馬언)	4	4(군영)
ᄌᆞ세히	–	–	–	1	4(매일)
ᄌᆞ세이	–	–	–	–	1(감응)
자세이	–	–	–	–	13(예성로스, 독립)
자세히	–	–	–	–	7(예성로스, 매일)

#874 15C 16C 17C 18C 19C

ᄌᆞ셰히(310) 35.5% 1482 ······ 1900

ᄌᆞ시(212) 24.3% 1489 ······ 1894

ᄌᆞ셔히(105) 12.0% 1496 ······ 1898

자셔히(146) 16.7% 1581 ······ 1898

자셰히(46) 5.3% 15xx ······ 1898

ᄌᆞ셰이(20) 2.3% 1632 ······ 1898

ᄌᆞ셔이(9) 1.0% 16xx ······ 1881

ᄌᆞ세히(5) 0.6% 1792 ······ 1898

ᄌᆞ세이(1) 0.1% 1852

자세이(13) 1.5% 1887–1896

자세히(7) 0.8% 1887–1898

116* 자연히

	15세기	16세기	17세기	18세기	19세기
ᄌᆞ션히	12(救간)	4(번小)	–	–	–
ᄌᆞ연히	1(救간)	11	6	18	61(협성)
자연이	–	–	–	–	1(대죠션)
자연히	–	–	–	–	3(독립, 매일)

#117	15C	16C	17C	18C	19C
ᄌᆞ션히(16) 13.7%	1489 ······ 1518				
ᄌᆞ연히(97) 82.9%	1489 ······				1898
자연이(1) 0.9%					1896
자연히(3) 2.6%					1896–1898

117* 자주

	15세기	16세기	17세기	18세기	19세기
ᄌᆞ로	5(석)	7	45	87	59(독립)
ᄌᆞ조	184(석)	54	134	41	14(신심소)
ᄌᆞ죠	–	–	2(계녀서)	–	19(독립)
자로	–	–	1(癸丑)	3	31(신약)
자조	–	–	1(서전)	1	34(신약)
ᄌᆞ주	–	–	–	–	3(규합, 독립)
자주	–	–	–	–	4(예성로스)

#729	15C	16C	17C	18C	19C
ᄌᆞ로(203) 27.8%	1447 ······				1896
ᄌᆞ조(427) 58.6%	1447 ······				1896
ᄌᆞ죠(21) 2.9%			16xx ······		1896
자로(35) 4.8%			16xx ······		1900
자조(36) 4.9%			16xx ······		1900
ᄌᆞ주(3) 0.4%					1869–1896
자주(4) 0.5%					1887

118* 잔뜩

	15세기	16세기	17세기	18세기	19세기
쟛득	–	–	–	2(同文, 蒙類解)	–
쟌ᄯᅳᆨ	–	–	–	1(捷蒙)	–
잔ᄯᅳᆨ	–	–	–	1(蒙類解)	1(독립)

#5	15C	16C	17C	18C	19C
쟛득(2) 40.0%				1748–1790	
쟌ᄯᅳᆨ(1) 20.0%				1790	
잔ᄯᅳᆨ(2) 40.0%				1790 ······	1896

119* 잠깐

	15세기	16세기	17세기	18세기	19세기
잢간	459(석)	11	31(杜重)	–	–
잠ᄭᅡᆫ	9(석)	77	100	27	34(신약)
잠간	–	6(순천)	28	83	224(신약)

#1089 15C 16C 17C 18C 19C

잢간(501) 46.0% 1447 ······ 1632

잠ᄭᅡᆫ(247) 22.7% 1447 ······ 1900

잠간(341) 31.3% 15xx ······ 1900

120* 잠시

	15세기	16세기	17세기	18세기	19세기
져근덛	–	–	38(胎諺)	1(無寃)	–
져근ᄃᆞᆺ	–	–	2(癸丑)	–	–
져근닷	–	–	–	2(普勸해)	–

#43 15C 16C 17C 18C 19C

져근덛(39) 90.6% 1608 ······ 1792

져근ᄃᆞᆺ(2) 4.7% 16xx

져근닷(2) 4.7% 1776

121* 장상(長常)

	15세기	16세기	17세기	18세기	19세기
댱샹	32(능)	45(誡初)	–	–	–
댱셩	–	–	1(馬언)	–	–

#78 15C 16C 17C 18C 19C

댱샹(77) 98.7% 1461 ······ 1577

댱셩(1) 1.3% 16xx

122* 장차

	15세기	16세기	17세기	18세기	19세기
쟝차	1(月)	–	–	–	–
쟝ᄎᆞᆾ	2(杜초)	43	1(시경)	–	–
쟝ᄎᆞᆺ	–	96(二倫)	181	365	313(신약)
쟝ᄎᆞ	–	1(속三)	10	13	52(협성)
쟝찻	–	1(맹자)	–	–	2(군영)
쟝ᄎᆞᆫ	–	–	60(신속, 家언)	–	–
쟝차	–	–	–	–	186(예성로스, 매일)

#1327	15C	16C	17C	18C	19C
쟝차(1) 0.1%	1459				
쟝ᄎᆞᆾ(46) 3.5%	1481 ······		1613		
쟝ᄎᆞᆺ(955) 72.0%		1518 ······			1900
쟝ᄎᆞ(76) 5.7%		1581 ······			1898
쟝찻(3) 0.2%		1590 ······			1881
쟝ᄎᆞᆫ(60) 4.5%			1617–1632		
쟝차(186) 14.0%					1887–1898

123* 저런

	15세기	16세기	17세기	18세기	19세기
뎌런	3(석)	1	2	5	4(매일)
져런	–	–	1(癸丑)	9	16(매일)

#41	15C	16C	17C	18C	19C
뎌런(15) 36.6%	1447 ······				1898
져런(26) 63.4%			16xx ······		1898

124* 전혀

	15세기	16세기	17세기	18세기	19세기
젼혀	53(석)	21	17	84	113(협성)
전혀	2(月)	1	–	–	8(쥬교)
젼ᅘᅧ	1(永嘉)	–	–	–	–

#300	15C	16C	17C	18C	19C
젼혀(288) 96.0%	1447 ·········				1898
전혀(11) 3.7%	1459 ·········				1897
젼ᅘᅧ(1) 0.3%	1464				

125* 점점

	15세기	16세기	17세기	18세기	19세기
졈졈	27(救方)	23	50	83	442(신약)
점점	–	–	1(癸丑)	–	5(閑中)

#631	15C	16C	17C	18C	19C
졈졈(625) 99.0%	1466 ·········				1900
점점(6) 1.0%			16xx ·········		18xx

126* 제각기

	15세기	16세기	17세기	18세기	19세기
제여곰	56(석)	3	51(杜重)	–	–
제여끔	1(月)	–	–	–	–
제이곰	1(杜초)	–	–	–	–
저여곰	6(杜초)	–	1(杜重)	–	–
제곰	–	16(번小)	15(신속)	–	–
제굼	–	1(類合)	1(유합영)	–	–
제예곰	–	–	1(杜重)	–	–
제금	–	–	–	–	1(예셩로스)

#154	15C	16C	17C	18C	19C
제여곰(110) 71.4%	1447 ·········		1632		
제여끔(1) 0.6%	1459				
제이곰(1) 0.6%	1481				
저여곰(7) 4.5%	1481 ·········		1632		
제곰(31) 20.1%		1518 ·········	1617		
제굼(2) 1.3%		1576 ·········	1700		
제예곰(1) 0.6%			1632		
제금(1) 0.6%					1887

127* 조그만[19]

	15세기	16세기	17세기	18세기	19세기
져고맛	30(석)	–	11(杜重)	–	–
죠고맛	95(석)	5	36	2(普勸해)	–
죠고만	1(능)	7	12	24	7(예성로스)
져구맛	1(杜초)	–	1(杜重)	–	–
죠고맷	2(杜초)	2	1(杜重)	–	–
됴고맛	1(救간)	–	–	–	–

#238	15C	16C	17C	18C	19C
져고맛(41) 17.2%	1447 ······		1632		
죠고맛(138) 58.0%	1447 ······			1776	
죠고만(51) 21.4%	1461 ······				1887
져구맛(2) 0.8%	1481 ······		1632		
죠고맷(5) 2.1%	1481 ······		1632		
됴고맛(1) 0.4%	1489				

128* 조금

	15세기	16세기	17세기	18세기	19세기
죠곰	–	3(속三)	47	49	254(매일)
죠금	–	–	3(癸丑)	9	15(매일)
조금	–	–	1(馬언)	–	18(협성)
조곰	–	–	2(癸丑)	3	282(신약)

#685	15C	16C	17C	18C	19C
죠곰(353) 51.5%		1581 ······			1898
죠금(26) 3.8%			16xx ······		1898
조금(19) 2.8%			16xx ······		1898
조곰(287) 41.9%			16xx ······		1900

19) 『이조어사전』에 의하면 중종 연간(1506–1544)에 간행된 『樂章歌詞』에 '죠고맛감'이 나타나나, 『樂章歌詞』가 디지털화된 텍스트에 빠져 있어 검색에 반영되지 못하였다. 또한 『이조어사전』에 의하면 19세기 『蘆溪集』에 '됴고마는'이 나타나나, 『蘆溪集』이 디지털화된 텍스트에 빠져 있어 검색에 반영되지 못하였다.

129* 조용히

	15세기	16세기	17세기	18세기	19세기
ᄌᆞ녹ᄌᆞᄂᆞ기	31(석)	5	4	–	2(남원)
죵용히	–	2(속三)	21	23	10(신약)
ᄌᆞ녹ᄌᆞ녹기	–	–	2(杜重)	–	–
죠용히	–	–	1(新語)	2	1(太平)
죵용이	–	–	2(계녀서)	3	11(신약)
종용히	–	–	–	1(개첩)	–
종용이	–	–	–	–	1(감응)

#122	15C	16C	17C	18C	19C
ᄌᆞ녹ᄌᆞᄂᆞ기(42) 34.4%	1447 ······				1864
죵용히(56) 45.9%		1581 ······			1900
ᄌᆞ녹ᄌᆞ녹기(2) 1.6%			1632		
죠용히(4) 3.3%			1676 ······		18xx
죵용이(16) 13.1%			16xx ······		1900
종용히(1) 0.8%				1748	
종용이(1) 0.8%					1852

130* 족히

	15세기	16세기	17세기	18세기	19세기
ᄎᆞᆷ히	–	1(正俗)	1(新語)	–	–
죡히	–	–	–	1(유양주)	8(매일)

#11	15C	16C	17C	18C	19C
ᄎᆞᆷ히(2) 18.2%		1518 ······	1676		
죡히(9) 81.8%				1792 ······	1898

131* 종요롭게

	15세기	16세기	17세기	18세기	19세기
조ᅀᆞᄅᆞᄫᅵ	3(牧)	5(몽육)	–	–	–
조ᅀᆞᄅᆞ이	2(圓)	–	–	–	–
조ᅀᆞ로이	5(杜초)	–	–	–	–
조ᅀᅩ로이	1(杜초)	–	–	–	–
조ᄋᆞ로이	–	–	4(杜重)	–	–
조오로이	–	–	4(杜重)	–	–
조요ᄅᆞ왼	–	–	1(杜重)	–	–

#25	15C	16C	17C	18C	19C
조ᄉᆞᄅᆞ비(8) 27.6%	1467 ······	1577			
조ᄉᆞᄅᆞ이(2) 6.9%	1465				
조ᄉᆞ로이(5) 17.2%	1481				
조소로이(1) 3.4%	1481				
조ᄋᆞ로이(4) 13.8%			1632		
조오로이(4) 13.8%			1632		
조요ᄅᆞ왼(1) 3.4%			1632		

132* 죻게

	15세기	16세기	17세기	18세기	19세기
됴케	8(석)	6	29	10	17(신약)
됴히	57(석)	197	100	95	23(매일)

#542	15C	16C	17C	18C	19C
됴케(70) 12.9%	1447 ······				1900
됴히(472) 87.1%	1447 ······				1898

133* 즈음[20]

	15세기	16세기	17세기	18세기	19세기
즈음	33(능)	4(七大)	–	–	–
주숨	13(杜초)	–	–	–	–
즈음	–	3(小언)	54	125	139(신약)
주움	–	–	5(杜重)	–	–

#376	15C	16C	17C	18C	19C
즈음(37) 9.8%	1461 ······	1569			
주숨(13) 3.5%	1481				
즈음(321) 85.4%		1587 ······			1900
주움(5) 1.3%			1632		

20) '즈음'은 형식명사이지만, 여기서는 조사가 결합하지 않은 형태로 시간부사어로 사용된 경우들만 다루어, 수식언 부분에 포함시켰다.

134* 즉시[21)]

	15세기	16세기	17세기	18세기	19세기
즉자히	220(석)	–	2(신속)	–	–
즉ᄌᆞ히	1(月)	–	–	–	–
즉재	925(月)	61	4	9(지장)	–
즉채	1(救간)	–	–	–	–
즉제	1(救간)	29	137	35(捷蒙)	–
즉시	1(六祖)	49	262	390	546(신약)
즉시예	–	3(번小, 小언)	–	–	–
즉시로	–	2(순천)	–	2	1(매일)
즉졔	–	–	2(신속)	–	1(이천)
즉지	–	–	–	10(어자, 無寃)	–

#2694	15C	16C	17C	18C	19C
즉자히(222) 8.2%	1447 ………	………	1617		
즉ᄌᆞ히(1) 0.0%	1459				
즉재(999) 37.1	1459 ………	………	………	1752	
즉채(1) 0.0%	1489				
즉제(202) 7.5%	1489 ………	………	………	1790	
즉시(1248) 46.3%	1496 ………	………	………	………	1900
즉시예(3) 0.1%		1518–1587			
즉시로(5) 0.2%		15xx ………	………	………	1898
즉졔(3) 0.1%			1617 ………	………	1894
즉지(10) 0.4%				1746–1792	

21) '즉시'는 명사, '즉시로, 즉시예'는 명사+조사로 볼 수 있으나, '즉시'류의 여러 형태가 『이조어사전』에 부사 표제어로 등재되어 있으며, '즉자히'류의 표제어는 부사이므로 본 표제어를 부사로 처리하였다.

135* 진실로

	15세기	16세기	17세기	18세기	19세기
진실로	21(杜초)	153	225	291	29(독립)
진질로	–	1(번小)	4(家언)	–	–
진실노	–	–	4(산성)	211	342(신약)

#1281	15C	16C	17C	18C	19C
진실로(719) 56.1%	1481 ······	······	······	······	1896
진질로(5) 0.4%		1518 ······	1632		
진실노(557) 43.5%			163x ······	······	1900

136* 짐짓

	15세기	16세기	17세기	18세기	19세기
짐즛	11(용)	–	16	18	15(협성)
진짓	2(杜초)	15	27	48	73(성경직해)
진짇	–	–	1(신속)	–	–
짐즏	–	–	2(杜重)	–	–
짐ᄌᆞᆺ	–	–	3(杜重)	2	8(시편)
진즛	–	–	–	1(경신)	5(예성로스)
짐짓	–	–	–	–	8(남원, 매일)
짐즉	–	–	–	–	1(독립)

#256	15C	16C	17C	18C	19C
짐즛(60) 23.4%	1447 ······	······	······	······	1898
진짓(165) 64.5%	1481 ······	······	······	······	1892
진짇(1) 0.4%			1617		
짐즏(2) 0.8%			1632		
짐ᄌᆞᆺ(13) 5.1%			1632 ······	······	1898
진즛(6) 2.3%				1796 ······	1887
짐짓(8) 3.1%					1864–1898
짐즉(1) 0.4%					1896

137* 질게

	15세기	16세기	17세기	18세기	19세기
디투	34(救方)	1(類合)	–	–	–
딛게	2(救方)	–	5	1(지장)	–

#43 15C 16C 17C 18C 19C

디투(35) 81.4% 1466 ······ 1576

딛게(8) 18.6% 1466 ······ 1752

138* 차라리

	15세기	16세기	17세기	18세기	19세기
출히	20(석)	10	35	30	13(남원)
출하리	5(永嘉)	15	25	28	28(신약)
출ᄒᆞ로	1(杜초)	–	2(杜重)	–	–
출ᄒᆞ리	–	1(三강동경)	1	2	2(신약)
출하로	–	–	2(신속)	–	1(歌曲)
ᄎᆞ라리	–	–	1(家언)	5	5(매일)
출아리	–	–	–	2(주천, 蒙類解)	–
차라리	–	–	–	–	40(감응, 매일)
찰하리	–	–	–	–	11(이언, 매일)
찰ᄒᆞ리	–	–	–	–	2(예성로스)
차라로	–	–	–	–	1(매일)
ᄎᆞᄅᆞ리	–	–	–	–	1(여소)

#289 15C 16C 17C 18C 19C

출히(108) 37.4% 1447 ······ 1864

출하리(101) 34.9% 1464 ······ 1900

출ᄒᆞ로(3) 1.0% 1481 ······ 1632

출ᄒᆞ리(6) 2.1% 15xx ······ 1900

출하로(3) 1.0% 1617 ······ 1876

ᄎᆞ라리(11) 3.8% 1632 ······ 1898

출아리(2) 0.7% 1752–1790

차라리(40) 13.8% 1852–1898

찰하리(11) 3.8% 1883–1898

찰ᄒᆞ리(2) 0.7% 1887

차라로(1) 0.3% 1898

ᄎᆞᄅᆞ리(1) 0.3% 18xx

139* 차례로[22)]

	15세기	16세기	17세기	18세기	19세기
ᄎᆞ례로	1(杜초)	14	16	20	51(신약)
ᄎᆞ데로	–	–	2(馬언)	2	3(매일)
차례로	–	–	–	1(方言)	12(매일)

#122	15C	16C	17C	18C	19C
ᄎᆞ례로(102) 83.6%	1481				1900
ᄎᆞ데로(7) 5.7%			16xx		1898
차례로(13) 10.7%				1778	1898

140* 차마

	15세기	16세기	17세기	18세기	19세기
ᄎᆞ마	64(석)	33	88	50	50(이언)
차마	–	1(속三)	2	–	3(매일)
ᄎᆞᆷ아	–	13(小언)	26	150	137(협성)
참아	–	–	1(癸丑)	6	33(협성)
ᄎᆞᆷ야	–	–	–	1(천의)	–

#658	15C	16C	17C	18C	19C
ᄎᆞ마(285) 43.3%	1447				1883
차마(6) 0.9%		1581			1898
ᄎᆞᆷ아(326) 49.5%		1587			1898
참아(40) 6.1%			16xx		1898
ᄎᆞᆷ야(1) 0.2%				1756	

22) '차례로'는 체언+조사로 분석되지만, 『이조어사전』에 부사 표제어로 등재되어 있으므로 조사 대상에 포함시켰다.

141* 착하게

	15세기	16세기	17세기	18세기	19세기
착히	–	–	1(계녀서)	4	4(성경직해)
착ᄒᆞ게	–	–	–	1(경신)	3(매일)
챡히	–	–	–	–	1(군영)

#14	15C	16C	17C	18C	19C
착히(9) 64.3%			16xx ……		1892
착ᄒᆞ게(4) 28.6%				1796 ……	1898
챡히(1) 7.1%					1881

142* 처음

	15세기	16세기	17세기	18세기	19세기
처ᅀᅥᆷ	575(석)	36(몽육)	–	–	–
처엄	2(法화)	54	210	99	6(이천)
쳐ᅀᅥᆷ	1(圓)	–	–	–	–
처ᅀᅡᆷ	–	2(번小)	–	–	–
처음	–	1(안락태자)	34	214	418(신약)
처ᄋᆞᆷ	–	1(속三)	1	5(名義)	–
쳐엄	–	1(속三)	1	1	1(閑中)
쳐음	–	–	2(煮硝)	–	157(협성)

#1822	15C	16C	17C	18C	19C
처ᅀᅥᆷ(611) 33.5%	1447 ……	1577			
처엄(371) 20.4%	1463 ……				1894
쳐ᅀᅥᆷ(1) 0.1%	1465				
처ᅀᅡᆷ(2) 0.1%		1518			
처음(667) 36.6%		1576 ……			1900
처ᄋᆞᆷ(7) 0.4%		1581 ……		1777	
쳐엄(4) 0.2%		1581 ……			18xx
쳐음(159) 8.7%			1698 ……		1898

143* 천천히

	15세기	16세기	17세기	18세기	19세기
날호야	18(月)	–	18(杜重)	–	–
랄호여	–	1(번小)	–	–	–
날호여	–	1(小언)	13	17	2(남원)
쳔쳔이	–	–	1(癸丑)	5	15(매일)
천천이	–	–	–	–	4(남원, 여소)

#95	15C	16C	17C	18C	19C
날호야(36) 37.9%	1459 ········	········	1632		
랄호여(1) 1.1%		1518			
날호여(33) 34.7%		1587 ········	········	········	1864
쳔쳔이(21) 22.1%			16xx ········	········	1898
천천이(4) 4.2%					1864–18xx

144* 측은히

	15세기	16세기	17세기	18세기	19세기
츠기	39(석)	5	8	–	3(여소)
측연이	–	–	–	1(천의)	1(감응)
측연히	–	–	–	2(종덕, 김재인)	–
측이	–	–	–	1(종덕)	1(여소)
측은히	–	–	–	–	2(매일, 신약)

#63	15C	16C	17C	18C	19C
츠기(55) 87.3%	1447 ········	········	········	········	18xx
측연이(2) 3.2%				1756 ········	1852
측연히(2) 3.2%				1758–1783	
측이(2) 3.2%				1758 ········	18xx
측은히(2) 3.2%					1898–1900

145* 크게

	15세기	16세기	17세기	18세기	19세기
키	99(석)	85	182	11	664(신약)
크게	23(月)	82	136	323	895(신약)

#2500	15C	16C	17C	18C	19C
키(1041) 41.6%	1447 ·········				1900
크게(1459) 58.4%	1459 ·········				1900

146* 특별히

	15세기	16세기	17세기	18세기	19세기
특별이	–	8(번小)	3	112	77(협성)
특별히	–	1(간벽)	–	15	118(협성)

#334	15C	16C	17C	18C	19C
특별이(200) 59.9%		1518 ·········			1898
특별히(134) 40.1%		1525 ·········			1898

147* 편안히

	15세기	16세기	17세기	18세기	19세기
편안히	8(杜초)	24	16	13	18(매일)
펴난히	–	2(속三, 번小)	–	–	–
편안이	–	5(번朴)	2	21	27(매일)

#136	15C	16C	17C	18C	19C
편안히(79) 58.1%	1481 ·········				1898
펴난히(2) 1.5%		1514–1518			
편안이(55) 40.4%		1517 ·········			1898

148* 하물며

	15세기	16세기	17세기	18세기	19세기
ᄒᆞᄆᆞᆯ며	254(석)	53	109	21	1(太平)
ᄒᆞ믈며	–	7(속三)	14	279	181(신약)
ᄒᆞ물며	–	–	1(서궁)	5	43(매일)
하물며	–	–	3(계녀서)	–	10(매일)
하믈며	–	–	–	1(常언)	14(신약)
허믈며	–	–	–	5(경신)	4(신약)

#1005	15C	16C	17C	18C	19C
ᄒᆞ믈며(438) 43.6%	1447				18xx
ᄒᆞ믈며(481) 47.9%		1581			1900
ᄒᆞ물며(49) 4.9%			16xx		1898
하물며(13) 1.3%			16xx		1898
하믈며(15) 1.5%				1745	1900
허믈며(9) 0.9%				1796	1900

149* 하여금

	15세기	16세기	17세기	18세기	19세기
ᄒᆡ여곰	13(內)	74	139	48(경신)	–
ᄒᆞ여곰	1(杜초)	124	266	620	606(신약)
ᄒᆞ야곰	–	4(번老)	7	67	93(신약)
ᄒᆡ야곰	–	–	10(胎諺)	1	1(명성경)
ᄒᆞ여금	–	–	2(산성)	29	152(매일)
하여곰	–	–	–	3(女四)	5(독립)
ᄒᆞ야금	–	–	–	10(女四)	17(매일)
ᄒᆡ여금	–	–	–	2(호남민)	–
하야곰	–	–	–	–	2(이언, 신심소)

#2296	15C	16C	17C	18C	19C
ᄒᆡ여곰(274) 11.9%	1475			1796	
ᄒᆞ여곰(1617) 70.4%	1481				1900
ᄒᆞ야곰(171) 7.4%		1517			1900
ᄒᆡ야곰(12) 0.5%			1608		1883
ᄒᆞ여금(183) 8.0%			163x		1898
하여곰(8) 0.3%				1736	1896
ᄒᆞ야금(27) 1.2%				1736	1898
ᄒᆡ여금(2) 0.1%				1783	
하야곰(2) 0.1%					1883–1896

150* 한결같이

	15세기	16세기	17세기	18세기	19세기
ᄒᆞᆫᄀᆞᆯᄋᆞ티	17(능)	5	22(자취)	–	–
ᄒᆞᆫᄀᆞᆯᄋᆞᆫ티	–	1(번小)	–	–	–
ᄒᆞᆫᄀᆞᆯᄀᆞ티	–	6(번小)	44	12(無寃)	–
ᄒᆞᆫᄀᆞᆯᄀᆞᆮ디	–	1(小언)	1(杜重)	–	–
ᄒᆞᆫᄀᆞᆯᄀᆞᆮ티	–	4(小언)	5	4(대율)	–
ᄒᆞᆫᄀᆞᆯᄋᆞ치	–	–	1(練兵)	–	–
ᄒᆞᆫᄀᆞᆯᄉᆞ티	–	–	1(신속)	–	–
ᄒᆞᆫᄀᆞᄅᆞ티	–	–	1(신속)	–	–
ᄒᆞᆫᄀᆞᆯᄀᆞᆺ티	–	–	3(家언)	26(五倫)	–
ᄒᆞᆫ결ᄀᆞ치	–	–	–	1(상훈)	–
ᄒᆞᆫᄀᆞᄀᆞᆺ치	–	–	–	10(어자)	15(독립)
ᄒᆞᆫᄀᆞᆯᄀᆞ치	–	–	–	6(경문, 無寃)	–
ᄒᆞᆫᄀᆞᆯᄀᆞᆺ지	–	–	–	3(名義)	1(독립)
ᄒᆞᆫᄀᆞᆯ갓디	–	–	–	1(유경기)	–
ᄒᆞᆫ결ᄀᆞᆺ치	–	–	–	1(字恤)	–
한글갓치	–	–	–	–	2(예성로스)

#194	15C	16C	17C	18C	19C
ᄒᆞᆫᄀᆞᆯᄋᆞ티(44) 22.7%	1416 ········	········	1635		
ᄒᆞᆫᄀᆞᆯᄋᆞᆫ티(1) 0.5%		1518			
ᄒᆞᆫᄀᆞᆯᄀᆞ티(62) 32.0%		1518 ········	········	1792	
ᄒᆞᆫᄀᆞᆯᄀᆞᆮ디(2) 1.0%		1587 ········	1632		
ᄒᆞᆫᄀᆞᆯᄀᆞᆮ티(13) 6.7%		1587 ········	········	1749	
ᄒᆞᆫᄀᆞᆯᄋᆞ치(1) 0.5%			1612		
ᄒᆞᆫᄀᆞᆯᄉᆞ티(1) 0.5%			1617		
ᄒᆞᆫᄀᆞᄅᆞ티(1) 0.5%			1617		
ᄒᆞᆫᄀᆞᆯᄀᆞᆺ티(29) 14.9%			1632 ········	1797	
ᄒᆞᆫ결ᄀᆞ치(1) 0.5%				1745	
ᄒᆞᆫᄀᆞᄀᆞᆺ치(25) 12.9%				1746 ········	1896
ᄒᆞᆫᄀᆞᆯᄀᆞ치(6) 3.1%				1761–1792	
ᄒᆞᆫᄀᆞᆯᄀᆞᆺ지(4) 2.1%				1777 ········	1896
ᄒᆞᆫᄀᆞᆯ갓디(1) 0.5%				1782	
ᄒᆞᆫ결ᄀᆞᆺ치(1) 0.5%				1783	
한글갓치(2) 1.0%					1887

151* 함께

	15세기	16세기	17세기	18세기	19세기
ᄒᆞᆫᄢᅴ	229(석)	5	16(杜重)	–	–
ᄒᆞᆷᄢᅴ	–	3(속三)	2(杜重)	–	–
ᄒᆞᆷ콰	–	1(번老)	–	–	–
ᄒᆞᆷᄭᅴ	–	43(번老)	143	77	405(신약)
ᄒᆞᆫᄭᅴ	–	2(몽육)	1	3(普勸해)	–
ᄒᆞᆷ긔	–	1(무예제보)	8	8	36(협성)
함ᄭᅴ	–	1(순천)	–	4	576(매일)
함긔	–	–	–	1(경신)	2(매일)

#1567	15C	16C	17C	18C	19C
ᄒᆞᆫᄢᅴ(250) 16.0%	1447 ······		1632		
ᄒᆞᆷᄢᅴ(5) 0.3%		1514 ······	1632		
ᄒᆞᆷ콰(1) 0.1%		1517			
ᄒᆞᆷᄭᅴ(668) 42.6%		1517 ······			1900
ᄒᆞᆫᄭᅴ(6) 0.4%		1567 ······		1776	
ᄒᆞᆷ긔(53) 3.4%		159x ······			1898
함ᄭᅴ(581) 37.1%		15xx ······			1898
함긔(3) 0.2%				1796 ······	1898

152* 함부로[23)]

	15세기	16세기	17세기	18세기	19세기
ᄉᆞᆯᄋᆡ여	–	1(번老)	1(老)	–	–
ᄉᆞᆯᄅᆡ야	–	–	1(老)	–	–
ᄉᆞᄅᆡ야	–	–	1(朴重)	8(五倫)	–
ᄉᆞᄅᆡ여	–	–	2(朴重)	4(朴新)	–
ᄉᆞᆯᄋᆡ야	–	–	–	2(五倫)	–
ᄉᆞᄅᆞ여	–	–	–	4(朴新, 老重)	–
ᄉᆞᆯᄋᆞ여	–	–	–	2(老重)	–

23) 『이조어사전』에 'ᄉᆞᆯ외여'가 표제어로 등재되어 있으나 검색에서 발견되지 않았다. 『이조어사전』에 실린 예문 "ᄉᆞᆯ외여 힐우디 말라 〈老上47〉"의 'ᄉᆞᆯ외여'는 'ᄉᆞᆯᄋᆡ여'의 잘못이다.

#26	15C	16C	17C	18C	19C
ᄉᆞᆯᄋᆡ여(2) 7.7%		1517 ······	1670		
ᄉᆞᆯᄅᆡ야(1) 3.8%			1670		
ᄉᆞᄅᆡ야(9) 34.6%			1677 ······	1721	
ᄉᆞᄅᆡ여(6) 23.1%			1677 ······	1765	
ᄉᆞᆯᄋᆡ야(2) 7.7%				1721	
ᄉᆞᄅᆞ여(4) 15.4%				1765－1795	
ᄉᆞᆯᄋᆞ여(2) 7.7%				1795	

153* 항상

	15세기	16세기	17세기	18세기	19세기
ᄒᆞᆼ샹	–	1(광천)	–	51	542(신약)
ᄒᆞᆼ셩	–	–	–	1(경신)	–
항상	–	–	–	–	27(감응, 매일)
항샹	–	–	–	–	52(삼성, 매일)
ᄒᆞᆼ상	–	–	–	–	16(훈아, 매일)

#690	15C	16C	17C	18C	19C
ᄒᆞᆼ샹(594) 86.1%		1575 ······	······	······	1900
ᄒᆞᆼ셩(1) 0.1%				1796	
항상(27) 3.9%					1852－1898
항샹(52) 7.5%					1880－1898
ᄒᆞᆼ상(16) 2.3%					1894－1898

154* 행여

	15세기	16세기	17세기	18세기	19세기
ᄒᆡᆼ혀	7(능)	29(몽육)	–	–	–
힝혀	–	–	–	1(三譯)	–

#37	15C	16C	17C	18C	19C
ᄒᆡᆼ혀(36) 97.3%	1461 ······	1567			
힝혀(1) 2.7%				1703	

155* 혹시

	15세기	16세기	17세기	18세기	19세기
시혹	896(석)	46	28	11(지장)	–
시ᄒᆞᆨ	–	1(번老)	–	–	–
시흑	–	1(몽육)	–	–	–
혹시	–	–	4(계녀서)	4	20(매일)

#1011	15C	16C	17C	18C	19C
시혹(981) 97.0%	1447 ···	···	···	1752	
시ᄒᆞᆨ(1) 0.1%		1517			
시흑(1) 0.1%		1567			
혹시(28) 2.8%			16xx ···	···	1898

156* 혼자

	15세기	16세기	17세기	18세기	19세기
ᄒᆞᄫᆞᅀᅡ	5(용)	–	–	–	–
ᄒᆞ오ᅀᅡ	282(석)	5(蒙송광사)	–	–	–
ᄒᆞ올로	82(月)	–	85(杜重)	–	–
호오ᅀᅡ	1(능)	–	–	–	–
호올로	1(杜초)	17	22	2	2(여수)
호ᅀᅡ	–	2(속三)	–	–	–
혼자	–	55(속三)	77	36	63(신약)
호은자	–	2(번朴)	–	–	–
ᄒᆞ온자	–	1(二倫)	–	–	–
호온자	–	11(이륜, 百聯)	–	–	–
홀로	–	16(번小)	36	80	16(독립)
호을로	–	1(맹자)	1	2	3(歌曲)
ᄒᆞ오아	–	–	58(杜重)	–	–
호오야	–	–	1(杜重)	–	–
호온차	–	–	1(杜重)	–	–
ᄒᆞ오와	–	–	6(杜重)	–	1(독립)
호오사	–	–	1(권념)	1(지장)	–
혼ᄌᆞ	–	–	1(癸丑)	3	72(신약)
호올노	–	–	–	2(어자)	8(예성로스)

혼쟈	–	–	–	2(맹율)	13(매일)
홈자	–	–	–	4(方言, 老重)	–
홈쟈	–	–	–	–	1(歌曲)
호을노	–	–	–	–	18(예셩로스, 매일)

#1099	15C	16C	17C	18C	19C
ᄒᆞᄫᆞᅀᅡ(5) 0.5%	1447				
ᄒᆞ오ᅀᅡ(287) 26.1%	1447 ······	1577			
ᄒᆞ올로(167) 14.2%	1459 ······	······	1632		
호오ᅀᅡ(1) 0.1%	1461				
호올로(44) 4.0%	1481 ······	······	······	······	1889
호ᅀᅡ(2) 0.2%		1514			
혼자(231) 21.0%		1514 ······	······	······	1900
호은자(2) 0.2%		1517			
ᄒᆞ온자(1) 0.1%		1518			
호온자(11) 1.0%		1518–1576			
홀로(148) 13.5%		1518 ······	······	······	1896
호을로(7) 0.6%		1590 ······	······	······	1876
ᄒᆞ오아(58) 5.3%			1632		
호오야(1) 0.1%			1632		
호온차(1) 0.1%			1632		
ᄒᆞ오와(7) 0.6%			1632 ······	······	1896
호오사(2) 0.2%			1637 ······	1752	
혼ᄌᆞ(76) 6.9%			16xx ······	······	1900
호올노(10) 0.9%				1746 ······	1887
혼쟈(15) 1.4%				1749 ······	1898
홈자(4) 0.4%				1778–1795	
홈쟈(1) 0.1%					1876
호을노(18) 1.6%					1887–1898

157* 홀

	15세기	16세기	17세기	18세기	19세기
ᄒᆞ옺[24]	15(석, 金삼)	–	–	–	–
ᄒᆞ올	1(杜초)	–	2(杜重)	–	–
홀	–	2(類合)	–	5	5(독립)
호올	–	–	1(杜重)	–	–

#31	15C	16C	17C	18C	19C
ᄒᆞ옺(15) 48.3%	1447–1482				
ᄒᆞ올(3) 9.7%	1481 ········		1632		
홀(12) 38.7%		1576 ········			1896
호올(1) 3.2%			1632		

24) 『이조어사전』에는 '하옺'이 명사와 관형사로 등재되어 있으나, 관형사로 등장하는 용례는 모두 '하옺'으로만 나타나므로 '하옺'을 택하였다.

후기

원래 사전 기초 연구에서는 품사로서의 부사를 중심으로 하면서도 몇 가지 흥미로운 변이형들을 추가로 추적하였다. '앞에서'는 '압페셔, 압해셔, 압헤셔' 등 재음소화와 중철 표기가 관찰되는 형태가 나타났으며, '알지'는 '아디, 아지, 알지' 등의 활용형태에서 구개음화 및 설정음 앞에서의 ㄹ탈락의 변천을 추적해 볼 수 있었다. '어두워'는 부사형의 형성에서 '-이, -게, -어'의 선택이 어떤 경향을 보이는지 추적한 것이다. 이 형태들은 부사로 볼 수 없기 때문에 품사별로 나누어 형태 변화를 추적하는 본 사전의 취지와 맞지 않으므로 표제항에서 삭제하였다. 수식언 부분의 표제어 '어질지' 또한 용언의 활용형이므로 같은 이유로 삭제하였다. 참고로, '알지'는 용언 표제어에 '알다'가 올라 있다. 다음에 해당 표들을 열거한다.

1* 알지

	15세기	16세기	17세기	18세기	19세기
아디	877(석)	255	260	331	32(척사)
아지	–	–	8(癸丑)	269	792(신약)
알지	–	–	–	–	98(여소, 신약)

#2922	15C	16C	17C	18C	19C
아디(1755) 60.1%	1447				1882
아지(1069) 36.6%			16xx		1900
알지(98) 3.4%					18xx－1900

2* 앞에서

	15세기	16세기	17세기	18세기	19세기
압페셔	－	－	－	－	107(군영, 예셩로스)
압헤셔	－	－	－	－	59(독립, 신약)
압해셔	－	－	－	－	1(신약)

#167	15C	16C	17C	18C	19C
압페셔(107) 64.1%					1881－1887
압헤셔(59) 35.3%					1896－1900
압해셔(1) 0.6%					1900

3* 어두워

	15세기	16세기	17세기	18세기	19세기
어드워	32(月)	－	12(杜重)	－	－
어듭게	9(月)	－	3(杜重)	－	－
어두이	6(능, 개법)	－	－	－	－
어두워	2(능)	－	1	1	7(독립)
어두어	1(능)	1	6	3	13(신약)
어둡게	－	1(三강동경)	8	3	17(시편)
어돕게	－	－	－	1(女四)	－

#127	15C	16C	17C	18C	19C
어드워(44) 34.6%	1459		1632		
어듭게(12) 9.4%	1459		1632		
어두이(6) 4.7%	1461－1500				
어두워(11) 8.7%	1461				1896
어두어(24) 18.9%	1461				1900
어둡게(29) 22.8%		15xx			1898
어돕게(1) 0.8%				1736	

4* 어질지

	15세기	16세기	17세기	18세기	19세기
어디디	8(석)	25	5	21(조훈)	–
어디지	–	–	–	1(十九)	–
어지지	–	–	–	9(옹진경)	4(매일)
어질지	–	–	–	–	2(성경직해, 독립)

#75	15C	16C	17C	18C	19C
어디디(59) 78.7%	1447 ······	······	······	1764	
어디지(1) 1.3%				1772	
어지지(13) 17.3%				17xx ······	1898
어질지(2) 2.7%					1892–1896

찾아보기

(※표제어는 진하게 표시함.)

ㄱ

ㅅ

ㅈ

ㅎ

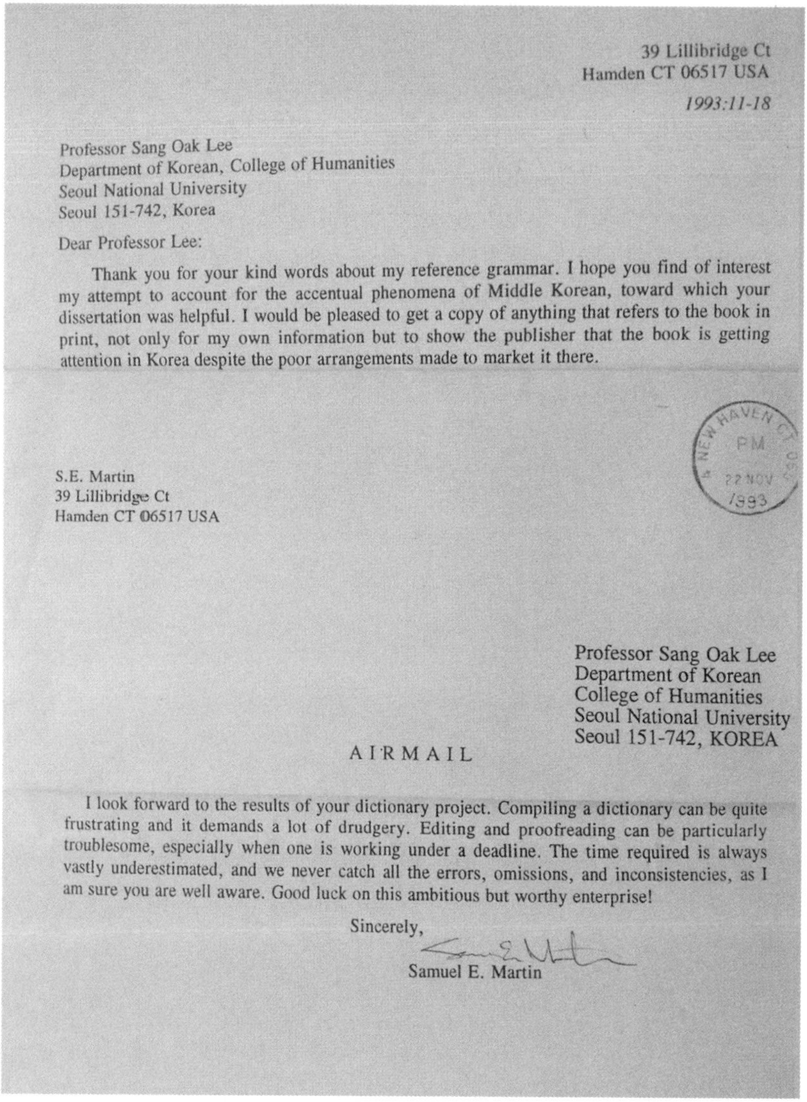

39 Lillibridge Ct
Hamden CT 06517 USA

1993:11-18

Professor Sang Oak Lee
Department of Korean, College of Humanities
Seoul National University
Seoul 151-742, Korea

Dear Professor Lee:

Thank you for your kind words about my reference grammar. I hope you find of interest my attempt to account for the accentual phenomena of Middle Korean, toward which your dissertation was helpful. I would be pleased to get a copy of anything that refers to the book in print, not only for my own information but to show the publisher that the book is getting attention in Korea despite the poor arrangements made to market it there.

NEW HAVEN CT 065
PM
22 NOV
1993

S.E. Martin
39 Lillibridge Ct
Hamden CT 06517 USA

Professor Sang Oak Lee
Department of Korean
College of Humanities
Seoul National University
Seoul 151-742, KOREA

AIRMAIL

I look forward to the results of your dictionary project. Compiling a dictionary can be quite frustrating and it demands a lot of drudgery. Editing and proofreading can be particularly troublesome, especially when one is working under a deadline. The time required is always vastly underestimated, and we never catch all the errors, omissions, and inconsistencies, as I am sure you are well aware. Good luck on this ambitious but worthy enterprise!

Sincerely,

Samuel E. Martin

저자가 미국 예일대 사뮤엘 E. 마틴 교수와 1993년에 교신했던 서한. 당시 본 사전의 모태가 됐던 초기 작업 내용을 알렸더니 마틴 교수가 『한미대사전(*New Korean-English Dictionary*)』(1968)을 민중서관에서 냈던 경험을 토대로 격려의 글을 보냈다. 이 편지는 원래 마틴 교수가 *Korean Reference Grammar*(1992)를 기증해 준 데 대해 저자가 감사의 편지를 보내자, 본 저자의 박사학위 논문 *Middle Korean Tonology*(1978)를 참고해 저술했다는 사연을 함께 적어 보낸 것이다.

저자소개

이상억 李相億

서울대학교 국어국문학과를 졸업하고 같은 대학교 대학원에서 석사학위를 받았다. 서울대학교 어학연구소 외국인한국어과정 강사 시절에 풀브라이트 장학생으로 뽑혀 미국 일리노이대학교(Urbana) 대학원에서 수학하여 언어학 석사학위와 박사학위를 받았다. 이후 하버드-옌칭연구소 연구원, 호주국립대학교 초빙교수, 고려대학교 국어국문학과 부교수를 거쳐 1982년부터는 서울대학교 국어국문학과 교수로 재직하였고 2009년에 퇴임하였다. 현재 서울대학교 국어국문학과 명예교수이다. 독일 훔볼트 재단 초청 뮌헨 및 보훔 대학교 연구교수(1985-1986), 서울대학교 교무부처장(1987-1989), 서울대학교-UCLA 한국 내 한국어문화교육과정 책임자(1987-1989), 서울대학교-UCLA 및 호주 그리피스대학교 텔레링크(인터넷) 교육과정 책임자(1990-1994), 호주 시드니대학교 한국학 담당 초빙교수(1994-1997), 제3차 PACKS 대회(환태평양한국학회: 시드니대학교) 조직위원장(1996), 국제한국언어학회(ICKL) 회장(2002-2004), 서울대학교 인문학연구원 한국어연구소 소장(2006-2008), 서울대학교 미주센터 설립단장 겸 UCLA한국학 강의 교수(2008-2009), 서울대학교 기초교육원 한국어문화 영어강의 담당자(2009-2014) 등을 역임하였다. 2006년에는 제55회 서울시 문화상 인문과학 부문을 수상하였다.

서승완 徐承完

서울대학교 국어국문학과를 졸업하고 같은 대학교 대학원에서 석사학위를 받고 박사과정을 수료하였다. 주요 관심분야는 한국어의 음성과 음운이다. 조선시대 한국어 용언의 음변화 연구, 성씨의 로마자 표기 정책 마련 연구, 세종계획 어휘 역사 연구 사업에 참여하였다. 세명대, 가톨릭대, 홍익대, 국민대, 경희대 강사를 거쳐 현재 한신대, 서울대에서 강의하고 있다.